● 强制隔离戒毒工作系列丛书

强制隔离戒毒人员教育矫治案例精选及评析

主　编　李蓓春

副主编　曹生兵　李永飞

ZHEJIANG UNIVERSITY PRESS
浙江大学出版社

丛书编委会

主　任　金　川

副主任　周雨臣　马立骥

委　员　陈鹏忠　王新兰　李蓓春

　　　　汪宗亮　贾东明　柏建国

　　　　胡跃峰　郭　崧

序

　　随着改革开放的深入,我国的社会环境发生了很大的变化,毒品违法犯罪死灰复燃,而且愈演愈烈,呈不断上升和蔓延的趋势。这种"白色瘟疫"越传越广,已成为阻碍社会经济发展和社会进步的绊脚石,严重扰乱社会管理秩序,成为当今社会一大"顽症"。

　　历史上我国是受毒品危害最深的国家,早在18世纪中叶,殖民主义即开始向我国倾销鸦片,吸食者人数在全国迅速蔓延,给本来就贫穷的中国带来了更加深重的灾难。1838年12月,民族英雄林则徐受命赴广东禁烟,在虎门公众销毁没收的鸦片烟237万斤。但由于清政府的腐败无能,最终还是以失败告终。

　　中华人民共和国成立后,中国人民在中国共产党的领导下,经过三年左右的肃毒斗争,在全国范围内基本上禁绝了毒品,在世界上享有无毒国的美誉,创造了世界禁毒史上的奇迹。然而,在国际毒品泛滥的背景下,因我国紧邻亚洲毒品生产基地"金三角"、"金新月"的地理条件,随着对外开放,国际毒品犯罪分子已把我国作为贩运毒品的通道,导致我国境内吸、贩、运、制毒品的沉渣泛起,由边境地区逐渐向内地蔓延,形成了一定规模的毒品地下市场。根据官方公布的数字,2005年至2011年,全国共破获毒品犯罪案件47万余起,抓获毒品犯罪嫌疑人55万余名,缴获各类毒品150余吨。

　　中国面临的毒品问题经历了三个阶段:20世纪70年代末80年代初,国内毒品问题以"金三角"过境贩毒为主,危害局限在西南局部地区;进入90年代后,国内开始出现吸毒人员,毒品问题从局部向全国范围蔓延;从90年代末期开始,境外毒品对中国"多头入境,全线渗透"的态势进一步加剧,除传统毒品海洛因外,制贩冰毒、摇头丸等合成毒品的犯罪活动发展迅猛,易制毒化学品流入非法渠道,屡禁不止,国内毒品问题呈现出毒品来源多元化、毒品消费多样化的特点。由此可见,毒品犯罪就像瘟疫一样,由潜伏、传染到大面积扩散,久治不愈,屡禁不止,成为一股危害社会的浊流,波及全国。

　　《2012年中国禁毒报告》显示,2011年,全国查获有吸毒行为人员41.3万人次,新发现吸毒人员23.5万名;共依法处置吸毒成瘾人员57.7万名,同比增长

8.3％。截至 2011 年年底,全国共发现登记吸毒人员 179.4 万人,其中滥用海洛因人员有 115.6 万人,占 64.5％;滥用合成毒品人员 58.7 万人,占全国吸毒人员总数的 32.7％,同比上升 35.9％;全国新增滥用合成毒品人员 14.6 万人,同比上升 22％。滥用合成毒品人员中,35 岁以下青少年占 67.8％,低龄化趋势明显。同时,合成毒品问题进一步呈现向中小城市、农村发展蔓延的趋势。截至 2011 年年底,全国正在执行社区戒毒人员 3.6 万名,社区康复人员 4 万名;全国公安机关共收戒吸毒成瘾人员 9.2 万余名。目前,全国强制隔离戒毒所在戒人员达到 22.7 万余名,全国药物维持治疗工作已经扩展到全国 28 个省(自治区、直辖市)的 719 个门诊,配备流动服药车 29 辆;全国累计在社区参加美沙酮维持治疗的戒毒人员已达 33.7 万名,门诊稳定治疗 13.4 万名,年保持率达到 72.6％。

毒品对人的身心危害严重。吸毒会导致精神分裂、血管硬化,严重影响生殖和免疫能力。毒瘾发作时,如万蚁啮骨,万针刺心,吸毒者求生不得,求死不能,如同人间活鬼。吸毒易感染艾滋病,世界上超过一半的艾滋病患者都是由注射毒品而感染的。吸毒成瘾到死亡平均只有 8 年时间;吸毒上瘾,心瘾难除,一生受折磨。

吸毒耗费巨大,十有八九倾家荡产。吸毒者往往道德泯灭,不顾念亲情,抛妻弃子,忤逆不孝,甚至会出卖骨肉,残害亲人。其后代往往先天有毒瘾、痴呆畸形。真是一旦吸毒,祸害无穷。吸毒者为获取毒资,大多数男盗女娼,或以贩养吸,严重危害社会治安,败坏社会风气。

毒品对家庭的危害重大。家庭中一旦出现了吸毒者,家便不成其为家了。吸毒者在自我毁灭的同时,也破坏自己的家庭,使家庭陷入经济破产、亲属离散,甚至家破人亡的严重境地。

毒品对社会生产力的破坏巨大。吸毒首先导致身体疾病,影响生产;其次是造成社会财富的巨大损失和浪费;同时毒品活动还造成环境恶化,缩小了人类的生存空间。

毒品活动扰乱社会治安。毒品活动加剧诱发了各种违法犯罪活动,扰乱了社会治安,给社会安定带来巨大威胁。

2007 年 12 月 29 日,中华人民共和国第十届全国人民代表大会常务委员会第三十一次会议通过《中华人民共和国禁毒法》(以下简称《禁毒法》),并于 2008 年 6 月 1 日开始施行。《禁毒法》的颁布实施对于我国禁毒工作有着里程碑式的重要意义。《禁毒法》依法规定了戒毒体制和措施。《禁毒法》对戒毒工作做出了重大变革,对原有的公安机关的强制戒毒制度和司法行政机关的劳教戒毒制度进行了有效的整合,合并为强制隔离戒毒制度,同时对社区戒毒、社区康复、自愿戒毒、戒毒药物维持治疗进行立法,增加了戒毒康复场所等相关内容。2011年6月26日,《戒毒条例》作为我国《禁毒法》的配套法规正式公布,以人性化、科学化的方式,全面系统地规定了自愿戒毒、社区戒毒、强制隔离戒毒和社区康复等措施,明确了责任主体以及戒毒人员的权利和义务。

全国各劳动教养机关根据《禁毒法》、《戒毒条例》的工作要求以及自身的实际工作努力做到了"四个转变",即理念转变、管理转型、重点转移、机制转轨,逐步实现了由劳教戒毒工作向强制隔离戒毒工作的过渡和转型。

为了适应当前的工作需求,即由传统的劳教戒毒向强制隔离戒毒工作转型的新形势以及社会各界对戒毒康复工作发展的需要,满足强制隔离戒毒场所工作民警进一步掌握岗位职业技能和提升综合素质的需要,以及警察类院校相关戒毒专业人才的培养需求,迫切需要一套既能够切实反映当前强制隔离戒毒工作实际需求,又能够较为系统介绍强制戒毒执法流程、管教方法与艺术、文书制作、心理矫治、毒品成瘾机理和戒毒康复知识,体现行业特色需求的指导丛书,这既是教学的需求,更是实践的需要。"强制隔离戒毒工作系列丛书"属于浙江警官职业学院"2010年教师服务行业能力提升工程项目"的子项目的研究成果,对强制戒毒专业知识、心理学、教育学、医学、毒品成瘾机理及毒品理论及工作实务作了较为系统的介绍和论述,对强制隔离戒毒场所工作民警及戒毒康复管理专业人士具有较强的理论和实践指导意义。该套丛书是浙江警官职业学院的专家教授、骨干教师与浙江省戒毒管理局、浙江省十里坪强制隔离戒毒所、浙江省强制隔离戒毒所等行业专家共同合作的产物,是带有原创性的集专著、教材、工具书等多功能于一体的科研成果。创作团队在创作和编纂过程中克服了强制隔离戒毒制度创建时间短、工作理论和实践经验积累不足、参考资料短缺、创作团队知识和能力所限等不利因素,经过一年多时间的艰苦努力和协作攻关,终于圆满完成了这套丛书的创作。

我们衷心希望通过该套丛书的编写和发行,能够为辛辛苦苦战斗在强制隔离戒毒执法和教育矫治领域的广大民警和工作人员送上一份厚礼和精神食粮,并祝愿他们在与毒品违法犯罪作斗争的崇高而伟大的事业中取得骄人的成绩,为维护社会稳定和国家的长治久安创造不平凡的业绩!

前 言

随着《禁毒法》的颁布实施,我国的戒毒体制发生了历史性的变革,强制隔离戒毒已经取代原来的劳教戒毒模式,和社区戒毒、戒毒医疗机构治疗、社区康复及自愿戒毒康复等形式共同构成我国目前主要的戒毒措施。浙江省司法行政强制隔离戒毒机关经过多年的探索与实践,初步形成了"三期四段"强制隔离戒毒模式。该模式主要运用医学、心理学、伦理学等学科理论知识,将戒毒人员的戒治阶段分为生理脱毒、身体康复和戒毒巩固三期,并强调针对每期戒毒人员的心理、生理特点,开展针对性教育矫治工作。教育矫治工作强调以集体教育治疗和个别教育矫治相结合的原则,在集中开展法制道德、禁毒戒毒、心理健康、职业技能、习艺劳动、场所文化活动等集中教育的同时,突出了个别谈话教育、个体心理咨询与治疗、团体心理辅导、能力拓展训练等多样化矫治手段的运用,并强调了个案化教育在整个教育矫治工作中的重要作用。

《强制隔离戒毒人员教育矫治案例精选及评析》是"强制隔离戒毒工作实务系列丛书"之一,本书主要立足于浙江省司法行政系统强制隔离戒毒所教育矫治工作的实际情况,通过搜集近年来各所强制隔离戒毒人员教育矫治典型个案汇编而成。这本书的特色之一在于立足于戒毒学员在场所内出现的各种心理适应问题以及成瘾者常见的心理问题,将各种教育矫治方法融汇于一个个案例当中,大家可以通过本书纵观本省司法行政强制隔离戒毒场所教育(戒毒)矫治工作的成功做法及经验,思考改进戒毒矫治工作的途径和方法。

本书搜集个案主要是基于两个视角:一个是围绕戒毒人员从入所到出所这条线索所出现的各种适应性心理问题,分别搜集了心理咨询与治疗个案若干;另一个视角是针对常见、特殊戒毒人员出现的各种心理问题,呈现不同矫治侧重点的教育矫治个案。本书所介绍的教育矫治案例,有些着重生理毒瘾戒断,有些偏重管理与教育手段的结合,但基本都提到了集体和个别教育、心理矫治和劳动矫治等教育手段。其中,由于心理矫治方法在吸毒成瘾行为戒断上的重要性,案例中突出了心理矫治方法的运用。这些心理矫治方法既包括了认知疗法、行为疗法、合理情绪疗法、森田疗法等常见疗法,也提到了艺术治疗、意向对话技术、综合疗法等新兴疗法。每个案例基本围绕戒毒者基本资料、家庭关系和成长史、吸毒和戒毒史、现实表现等进行介绍，再着重进行矫正对策分析，最后进行案例评析。

需要说明的是，在案例评析中，由于评价者自身理论水平所限，难免有不同意见，希望阅读者从中作出个性化的分析，而不是专注于某一个提法。

本书编写过程中尚有一个遗憾，个案基本来源于场所内强制隔离戒毒人员矫治个例，而出所回归社会之后的跟踪个案则更多局限在多年前戒毒矫治成功实例。

由于本书个案仅仅是根据浙江省司法行政强制隔离戒毒教育矫治工作实践汇编而成，是否有借鉴意义，还有待实践检验。同时，限于编写者自身能力，加之时间仓促，书中疏漏乃至谬误在所难免，真诚希望各位专家学者、实务工作者和广大读者批评指正！

编　者

2012 年 12 月

目　　录

第一章　强制隔离戒毒人员复吸原因探询个案及评析

案例一　我吸毒,因为家人不信任我①

【案例呈现】

一、基本情况

丁洁(化名),女,1978 年 12 月出生,初中文化,无业,2011 年 7 月因吸毒被强制隔离戒毒 2 年。

该学员为家中长女,有两个妹妹,父母均健在,从小由奶奶养大,与奶奶关系最好,与父母关系一般,吸毒后与父母关系僵化,家中亲戚因其长年吸毒而对其不闻不问。但奶奶在该学员强制隔离戒毒期间去世,对该学员的打击较大。

该学员在入所谈话时表示这次会积极接受教育矫治,争取早日出所,去奶奶的墓地上祭拜。但该学员因是多次戒毒,对戒毒场所的所规队纪、民警的管理方式方法都有一定的了解,在戒毒学员中会摆老资格、好面子,并因其自我保护意识较强,个性也较为敏感易怒,自我控制能力较差,遇到事情不能冷静地处理,与其他学员以及民警多次发生争执与冲突。

二、个人自述

该学员自述:我从小都是由奶奶抚养长大的,其实我以前一直都是很听话的,而且父母对我的期望值也很高,虽然我的学历不高,但是从初中毕业后我就在家里帮父母打理生意,我在这方面也做得很好,但是后来母亲一定要让我嫁一个他们认为很好的人,而那个人我不喜欢,于是开始变得叛逆起来,在社会上认识了一些吸毒人员,也是抱着好奇的心理吸上了毒品。当第一次被劳动教养的时候,我也曾下过决心,一定要戒了这个害人的东西,但在回到家后,所有亲戚朋友都很看不起我,父母对我也不了解,只是一味地把我关在家里,认为我不出去就不会去吸毒了,如果我出去一下子,他们都会以为我又去沾染毒品了,只有奶奶还是相信我,她很疼我,也没有怎么管我,我仍然没能回头。这次奶奶的去世对我打击很大,觉

---

① 实际指复吸原因,为叙述方便,第一章的三个个案标题统一采用吸毒。

得很对不起她,她那么疼我,但我却一直那么不听话,甚至连她最后一面都没有见到,而且现在父亲的身体也很不好,一直都在看病,有时心里还是觉得对不起家人的,这么大了,也没有什么可以帮到家里的。想到这些,心里就很烦躁,晚上也睡不好,这段时间经常性头疼、牙疼。

三、现实情况

（一）管理民警叙述

该学员曾被多次劳动教养,矫治表现较差,易怒,常与其他学员发生冲突,听不得别人说她的不好,对民警的管理较为抵触,此次入所后表现较前几次有所进步,但自从知道奶奶过世后,情绪有所反复,更易激动,对抗情绪较重,多次与戒毒学员发生冲突。

（二）观察了解的情况

该学员在介绍自己过往历史时,情绪都较为激动,手部动作较多,声音高昂,特别是讲到父母与自己的关系时,对于父母的不理解,自己特别气愤,认为自己一步步走错路都是父母造成的。讲到奶奶去世的事,该学员情绪极为低落,抑制不住地哭泣,觉得对不起奶奶,讲到继续接受矫治的问题,觉得奶奶都已经去世了,那么自己改好了,也没有人会理解她,但另一方面又很想改好,早一点出去,可以去祭拜奶奶,并且要真正戒了毒瘾,才能告慰奶奶的在天之灵,心情极为矛盾。

（三）此次心理问题的原因（复吸原因）

1. 生物原因:女性,33岁,正处于青年时期,渴望获得家人和社会的认同。（复吸原因）

2. 社会原因:

（1）负性生活事件的影响,家人及朋友对自己的不信任以及自己最亲近的人离世对自己的打击,是该学员出现心理问题的主要原因。（复吸原因）

（2）封闭的戒毒环境、学员的刺激和经常性的争执是直接原因。

（3）强制隔离戒毒所的特殊环境使得该学员面临实际问题而无处寻求帮助,缺乏宣泄渠道。原因是一方面学员中没有人能够听她诉说或提供建议,另一方面因自己以往的矫治表现不佳,认为管理民警对其已产生思维定势,认为自己就是一个对抗矫治人员,管理民警对自己的评价肯定不好,所以不愿向管理民警汇报,怕招来责备或冷淡,影响矫治。

（4）缺乏社会支持系统的帮助,特别是不能获得家人的理解和关注,缺乏正确的指导。（复吸原因）

3. 心理原因:

（1）情绪方面的原因,对亲人死亡的无助感和焦虑等负性情绪的困扰不能自己解决。（潜在的复吸原因）

（2）既想社会和家人的认可,但其行为却是相反而为之,缺乏解决问题的策略。（复吸原因）

（3）个性好强,爱面子,偏执,对民警和医生的不信任。（潜在的复吸原因）

四、矫治情况

（一）心理诊断结论

根据本例的症状结合测验结果诊断为焦虑情绪,因奶奶的过世给该学员的精神打击较大,造成近期矫治状态明显下降,有破罐子破摔的念头。这些较为反常的情绪是近期才突显的,内容尚未泛化,反应强度是可以理解的,能够找到相应的原因,思维合乎逻辑,人格也无明显异常,因此诊断为一般心理问题。

1.主要症状:该学员心理方面的主要症状为:悲伤、愤怒、自责、担心、易怒,情绪不稳定,缺乏安全感。

该学员躯体方面的主要症状是:头疼、牙疼,神经紧张。

对该学员初步诊断为:一般心理问题。

2.诊断依据:

根据病与非病的三原则,该学员的知、情、意是统一的,对自己的心理问题有自知力,无逻辑思维混乱,无感知觉异常,无幻觉、妄想等精神病的症状,因此可排除精神病。

3.心理测验结果:

EPQ:E45,P55,N70,L40;

SCL－90:焦虑因子分2.5,其他各因子分均小于1;

SAS:57(标准分),SDS:47(标准分)。

(二)心理矫治措施

1.从该学员性格外向,爱讲话入手,尽量以聆听为主,尽可能地为该学员提供倾诉的机会,引导其说出内心的困惑和痛楚,以达到宣泄的目的。

2.在谈话过程中,对其所面临的困惑和痛楚给予同情和安慰,同时对其所表现的积极方面如渴望回家、主动寻求帮助等给予必要的支持和鼓励。

3.在打开戒毒学员的心扉后,运用“合理情绪疗法”消除其悲观、担心以及对家人不理解自己而产生怨恨的不良心理。运用“黄金规则”和面质的方法,逐渐引导其改变自己的非理性观念,认为家人必须理解和信任自己,指出如果要别人信任和理解你,你必须要站在对方的立场先去理解和信任他人,就如过世的奶奶一样,她能够理解和信任你,是因为从小你是由她带大的,她对你的品性和本质还是有了解的,但你对奶奶的信任回报了什么,一次次地让她失望,在没有对等付出的时候,你如何要求他人一定要给你无条件的信任和理解,这也正是你与家人之间的关系无法得到很好处理的原因所在。想要得到家人的肯定和信任,首先就要自己在行为上有所付出。接着的几次谈话,总体围绕如何站在对方的立场考虑问题展开。一方面是想让其自觉接受戒治,另一方面使其在潜意识里改变错误观念,学会合理思考,从事情的两方面去考虑问题。

(三)管教措施

1.强化课堂教育,一方面通过课堂化集中教育使其充分认识到毒品的危害性,认识到来自毒品的快乐是短暂的、虚幻的;另一方面加强心理健康课堂化教育,帮助其树立积极的价值取向,提高整体心理健康水平。

2.通过康复训练课程的开设以及多种康复训练和健身活动的开展,帮助其恢复体质。

3.运用书籍、讲座、录音、录像、榜样示范、宣传教育等各种方法,改善其错误的、消极的认知评价。

4.运用“阳性强化法”进行治疗,对其经常性的表扬,让其看到自己的闪光点,让其认识到自己也是有用的人,帮助其树立矫治信心,鼓励其多与家人主动联系等,使其建立起对民警的信任,让其有事情就能主动找民警解决,而不是用与学员吵架或者对抗管理来达到宣泄心理情绪的目的。

（四）结果反馈

通过一个阶段的心理辅导，并结合了人性化关怀管理，该学员逐渐消除了戒心，信任管理民警，能主动找管理民警谈话，积极配合心理咨询。特别是与父母经常联系之后，父母所表现的接纳和理解的态度，以及父母告知其奶奶去世前仍非常惦记她的情况，让该学员在情绪及矫治方向上都有了极大的改变，在行动上也有了明显变化。具体表现为：劳动积极，经常超额完成习艺生产任务，遵守矫治秩序，学会站在他人的角度考虑问题，学会关心他人，渐渐找回了自信。通过康复训练，该戒毒学员的体质状况也得到了明显的改善。

【案例评析】

这是一个较为典型的个案。在经历生理脱毒之后，许多戒毒学员的身体体质在逐步恢复，但心理"创伤"（心瘾）却较难改善。在所期间，一个生活的负性事件极易引起他们情绪的波动。试想，如果不是在所内执行戒毒，有可能这个个案已经陷入复吸的境地。管理民警和心理咨询师运用多种方法（合理情绪疗法、阳性强化法等）对其进行了治疗，缓解了焦虑情绪，起到了积极的作用。

从反馈资料上看，该戒毒学员的体质状况、心理状况和生活、行为状况均得到了明显的改善，个案的矫治在所内呈现了较好的效果。原因在于案例不仅运用心理咨询技术解决了"当下"的问题——因家中变故而导致的情绪焦虑症状，也注重了矫治引发其反复吸毒的最根本心理问题——错误的认知评价方式，并且发挥了该戒毒学员康复的重要有利因素——获取家庭社会的支持。从材料中看出，个体对于家庭亲人的理解和关心非常在意，这是矫治的一个有利因素。本案例要突出家庭帮教的重要性，化解情结，缓和关系，增进感情，充分保持社会支持系统的完整性。

这个个案给我们的启示是，强制隔离戒毒的心理咨询、治疗需结合个体的成长史尤其是复吸的原因展开工作，避免陷入为解决问题而解决问题的怪圈。需要开展持续性的心理训练，尝试更多的新颖去除的方法，开设更多的课程，才能在实质上提升操守率，完成矫治目标。

案例二　吸毒，因为我逆反、我好奇[①]
——某强制隔离戒毒所谈话记录

【案例呈现】

谈话时间：2011 年 3 月 15 日　13:20—14:30。

谈话地点：Z 省强制隔离戒毒所教学大楼教师办公室。

谈话对象：的日纳古（化名），女，23 岁，四川人，吸毒，强制隔离戒毒 2 年。

①　邵晓顺：《犯罪个案研究与启示》，群众出版社 2013 年版，第 211—223 页，有所删改。

邵:"请坐。你叫什么名字?(谈话前笔者没有看她的档案,也没有向管理民警了解她的情况与名字)"

的:"的日纳古。"

邵:"什么?(感到有点儿意外,这样的姓名很少听到)叫什么?(笔者便使劲看她的胸牌,胸牌上名字栏写着五个字,字迹比较淡,有点看不清)"

的:"的日纳古。"(她重复了一遍)

邵:"的日纳古。有这样的名字?你是少数民族吗?"(因为从外表上看不出与汉族有什么区别)

的:"是的,我是彝族。"

邵:"哦,彝族。红军长征时刘伯承跟小叶丹结盟的那个彝族?"

的:……(茫然,没什么反应)

邵:"的日纳古(笔者指了指她的胸牌),给我看看你的胸牌。"

的:(摘下胸牌递给笔者)

邵:"的日纳古(笔者一边看胸牌,一边念,一边在纸上记下名字),彝族(笔者一边说着,手却停了下来,一时想不起怎么写。的日纳古看到这个情况,伸手向笔者要了笔和纸,在纸上工整地写下"彝"字),红军长征时刘伯承经过彝族的地方,与彝族头领小叶丹结成兄弟,然后就顺利地走过彝族领地继续长征,北上抗日了。你知道这个故事吗?"

的:(看着笔者,摇摇头)

邵:"哦,你年纪太轻了,不了解这些历史。你今年多大了?几岁?"

的:"23 岁。"

邵:"什么地方人?"

的:"四川的。"

邵:"四川人。家里还有什么人?"

的:"爸爸、妈妈,还有一个妹妹。妹妹小我 4 岁。"

邵:"你是吸毒被强制隔离戒毒的?(笔者看到她穿着印有"××省戒毒"的蓝色衣服)"

的:"是的,吸毒进来的。"

邵:"强戒 2 年,什么时候进来的?"

的:"2009 年 6 月到 2011 年 6 月。"

邵:"哦,到今年 6 月。你什么文化程度?"

的:"初中二年级。(因为调查时笔者在说指导语时特别强调要她们写实际文化程度)"

邵:"初中二年级下读完的?"

的:"初中二年级下读完的。"

(笔者在纸上记下姓名、籍贯、年龄、罪错、强制隔离戒毒期限、文化程度后,把纸和笔放到一边,专心谈话,不再记录)

邵:"那你这次吸毒,是在什么地方?"

的:"在浙江××地方。"

邵:"××地方?那你是什么时候到××地方的?"

的:"2009 年 1 月。"

邵:"怎么去的××地方?"

的:"我有两个表弟,他们在那边打工。我也跟他们到××地方来,想打工。然后吸毒被抓了。"

邵:"吸什么呢?"

的:"海洛因。"

邵:"就海洛因,没吸其他毒品吗?"

的:"其他没有的。"

邵:"你刚才说是四川人。四川什么地方人?"

的:"四川××地方。"

邵:"四川××地方(笔者重复了一遍)。四川我去过,不过去过九寨沟、都江堰、峨眉山等地方,都是旅游风景点。四川××地方没去过。"

的:"都江堰(她重复了一遍,声音稍高)"

邵:"是的。你第一次吸毒是什么时候?"

的:"第一次,嗯……(做回忆状)16岁吧。"

邵:"第一次吸什么呢?"

的:"就海洛因。"

邵:"是海洛因4号吗?海洛因有2号、3号、4号的,4号纯度最高,有95%以上(后经查资料,海洛因4号纯度为90%以上①)。"

的:"没那么纯的。"

邵:"第一次怎么个情况?"

的:"是跟朋友一起吸的。"

邵:"是朋友引诱你的吗?"

的:"那也不是。朋友在一起,他们说吸这个东西治感冒的效果很好的。再么自己好奇心也挺强的,想吸吸看。"

邵:"我以前在一个看守所,跟一个贩卖毒品的女的谈过话,她有40多岁了,比你大。她也吸毒。她告诉我,第一次吸毒也是朋友说可以治感冒。难道都是这个原因去吸的吗?"

的:"治感冒效果确实挺好的。"

邵:"可是这个是毒品,它的副作用,它的危害是相当大的。我们说,青年人要抵制诱惑,在社会上要抵制诱惑,指的主要就是要抵制毒品。毒品是不能碰的。"

的:"是啊,毒品不好的,我身体也不好了,都是病。我是没希望了。"

的:"不过,现在比刚来时身体好多了,病少掉了。"

邵:"吸毒,成瘾了,戒毒确实难的。但不是说戒不掉。国内外都有成功戒毒的事例,但要有坚强的意志力,要有坚强的意志。戒毒,一个是生理方面,这个比较容易,通过医学手段,生理成瘾可以得到较好的治疗。主要是心理成瘾,心理依赖,这个更难。这个需要坚强的意志去克服。你刚才说第一次吸毒是跟朋友一起吸的,是一帮朋友吗?"

---

① 郭建安,李荣文:《吸毒违法行为的预防与矫治》,法律出版社2000年版,第4页。

的："不是的，第一次吸时就两个朋友，一个朋友是男的，一个朋友是女的。"

邵："你说初中二年级下读完不读了，那是 15 岁左右。16 岁去吸毒，那是不读书了。不读书后你干什么呢？"

的："不干什么，就在我妈妈开的小店里帮帮忙。我妈妈开一个小店，现在还开在那儿。"

邵："开在老家，在老家开店？"

的："是的。"

邵："那两个朋友多大年纪？跟你差不多吗？"

的："他们年纪比我大，都 20 多岁了，当时。有 22、23 岁，与我现在年纪一般大。"

邵："你吸毒，你父母什么时候知道的？"

的："17 岁吧。主要是我在那边吸毒被公安机关抓了，强戒了（强制隔离戒毒的简称）。家里就知道了。"

邵："家里知道后怎么对你的？"

的："那时我被关起来了，家里就想早点把我弄出来。我们那边强戒要 3 个月。我一个月就被放出来了。我们那边强戒，家里人每天可以来看的，还可以来送饭。我妈妈每天给我送饭，怕我在里面吃不好。我每天都哭着求我妈去把我早点放出去。我哭，我妈也哭，陪在边上的警官也哭，她妹妹也因吸毒被强戒的。"

邵："你妈妈跟你一块哭，你有没有想过她为什么哭？"

的："（愣了一下）我妈妈哭，她为什么哭……这个我没想过。当时年纪小，在里面怕啊！就想早点出去。"

邵："你妈妈哭，是因为你吸毒被关起来，她伤心啊！同时也担心你。这是母爱的体现，母爱是无私的！你可能没有去体会一下妈妈的这份爱，对子女的关爱之情。"

的："这个……没想过。当时小，没想的。"

邵："作为子女，要体会到父母的这种无私爱，然后怎么呢？要感恩哪！父母生你、养你，不容易啊！就这份养育之情，做子女的就要铭记在心，不能忘了，要知道长大了去报答。你第一次吸毒本来要强戒 3 个月，后来你一个月就出来了。你父母可能去做了很多工作，花了很多精力，甚至可能还要托人求情花钱买礼物。这就是父母，希望子女少受点苦！你要体会到。"

的："这个……是的，父母花了很多精力。可是当时没想到。"

邵："这个要记在心里。你说读书到初中二年级，那成绩怎么样？"

的："成绩？小学四年级前是好的。"

邵："你说成绩好的，是怎么个情况？比如 30 名同学，你是 10 名之前，还是 10 到 20 名？"

的："是前几名。老师很喜欢我的，常常叫我去演出啊什么的。小学四年级后就不好了。"

邵："不好了，为什么呢？"

的："玩去了，爱玩了，打游戏，逃学不上课……"

邵："还去上网吧吧。"

的："唉，是的，上网吧，打游戏，常不去上学，成绩就不好了。"

邵："是跟几个同学一起去玩呢，还是自己一个人？"

的："当然是几个同学一起玩的。"

邵:"可能大家成绩都不好,你的成绩大概到倒数几名了。"

的:(点点头)

邵:"那成绩不好了,父母怎么看,怎么处理?"

的:"爸爸妈妈就骂。爸爸要打的,但妈妈舍不得,就跟爸爸吵,然后骂我。但那时逆反心理特别厉害,听不进,还故意对着干。"

邵:"学校老师怎么处理,有教育的吗?"

的:"学校老师一直教的,学校老师是好的。"

邵:"那四年级不好,教育你,五、六年级也一直教育吗?"

的:"那也不是的。到五年级,(老师)觉得教教也不听,学习成绩也差了,觉得教不好了,没指望了,老师不喜欢我了,也不叫我去演出什么的。"

邵:"老师后来不教了。你说逆反心理,那是人发展到一定阶段会出现的一个心理现象。你四、五年级有这个心理,那时你身体开始发育了吗?"

的:"还没有吧,发育之前就有对抗心理了。"

邵:"我们说青春发育期,一般要到初中。青春发育期,人开始追求独立,逆反心理、反抗心理会特别严重。看来你的逆反心理是其他原因。那尔初中学习怎样?"

的:"初中也不要读书的。后来我到(老家)边上一个镇职中(职业中学)去读书,仍然是玩啊,打游戏,逃学啦。到初中二年级(读完),我实在不愿读了,爸爸妈妈也看到我读不了书,也就同意(我不读)了。他们也没办法。"

邵:"(父母)无可奈何啊。你在初中有男朋友吗?"

的:"有的。"

邵:"谈恋爱也影响你学习吗?"

的:"那不是的,这个倒没有的。"

邵:"男的后来怎么样?"

的:"他后来?初二就转学到云南那边去读书了。那边读书氛围好。他读书大概好的。"

邵:"后来没什么联系了?分开了伤心吗?"

的:"没联系了。分开伤心?那时谈朋友就像过家家,没什么伤心的。"

邵:"你父母什么文化程度?爸爸呢?"

的:"爸爸大专,他是个医生,在兽医站工作。"

邵:"妈妈呢?"

的:"妈妈小学毕业,跟文盲差不多。她没什么工作,就在老家做点活,后来开小店。现在还在开小店。"

邵:"你妹妹呢?"

的:"妹妹在成都××学校读大学。"

邵:"大学?读几年级?"

的:"她大二了。"

邵:"她小你4岁。"

的:"是的,小4岁。"

邵:"她学习好的?"

的:"她学习一直是好的。"

邵："妹妹有出息，父母（会）得到一些安慰。你说吸毒，16岁开始，是一直在吸吗？"

的："也不是。后来17岁吧，到深圳打工一年多，没有吸。在老家，吸毒很多的，周围很多人在吸，有的打针，后来都打死了。"

邵："是你看到的呢，比如打针打死，还是听说的？"

的："看到的。前几天我还听说小学的一个同学，打针吸毒死了（的某用手比划着如何打针）。"

邵："我看到过一个资料，四川、云南等地，是我国毒品的重灾区。毒品泛滥，害了许多人。（笔者随后讲了在某监狱谈过的一个四川籍贩毒分子的情况，他贩毒也吸毒）吸毒，需要毒资，你的钱哪里来？"

的："爸爸妈妈给的零花钱。"

邵："零花钱？毒品，吸毒，我们说，那是经济发展到一定阶段后才吸得起。原来我们国家穷，哪有那么多人吸毒？！没钱哪！"

的："毒品，海洛因，我们那边不贵的，一二百块钱一克，不像××地方，一克要七八百块。"

邵："一二百块一克，那也需要钱。你每天都吸吗？"

的："不是的。"

邵："那一星期一次？"

的："是的，差不多，一个月四五次。"

邵："也就是一星期一次。"

的："那也不是的，不一定一星期一次这么平均。（反正）一个月四五次，五六次。"

邵："一个月四五次，五六次，一次一克的话，那需要五克左右。"

的："没那么多。"

邵："那这个钱……"

的："有时是自己买，有时是朋友请客。"

邵："朋友就请毒品？（没有请吃饭？）"

的："是的，就请毒品。"

邵："这也叫请客？不过总有自己买的。这个钱哪里来？你又没有工作。"

的："钱是向妈妈要的。"

邵："知道你吸毒，还给你钱？"

的："是的，骂是要骂的，但我向他们要，还是会给的。要钱时是说买什么东西。他们还是很宠我的。向妈妈要，要说我、骂我，但私下偷偷给的。爸爸也一样，私下给，怕妈妈知道。他们都还是很宠我的。也可以说溺爱吧。（她笑眯眯地说）"

邵："哦，这样子！溺爱可也是害了你啊！你前面说到深圳去打过工，怎么会到深圳去打工呢？"

的："那边也有亲戚在打工，我妈叫他们把我带过去，脱离那个（吸毒的）环境，会好点。为了我不吸毒，我妈还把我送到乡下外婆家去呆过一阵子。那边清静，没吸毒的。"

邵："深圳打工，没有去吸毒？"

的："是的，深圳就做做工，没有吸毒的。我不吸也无所谓的。"

邵："深圳做工，一个月收入多少？"

的："一个月一千多。"

邵："千多少呢？"

的："一千八、九百。我每个月可以剩下一千块，或寄回家，或者存起来。"

邵："那倒不错。在深圳，消费比较高的，你一个月花八、九百就够了？"

的："我又不出去干什么，就买点日用品，有时买件衣服。也就在那边待了一年多，回来过年后，就不去。做工太苦了。"

邵："做工辛苦。那一个月休息几天，还是每个星期都有的休息？"

的："星期天有休息的。不过，经常加班，一加班就没得休息了。"

邵："早上几点上班？"

的："早上8点。"

邵："中午呢？"

的："中午11点半、12点，到下午2点上班。"

邵："下班呢？"

的："下午5点下班。"

邵："八小时工作外还上班吗？"

的："晚上还上的。常常加班，有时做到第二天1、2点。第二天早上又要上班，真是吃不消的。"

邵："确实挺辛苦的。你做工时17岁，还未到18岁，未到成年。不过，16岁超过了，也不算童工。童工的话，就违反国家法律了。"

的："深圳那边用童工很多的（很普遍的），很多厂用童工的。"

邵："打工回老家后，没有再去做工？"

的："是的。也就帮妈妈看看店。"

邵："那后来又吸毒了？"

的："是的。朋友打电话来，我出去。妈妈开始也跟的，防止吸毒，但后来店里也忙，生意要做，也管不牢（我），就又吸上了。"

邵："妈妈知道？"

的："朋友打电话来，我说出去玩会，实际上吸毒去了。"

邵："你出去跟朋友吸毒，是就几个朋友呢，还是许多朋友？"

的："吸毒就几个朋友一起吸，但每次一起吸的人不一样。"

邵："那跟你一起吸过毒的，有很多人吗？"

的："是的。"

邵："那这次在××地方吸毒，也是跟朋友吗？"

的："是跟一个老乡，她在这边打工。"

邵："你到××地方是2009年1月，6月被抓……"

的："4月开始吸的，（吸了）2个月时间。"

邵："哦，这样。你妈妈为了阻止你吸毒其实也想了许多办法，但我们说，做子女的，要体会到父母的苦心，体会到父母的爱，对子女无私的爱。而且要懂得感恩，要对父母的养育之恩，把你养大，就值得做子女的好好感谢，记在心里。你没有小孩，体会不到这种母爱，或体会不深，等你有了小孩，就会体会到或体会更深。

这种感恩之心，一般在幼儿园、小学之前，7岁前要教育他（她）。小时候就要教小孩懂得感恩。比如给他(她)吃东西,要告诉他(她)来之不易,要懂得与爸爸妈妈分享,想到爸爸妈妈,要一起吃,或留下一份来给父母。从你的表现看,你父母也许在这方面对你教育不够,教育上有问题。而到小学,要教育他(她)道德行为,什么是对的,什么是好的行为,比如助人行为,能够帮助他人。要这样一点一点教育过来。你今后有了小孩,要这样教。(她认真地听着笔者说话)

另外一个,我觉得最重要的,你要学会控制自己,要加强自己的意志力。吸毒,诱惑力大,戒毒,国内外都有很多成功例子。只要你有坚强的意志,一定能够战胜它。你刚才说过吸不吸无所谓的,是吗?"

的:"是的。"

邵:"那就好。但是我发现你与朋友在一起,就很容易复吸。那么你出去后(解除强制戒毒后),就在交朋友时要注意。"

的:"出去后,我就回老家去了。不过怎么回去呢? 没脸啊!"

邵:"怎么呢?"

的:"我在这边强戒过了,回去让人知道,老家那边(会被人)看不起。"

邵:"这个也没办法,但更应该注意不要再犯了! 回去,朋友很可能会再打电话来叫你,(她点点头)那你要辨别。可以先叫他们上你家来,在你家招待他们。他们在你家,有你妈妈看着,不会吸。我想,你妈妈为了你不吸毒,肯定愿意在你家招待你的朋友。她会给你们烧好吃的。你也可以烧啊! 跟朋友吃饭、交往,然后从中考察是否有好的朋友,不吸毒的朋友。这些人就可以交往下去。当然,也可能上朋友家去,但是如果发现他们吸毒,你要坚决站起来走掉。这个有点难,要有非常坚强的意志。不过,能做到那就表明你意志很坚强。但是,回过头来,我觉得还是请朋友到你家来好。慢慢、慢慢,过上正常的生活。你在这儿两年不吸了,再过些日子,身体更好些,就可以找个男朋友,过上家庭生活,还可以生个小孩。(她点点头)你妈妈开店,你回去帮她,她年纪大了,总要把店传给你,你也就有了生存的手段,生存下去的路子。成个家,就可以安安稳稳过日子。这多好啊! 你要为这个目标努力啊!

另外,我觉得你这个人也不会乱花钱。深圳打工就说明了这一点。一个月一千八、九百,能够剩下一千块,存起来寄回家,说明你是个节俭的人。那出去后过日子,仍然要节俭。为什么呢? 因为你要结婚,还要生小孩,要养他(她)呀! 这需要花钱。另外,父母年纪大了,要你赡养啊! 还有自己年纪大了,60多岁,80、90岁,老了,也要用钱。这些钱要年轻时节省下来。

总之,出去后要控制住自己,成个家,生个小孩,要从小教育好,要学会存钱为今后打算。

好,今天就谈到这儿。"

的:"谢谢你。"

【案例评析】

在这个个案当中,我们可以梳理下戒毒学员的某的吸毒史脉络:

常言道,吸毒的问题不仅是发生在吸毒本身,更多发生在吸毒之前。对照此个案,的某第一次吸毒是因为家庭没有尽到监管的责任,而是一味溺爱放纵而致。的某在其求学早龄阶段(四、五年级)就因学业滑坡,轻易放弃学业。的某恰好结识了两个朋友,由此被带上了吸毒的道路。从吸毒史来看,的某对于毒品的心理渴求并不强烈,有过外地打工停止吸毒一年的经历,并自称复吸和环境的影响密切相关。毒品成瘾的研究发现:吸毒者在相关环境线索下会加剧心理渴求的程度。

从管理民警与她的对话中,可以较清晰地挖掘出吸毒与逆反、好奇心理有关。而复吸的最大原因并不是稽延性、戒断症状等生理原因,而是家庭教育方式的错误、本人戒毒动机不强烈、戒毒决心不大、难以拒绝毒品的诱惑等心理原因。基于这点,戒毒矫治工作者在解决个案出现的焦虑情绪的同时,在矫治项目设置上需要重点围绕改变溺爱型的家庭教育观念和强化戒毒信心与动机两个方面,矫治的手段则可以依据具体情况来选择。

本个案给我们的启示是,复吸问题,我们需要挖掘更深的缘由,这个个案复吸的根本原因到底是出于淡漠的法制观念,出于对吸毒可以治病的无知认识,还是以吸毒的方式去获得替代性满足? 如果从造成心理问题的原因剖析,的某的家庭教育存在一定的问题。首先家庭养育方式上是溺爱型的,缺乏有效的教育。从谈话中明显表现出其感恩之心不强,对父母之爱觉得应当如此。同时,成长过程中相应的教育缺乏,造成的日纳古没有建立起正确的思想体系。因此,人生指导尤其需要。

从主题上看,这是一次自由性谈话。区别于限定性谈话,这次谈话没有事先确定的主题和明确的谈话目的,但是作用是为了增进与戒毒者的沟通和了解,掌握对方的思想和行为状况。在戒毒训练情境中,谈话法往往是一种重要的方法。有学者指出:"通过言语的表达和理解,能使双方实现良好的沟通……能使戒毒工作者找准问题,察觉出戒毒者外在行为与内在心理活动之间的关系;能帮助戒毒者提高辨别能力,使之排除不切实际的期望,它能对戒毒者起到提醒、训示、鼓励、鞭策的作用。"[1]本案例实施的是一次成功的矫正性谈话。从谈话整个过程来看,矫正人员谈话语气、姿势及谈话情景设置,都体现了谈话双方的平等性,并且在谈话当中蕴涵了矫正对方错误思想的内容,比如让谈话对象形成对父母关爱的正确认识,提醒她要树立戒毒成功的信心等。

---

①　吴成军著:《戒毒社区的理论与方法研究》,贵州人民出版社 2007 年版,第 198 页。

案例三　吸毒：因为我能获得和谐的朋友关系

【案例呈现】

"心若在，梦就在，天地之间还有真爱，看成败，人生豪迈，只不过是从头再来……"，戒毒学员十佳歌手大赛现场，戒毒学员姜高用饱满深情的歌声，感染了在场的每一个人，已满脸泪水的他唱的不是歌，而是他来到戒毒所后真实的经历。

一、入所情况

戒毒学员姜高（化名），30岁，浙江乐清人，已婚，研究生学历，因吸食冰毒，被乐清市公安局决定强制隔离戒毒2年，2012年1月转入省属强制隔离戒毒所接受戒毒矫治。

"报告警官，姜高不听指挥，不走队列"，自管会学员孙某在向执勤民警报告；"报告指导员，姜高不学广播操，不服管理，还顶撞我"，自管会学员王某在向指导员报告；"报告警官，姜高拒绝练习叠棉被"，学员小组长杨某向中队值班民警报告；"报告中队长，姜高总是一言不发，总是发愣，目光呆滞"，学员小组长杨某在向中队长报告；"报告警官，姜高今天早上开始拒绝吃饭，说这样的饭菜哪是人吃的！"自管会学员郑某在向中队长报告……

短短数日，中队收到关于姜高的报告就不下十起，中队管理民警已经提前意识到了事情的严重程度，经验告诉我们，如不抓紧教育矫治，学员姜高可能会做出更加出格的事情，简单的说教，已经不能对姜高起到任何矫正作用，中队在第一时间召开队委会，决定成立帮教小组，指导员任组长，中队长、管教副中队长任副组长。

二、家庭情况和成长史

帮教小组第一时间调阅了姜高的档案，并通过姜高身边的学员以及学员骨干的反映，中队对姜高有了大致的了解，姜高大致呈现以下几个特点：一是姜高研究生学历，文化水平高，恃才傲物；二是姜高家境殷实，是典型的"富二代"，缺乏吃苦耐劳的精神；三是姜高对戒毒矫治有较强的抵触情绪，思想认识上有误区；四是姜高是首次接受强制隔离戒毒，缺乏彻底戒断毒瘾的信心；五是姜高缺乏对回归社会后生活的规划，对未来产生了恐惧。

第一次吸毒经历：在一次初中同学聚会时，他碰到了一个多年未见的老同学，一番叙旧之后互留了联系方式，在一段时间里他经常和那位老同学在一起喝酒、聊天，两人无话不谈，他怎么也没能想到，这位老同学竟然是一位"瘾君子"。在一次觥筹交错后，他没能经得起同学的引诱，带着强烈的好奇心与毒魔第一次握手，不久以后这位朋友告诉他现在许多明星都吸毒，吸毒是有钱人的一种生活方式。于是在朋友的带动下，他开始接触毒品。后来觉得毒品既能宣泄情绪，也能给自己和朋友带来和谐关系（他借钱给朋友），从内心接受了自己吸毒的事实。

三、入所初期表现和复吸原因分析

帮教小组根据得到的资料和了解的情况，迅速召开小组会议，讨论、研究教育矫治计划，并把学员姜高的情况和中队的帮教方案及时上报大队主管领导。

教育矫治计划提到的姜高的吸毒、复吸原因等情况如下：

1.父母教育观念的偏离。父母长期在外做生意，认为只要给予子女充分的物质生活满足即可，不关注子女的精神生活。在姜高吸毒出事后，又一味给予指责，缺乏正面教育和引导。

2.姜高一开始吸毒纯粹是为了寻求刺激，复吸情境的发生更多的是受毒友的引诱。但是后来发展到认可吸毒是自己的一种生活方式，从主观上并不想戒断毒瘾，缺少戒毒的动机。

3.姜高吸食冰毒时间短暂，临床治疗属于成瘾程度最低级，经过治疗，排除精神疾病。无明显戒断症状，成瘾程度不深，医生建议一个月后即可转入戒毒康复阶段。

四、教育矫治对策

按照事先制定的教育矫治方案，主要从以下几个方面，有条不紊、按部就班地展开：

（一）组织竞赛，展现才华，提升自信

根据姜高的情况，中队专门组织了一次队列、叠棉被、广播操比赛，并以公示的方式把最后结果在中队宣传栏进行了展示。同时实施奖励手段，对表现优异的学员，给予奖分鼓励，同时给排名靠后的学员以鞭策，鼓励他们继续努力。中队分析认为，三个比赛项目对于姜高来说，因为在学校的生活中都有所接触，成绩自然不会很差。比赛结果，早在帮教小组的预料之中，姜高三个项目，全是第一。所有强戒学员对姜高是刮目相看，姜高的脸上也呈现出了戒治以来从来没有过的笑容。

（二）个别教育谈话，亲情感化

帮教小组趁势出击，对学员姜高进行个别教育谈话，首先对姜高在比赛中取得的成绩给予肯定，只字不提以前不遵守纪律的情况；并让其与家人通了电话，在电话中，姜高的父母、爱人，给他的全是鼓励和支持，没有丝毫的指责和抱怨，姜高当时已是泪流满面，表示要痛改前非……（注：中队已事先与其家属进行了沟通，希望家属配合中队对该员进行教育矫治）

（三）心理疏导，教育沟通

中队心理咨询师立即介入，并邀请所部心理矫治中心专职心理工作人员，对学员姜高进行了一次心理疏导。姜高在心理咨询师的心理干预和调适下，心里的困惑和纠结也消失了。

（四）促膝谈心，真诚交流

帮教小组再次找姜高进行谈心、交流，此时的姜高已经没有了刚戒治时的困惑、迷茫和焦虑，也没有了先前其他学员对他的小报告。中队首先肯定了他在比赛后这段时间的表现，并发给了他一卡通（注：一卡通可以购买生活用品，可以吃小炒了），并表示希望他留队，为中队、为其他学员做一些工作。此时的姜高已经是泪流满面．姜高的话匣子一下打开了，通过这次谈话，民警更清楚地了解了姜高真实的心态。原来，刚戒治时姜高对戒毒所的一切都充满了抵触情绪，认为自己堂堂一名浙大研究生，却还要经历这样的苦难，还要听从中学都没毕业的自管会成员的监督，表示心里很不服；更重要的是缺乏戒毒的勇气，缺乏彻底戒断毒瘾的信心,缺乏对未来美好生活的科学规划……

（五）倾心帮助,规划人生

针对了解到的最新情况,中队迅速行动起来,制定对策,鼓励他利用 2 年戒毒的时间,攻读博士学位,并迅速筹建了中队图书室,委托学员姜高进行管理,中队并就姜高考博,给予了多方面的帮助,中队民警不辞辛苦,去杭州、金华为其购买考博资料等。

五、现实表现

来到大队图书室,你就可以看到一个趴在书桌上认真学习的人,他就是学员姜高,一个刚戒治时,经常违纪的人。现在,姜高完全变了个样。姜高凭借扎实的文化功底,在所矫治报上已发表了数十篇文章,同时还兼任生活小组长,在中队的各项活动中都能看到姜高的身影,姜高现已成为中队戒毒学员的榜样。

在对姜高的前期的戒治过程中,取得成效的几个原因:

一是抓到了戒毒的关键点。即强调认识观念和家庭支持等因素;

二是充分运用了激励手段。通过激励找准戒毒学员姜高的闪光点,激发他对于人生和前途的信心;

三是充分运用了亲情的感召力。找准了该学员吸毒与其家庭教育方式之间的关联,把亲情帮教作为矫治的突破口,促使该学员痛下戒毒决心,促进了他的心理转变;

四是找到打开对方心灵的"钥匙"。通过各种方法走进对方的心里,不是急功近利,以管理和惩罚来对待不服从管教的姜高;

五是加强毒品危害性的教育。尽管姜高是高学历,但对于毒品的危害认识不足。因此,通过教育使其改变对毒品的错误认知,明晰吸毒对自己身心带来的危害。

六是把人生职业规划和矫治结合起来。通过各种途径帮助姜高参加博士考试,帮助他更好地进行人生规划,这种真诚实在的帮助,换来了对方的尊重与沟通。

"心若在,梦就在",心若不在,一切都是浮云。学员姜高入所以来的坎坎坷坷,是对这句歌词最好、最充分的诠释,同时也是对中队管教工作最真实的解读。因此,才出现了开头的一幕。

【案例评析】

从这则成功的矫治个案中,我们可以看出以下几点:

第一,由于戒毒学员角色的变化,强制隔离戒毒工作更强调治疗性。在严格管理的同时,确保戒治秩序,更要突出治疗和康复训练。

第二,要强调的是加强家庭支持系统的介入。要通过沟通,让家庭成员相互理解彼此的想法,了解吸毒是可治性脑病;找出家庭中有利于戒毒的因素,促使家庭成员共同配合复吸预防。

第三,可以深入探索的是把戒毒学员的戒毒矫治和职业规划结合起来。

管理民警只要始终坚定"教育、感化、挽救"的工作方针,始终坚持"不抛弃,不放弃"的管教理念,坚持真诚尊重,以心交心,采取恰当的措施进行有效的教育,就能换来戒毒学员的尊重与沟通,从而掌握对方的真正心理,最大限度地化消极因素为积极因素。

当然,这个个案"当事人"出现的问题更多的是属于进入强制隔离戒毒所后出现的一些适应障碍问题，并且由于具有较高的认知水平，因此行为、认知上的改善效果较为明显。而多种教育矫治措施刚好做到了"对症下药"，运用多种措施使其通过积极的方式获得了心理补偿。随着矫治工作的深入，我们要面临更多的因吸食新型毒品而导致复杂精神心理问题的个案，需要我们遵循"严管、重教、挽救"的戒毒工作方针，一方面做到严格、科学管理，另一方面从医学角度出发突出治疗和康复。但针对这个个案，我们不要被他一开始的抗管教现象所迷惑，而匆忙选取一系列治疗措施。有效的生理、心理治疗是基于患者自身的需求而开展的。在治疗当中，能够抓住个案的关键问题，是矫治目标实现的保障。

第二章　强制隔离戒毒人员毒品成瘾诊断与生理脱毒案例及评析

案例四　海洛因导致我失眠、腹泻①

【案例呈现】

一、患者基本情况

杨简（化名），男性，38 岁，浙江舟山人，吸食海洛因 4 年余，近三月改为注射使用，频率 1 次/天，每次用量 0.2g。末次使用时间为 2012 年 7 月 9 日下午 4 点，方式为注射，药量不详。在未脱毒情况下，于 2012 年 7 月 11 日由浙江省××强制隔离戒毒所收治。期限自 2012 年 7 月 11 日起至 2014 年 7 月 10 日止。鉴于其未生理脱毒，收治后安排住院开展戒毒治疗与护理工作。

二、初诊情况

（一）患者主诉

诉腹泻、失眠 2 天，伴全身乏力、食欲不振、恶心、呕吐，失眠严重，每晚入睡 2 小时左右，有全身不适、哈欠、流泪、冷热交替等戒断症状，腰酸痛明显。有焦虑、情绪低落感。既往身体健康，否认结核、肝炎等传染病史，否认高血压、糖尿病等遗传性疾病。

（二）初诊检查

一般体检：血压、心率等生命体征正常；症状和体征：患者神志清，精神状态差，消瘦明显，皮肤暗黄，巩膜有黄染。失眠严重，每晚入睡 2 小时左右；食欲不振，体重减轻，有恶心、呕吐；腹泻 5～6 次/天，稀便，伴腹痛。每天有成瘾药物渴求感，发作时虚汗、哈欠、流泪、鸡皮疙瘩、冷热交替出现等全身不适感。腰背酸痛明显，骨、关节轻微疼痛。患者情绪较低落，有焦虑不安感。心电图示窦性心律，ST 段压低，右房肥大可能；血常规、肝功能正常；尿检吗啡检测阳性。心理状况初诊：BPRS（简明精神病评定量表）测得总分为 33 分，根据相关诊断标准，属正常值。

---

① 周雨臣等：《强制隔离戒毒工作管教方法与艺术》，浙江大学出版社 2013 版。根据书中有关案例整理加工。

三、戒毒治疗与护理流程

（一）基本情况的了解与入住初诊

一是对患者的基本情况进行了了解，包括年龄、籍贯、吸毒史、吸毒频率剂量、之前的脱毒治疗情况等，详细记录在案。二是记录患者主诉并对患者进行一般体检，包括生命体征、血液检测、尿液检测、胸片、心电图等实验室和影像学检查。该患者心电图示窦性心律，ST段压低，右房肥大可能；尿检吗啡阳性，余无殊。三是患者精神状态差，消瘦明显，失眠严重，每晚入睡 2 小时左右；食欲不振，体重减轻，有恶心、呕吐；腹泻 5～6 次/天，伴腹痛。每天有成瘾药物渴求感，发作时虚汗、哈欠、流泪、鸡皮疙瘩、冷热交替出现等全身不适感。腰背酸痛明显，骨、关节轻微疼痛。患者情绪较低落，有焦虑不安感。四是确定初诊。该患者有明显的戒断症状，系海洛因成瘾躯体和心理依赖期。

（二）戒断症状和稽延性症状评定

引用《戒断症状评定表》评估戒断症状的严重程度，该患者戒断症状评定结果为 19 分，有中等程度的戒断症状。

（三）一般身体状况的评估

根据《戒毒康复人员健康评定量表》评定患者的一般身体状况，该患者一般健康状况评分结果 11 分，有轻度的健康问题。

（四）身体状况的综合评估

根据患者的具体症状和体征、体检结果，结合戒断症状评定和一般身体状况评定结果，该患者有较明显的戒断症状和中等程度的身体症状，其焦虑心理情绪需要干预矫治，需保证休息并提供安静舒适的环境进行专业系统的矫治和护理。

四、治疗与护理措施

患者系传统型毒品海洛因成瘾，有比较明显的戒断症状，心理情绪状况差，重点围绕患者生理、心理症状开展了专业、规范、安全的整体戒毒康复治疗与护理。

第一周康复治疗：（1）安排患者入住医院观察室，及时准确评估各项症状及体征，严密监测生命体征；提供安静舒适的环境，有利于休息与睡眠及病情观察。嘱卧床休息，减少活动。（2）因海洛因属阿片类药物，其成瘾后有明显的戒断症状，为确保患者安全，康复中心安排专人陪护，民警 24 小时照管。（3）配备束缚椅，防止毒瘾发作时危及人身安全。制定紧急预案，以防意外。（4）详细了解患者的状况后，根据患者存在的戒断症状，专业医师处方：予丁丙诺啡舌下含服，前三天每天 2 次，一次 1 片，第四天患者哈欠、流泪、鸡皮疙瘩等症状明显减轻，改为每日一次，一次 1 片，于第六日、第七日改为每日一次，一次半片。腰背酸痛有所好转，无明显骨、关节疼痛。（5）患者失眠严重，入睡困难，遵医嘱予安神补脑液 1 支 BID 口服，佐匹克隆片 1 片 PRN 口服。患者由每晚睡眠 2 小时改善为第一周末期 5 小时睡眠。（6）患者食欲不振，体重减轻，提供建议，改善其饮食，增强其食欲，保证营养。患者食欲第四天开始改善。（7）患者腹泻 5～6 次/天。因吗啡类药物对胃肠道的长期使用致便秘作用，系患者出现的腹泻戒断症状，无需处理，继续关注其胃肠道的症状。患者第 3 天开始无腹泻情况。（8）关注患者心理、情绪状况。患者情绪有低落，焦虑感，专业民警及时多次与其谈心，缓解其抑郁情绪。

第二周康复治疗：（1）患者生命体征正常，精神状况好转，哈欠、流泪、鸡皮疙瘩等戒断症状基本消失，也未服用丁丙诺啡。偶有轻微腰背酸痛。（2）患者失眠好转，安神补脑液和佐匹克隆片停用，每晚入睡 5～6 小时。继续关注其睡眠情况，提供安静舒适的环境有利于其睡眠及休息。（3）患者饮食恢复正常，无腹泻、便秘等消化道症状。（4）继续关注患者的心理状况。患者情绪较平稳。（5）转移注意力，丰富业余活动，培养兴趣爱好，改善其体能状况。

五、戒毒治疗护理评价与下步工作建议

戒毒治疗护理工作评价：（1）患者目前戒毒康复半月，经过调适干预，目前精神状态尚可，情绪平稳，无明显不良情绪，无明显药物渴求感。（2）患者身体症状基本消失。虚汗、哈欠、流泪、鸡皮疙瘩、冷热交替出现等全身不适感基本消失，无明显戒断症状。腹泻好转，无便秘，食欲改善，无消化道不适症状。无骨、关节疼痛，偶有轻微腰背疼痛。睡眠明显改善，由原来的每晚入睡 2 小时到现在的每晚入睡 5～6 小时。（3）患者情绪低落感缓解，无明显焦虑感，情绪已较平稳。

根据患者以上情况，医生建议：报戒毒管理办公室审批，转入下一戒毒康复阶段。进行健康生活习惯培养、体能恢复训练、心理康复工作。

【案例评析】

吸毒成瘾人员①进入强制隔离戒毒所后，首先进行生理脱毒，一般是 1 个月，再进行合规性教育。生理脱毒期即为减轻戒毒者停掉毒品后出现的戒断反应，给予戒毒者以药物治疗或控制其出现戒断反应的过程。脱毒是戒毒治疗的第一步和基础。该案例收治到所，停药时间在 48 小时以内，刚好处于戒断症状的高峰时间。②戒断症状的表现则体现出多种症状，比如客观体征方面有如血压升高、脉搏加快、体温升高、立毛肌收缩、瞳孔扩大、流涕、震颤、腹泻、呕吐、失眠等；主观症状有如肌肉骨骼疼痛、腹痛、食欲差、无力、疲乏、不安、喷嚏、发冷、发热、渴求药物等。按照周文华教授提出的海洛因戒断综合症的诊断标准，毒品停用或减少用量后的数小时到数天里，至少出现下列三种或三种以上戒断症状或体征：恶心、呕吐、厌食、软弱无力；全身骨头和肌肉疼痛；流泪或流涕；心率加快、血压增高；瞳孔扩大；心境恶劣、焦虑、抑郁；腹痛腹泻；打哈欠、打喷嚏；发热、寒战、起鸡皮疙瘩或出汗；失眠；心理渴求等。本案例出现的戒断症状已经达到了其中的 8 项。而睡眠障碍尤其显著，可以诊断为海洛因引致的睡眠障碍。

海洛因导致的睡眠障碍诊断时有几个特征：（1）突出的睡眠障碍，严重到足以单独引起

①　公安部《吸毒成瘾认定办法》第七条中指出，吸毒人员同时具备以下情形的，公安机关认定其吸毒成瘾：（一）经人体生物样本检测证明其体内含有毒品成分；（二）有证据证明其有使用毒品行为；（三）有戒断症状或者有证据证明吸毒史，包括曾经因使用毒品被公安机关查处或者曾经进行自愿戒毒等情形。戒断症状的具体情形，参照卫生部制定的《阿片类药物依赖诊断治疗指导原则》和《苯丙胺类药物依赖诊断治疗指导原则》确定。

②　卫生部关于印发《阿片类药物依赖诊断治疗指导原则》中指出，（一）戒断症状。滥用阿片类药物的种类、剂量、时间、途径、停药速度不同，戒断症状的严重程度也不一样。短效药物如吗啡、海洛因一般在停药后 8～12 小时开始出现戒断症状，48～72 小时达到高峰，持续 7～10 天。长效药物如美沙酮一般在停药后 1～3 天出现戒断症状，可持续 2 周左右。

临床的关注；(2)从病史、体检或实验室检查都可证实睡眠障碍由海洛因而非全身医学情况的直接生理结果所引起；(3)它不能被其他精神障碍所解释(如对患有全身性疾病引起紧张的一种伴有心境忧郁的适应障碍反应)；(4)非谵妄时发生；(5)睡眠障碍在临床上造成了明显的烦恼痛苦，或在社交、职业或其他重要方面造成功能缺陷。①

由此可见，对于传统毒品成瘾的人员，在生理脱毒期需要精神科大夫或者专科医生的介入，才能实现对脑病患者的治疗这一目标。当然，短期脱毒治疗，时间一般不超过 30 天，疗效也比较显著。到生理脱毒之后，如何开展生理康复和心理康复，则成为强制隔离戒毒所工作的重点问题。从国际戒毒主要方法来看，有效的药物依赖治疗应该包括生理方面(医学干预)、心理行为方面(心理行为干预)和社会环境方面(社会干预)。从生理脱毒这个角度出发，这个个案给我们的启示是，最好能将生理脱毒的情况纳入到个体的整个矫治方案当中，围绕个体在强制隔离戒毒期间的脱毒期、康复期和巩固期出现的各种躯体和精神症状，而采取综合性措施治疗。强制隔离戒毒场所需要建立更专业的矫治机构，并完善合理的运作机制，方能吸引(或合作)更多医学专业人士参与到成瘾者的治疗当中。

【知识链接】

海洛因是半合成的阿片类毒品，距今已有一百年余历史。海洛因的精度和纯度取决于产地。极纯的海洛因(俗称白粉)主要来自"金三角"(缅甸、泰国、柬埔寨三国接壤地带)。后来根据用途和纯度不同又分出"2 号"、"3 号"、"4 号"海洛因。用海洛因静脉注射，其效应快如闪电。整个身体、头部、神经会产生一种爆发式的快感，如"闪电"一般。2～3 个小时内，毒品使用者沉浸在半麻醉状态，唯有快感存在，其他感觉荡然无存。心醉神迷过后，别无他念，只对白粉感兴趣，一心只想重新吸白粉。这就是"沉醉"。由于快感很快消失，接着便是对毒品的容忍、依赖和习惯。随着使用毒品时间的迁延，需要越来越多的毒品才能产生原来的效应，不然过不了瘾。毒品耐受量不断增大。此时，一旦切断白粉进入体内，成瘾后的戒断症状十分剧烈，痛苦难忍的折磨正等待着他。对"闪电"的留恋，而对戒断的痛苦体验，使吸毒者身陷毒潭，身不由己，难以自拔。此时已适应了毒品的身体，产生了生理和心理上的依赖，随着时间的推移，吸毒者精神和身体慢慢开始崩溃。

对于海洛因依赖，丁丙诺啡(Buprenorphine)是常规的脱毒治疗方法。丁丙诺啡脱毒法的药理作用和用药情况：阿片部分激动剂，阻断吗啡的效应，又具有内源性阿片样作用，与非阿片药物和阿片受体拮抗剂有较好的容受性。它药动学特征提示可以用药可以每天 1 次。每天 8 mg 丁丙诺啡舌下含片在维持率和尿检阴性率比 20 mg 美沙酮好。现在有丁丙诺啡和丁丙诺啡联合纳洛酮的两种剂型。①

---

① 引用宁波戒毒研究中心周文华教授有关观点。

案例五　冰毒治疗案例

【案例呈现】

一、患者基本情况

柳柳(化名),女,27岁,浙江瑞安人,未婚、无业,吸食冰毒1年余,使用频率每1～2天使用一次。末次使用时间为2011年11月2日下午2点,方式为吸食,药量不详。于2011年11月3日由浙江省××强制隔离戒毒所收治。

二、入所体检情况

据戒治档案显示:

发育正常,面色灰暗,体重下降,左手局部皮肤烫伤,体温36.8℃,血压110/70mmHg,口腔黏膜损伤和溃疡,面部有轻微麻痹感,心肺、肝脾均无异常。心电图、血常规、尿常规均正常;尿吗啡测查阴性,尿甲基安非他明检测阳性;血生化检查空腹血糖3.8mmol/L;梅毒血清特异性抗体:阳性。

意识清晰,有感知障碍(感觉光线特别刺眼,对医生提问答非所问),抑郁症状明显,可排除精神病。焦虑抑郁量表测查总分:HAMA 28分、HAMD 31分、SAS 62分(标准分)、SDS 72分(标准分)。

三、病人主诉

无法入睡1天,精神极度疲劳,感到很疲乏,全身无力,口腔进食疼痛,眼睛非常干涩。有时有恶心、心悸、出汗和头痛现象。对周围事物提不起兴趣,每天脑袋里只想着溜冰时的快感,每天莫名其妙非常害怕。

四、入所诊断

符合DSM-IV物质依赖诊断标准,甲基苯丙胺依赖－抑郁状态,伴有感知觉障碍。

五、治疗

患者系新型毒品甲基苯丙胺成瘾,停用后表现为明显抑郁症和严重睡眠障碍,且该类毒品治疗目前尚无替代药物治疗,主要重点围绕患者精神症状进行对症治疗,同时保证足够睡眠和营养、开展心理咨询。

1.安排入院观察治疗,严密监测生命体征;提供安静舒适的环境,并安排专人陪护。

2.一般治疗:针对进食较少,给予静脉点滴葡萄糖、维生素C、辅酶A、ATP等营养支持治疗,三天后食欲改善后,停用。同时,给予B族复合维生素等治疗。

3.抗抑郁治疗:给予曲唑酮片1片/日口服治疗,三天后,自觉抑郁症状较前有所好转,给予维持治疗,10 天后,逐渐减少用药剂量,直至停用。在治疗前及治疗均进行肝功能及血常规检查,均正常。

4. 给予安定口服后,睡眠改善明显,治疗一周后停药。

5. 通过倾听、解释、指导、鼓励和安慰等帮助患者正确认识和对待,主动配合治疗。通过认知疗法和行为矫正治疗,帮助识别和改变认知歪曲,矫正适应不良行为,改善人际交往和心理适应能力,促进康复。

六、治疗效果

经治疗 20 天,病情逐渐恢复,情绪正常,语速语量适中,能够主动与他人交谈,进食、睡眠均正常,并表示出所后决不再沾"冰"了。焦虑、抑郁量表测查总分较刚入所时明显减少,各项测查结果为:HAMA7 分、HAMD 9 分、SAS 51 分(标准分)、SDS 57 分(标准分)。

【案例评析】

本个案重点介绍的主要是生理方面的脱毒,而生理脱毒首先面临的是一个诊断的问题。参考医学有关知识,冰毒滥用在临床治疗上可以根据使用频次、戒断症状程度轻重诊断,结合社会功能受损程度、亲属了解来判断属于哪一个等级。有学者指出,可以分成Ⅰ型、Ⅱ型、Ⅲ型和Ⅳ型四类①。本个案符合Ⅲ型:滥用苯丙胺类物质 1～2 年以上,使用频率每 1～2 天使用一次,症状是:面色灰暗,出现体重下降、磨牙动作、口腔黏膜损伤和溃疡、较多躯体不适主诉、肌腱反射亢进、运动困难和步态不稳等,伴有注意力和记忆力等认知功能障碍。区别于Ⅳ型,该个案没有明显的错觉及幻觉(幻听、幻视、幻嗅、身体幻觉)、敏感、多疑、偏执、妄想(被害妄想、关系妄想、注视妄想、嫉妒妄想)、易刺激、自伤和伤人等心理现象和行为特征。

诊断之后是治疗问题。参考医学有关资料,本个案用药也是针对Ⅲ型患者的治疗常规用药,符合治疗常规。

此个案给我们展示了一个冰毒吸食的典型个案。从现实来看,截至 2012 年 4 月,我国登记的吸毒人员数量为 180 多万,占总人口比例的 1.4‰左右。其中吸食海洛因的人数,统计有 118.6 万人,吸食化学合成毒品的人员有 65.5 万人。截至 2012 年浙江省登记吸毒人员 15 万人,其中吸食合成毒品人员占 56.6%。并且从近年新增的吸毒人员数据看,大部分也是吸食合成毒品人员。因此,我国滥用合成毒品问题正呈不断扩大蔓延之势。不仅在强制隔离戒毒机构,在社会自愿戒毒机构等场所都要配备相应的专业人员,及时、有效地跟踪治疗这些吸毒患者。

本个案重点介绍的主要是生理方面的脱毒,在辅助治疗手段当中提到了心理行为矫正治疗。心理行为矫正治疗的主要方法有动机强化疗法、认知疗法、行为疗法、生活技能训练等,采取的形式有个别治疗、集体或小组治疗、家庭治疗以及近年来提出的善后服务、自助集体等形式。这些治疗有些已经在强制隔离戒毒所当中得到较为广泛的运用,有些则还远未实现,需要制度的配套以及人员的配比。这些将在后面的案例当中得到体现。

---

① 引用宁波戒毒研究中心张建兵有关观点。

【知识链接】

"冰毒",号称"毒王",它的化学名为:甲基安非他明或者甲基苯丙胺,属于苯丙胺类。冰毒对人体的危害,就是直接对人体的大脑产生摧残,破坏人体的大脑组织。月吸食冰毒5次以上者,2年左右,便可产生明显的精神病人的症状。[1] 冰毒能产生机体毒性和神经毒性,轻者能使人增加爆发力,诱导快感,中枢兴奋性提高,盲目自信心增强,自制力受损;中度能使人产生焦虑、抑郁,消极厌世,严重者出现幻觉、妄想、情绪失控、兴奋冲动、暴力行为等急性精神障碍重点症状,出现自杀、自伤、自残等行为。它的药理作用表现在刺激中枢神经系统及心脏、呼吸器官,有升高血压、收缩周围血管,兴奋心脏、松弛支气管和肠肌、散大瞳孔,收缩膀胱括约肌等。对于此类吸毒者,他比吸食海洛因人群更可怕,因吸食海洛因人群主要控制的是防复吸,同时对家人不具有攻击性;而吸食冰毒人群,他可以一个月一次,半年一次,但最终结果还是直接对大脑的硬性损害而导致精神病,且这种人群,他除了对自身家庭具有攻击性,还对社会百姓具有很大的攻击性。[1]

滥用冰毒,会出现各种症状,可出现躯体多系统的损害。除可能出现急性中毒、依赖综合症外,还可以有如下表现:(1)躯体异常:由于滥用期间厌食和长期消耗,滥用者体重明显下降。此外,由于在滥用时可有磨牙动作,长期滥用者常会出现口腔黏膜的磨伤和溃疡。(2)神经系统异常:长期滥用者常会出现肌腱反射增高、运动困难和步态不稳等表现。(3)精神活动异常:在长期滥用者,最初用药后的欣快感往往代之以突发的情绪变化,表现情绪不稳、易激惹,后者表现为因小事而大发脾气。慢性中毒症状可有注意力和记忆力损害。在这个个案当中已经出现明显的感知觉障碍,属于慢性中毒。

---

① http://baike.baidu.com/view/9867.htm

第三章　强制隔离戒毒人员场所心理适应案例及评析

案例六　强制隔离戒毒所,我无法适应
——一名戒毒人员对强制隔离初期不适应的心理咨询案例

【案例呈现】

强制隔离戒毒人员赵科(化名)戒治初期,由于角色的转换,生活环境的急剧变化,心理落差加大,在认知、情感、意志、行为上一时难以适应强制隔离戒毒生活,出现了焦虑、抑郁、恐惧、悲观、自责等不适应表现,影响该名戒毒人员教育矫治成效,并且给场所安全带来了隐患。

一、基本资料

赵科,男,汉族,23 岁,未婚,小学文化程度,家住贵州省普安县。2009 年 5 月因吸食毒品海洛因被强制隔离戒毒 2 年。2009 年 8 月 20 日入所强制隔离戒毒。

赵某自幼父母离异,与父亲一起生活。小学毕业后没有工作并染上了毒瘾,戒毒多次未成功。入所体检赵某身体状态良好,家族无精神病史,入所教育期间曾有自伤行为。没有家属来会见,家庭经济状态一般。

二、主诉和个人陈述

主诉:不愿与人交流,因经常未能完成生产任务,压力大,而产生焦虑、悲观、失落等情绪,睡眠差,有过自杀念头。

个人陈述:自己在戒治初期就心情不好,感到在那里待不下去了,好不容易熬到分入常规中队这一天,谁知道在这里也是这么难过。刚入队那天,管理民警就安排说要学习中队的行为规范。白天要参加习艺劳动,晚上又要学习,组长还每时每刻盯住我,我不怎么会说普通话,又听不太懂别人说的话。刚入队时管理民警和我谈过一次话,要我尽快适应环境,早点背完《行为规范》。在生产上组长又说我动作比别人慢·完不成任务并且质量差。看着别人都能完成产量或者超产,心里十分着急,越着急就越完不成。怎么别人都行,自己就那么笨,干什么都不行,还不如死了算了。后来组长向管理民警反映我的情况,中队的管理民警经常找我谈话,教育、开导我。

三、他人反映

管理民警反映：戒毒人员赵科分入常规中队后表现比较差，以文化低不认识字为由逃避学习，经常完不成生产任务。在入队的第三天就向管理民警哭诉说压力太大，完不成生产任务，这样下去受不了要自杀的。该名戒毒人员平时也不太愿意与人交往和谈话，行为有时冲动，曾因产量问题与组长争吵。队列训练时经常做错动作。

其他戒毒人员反映：戒毒人员赵某性格内向，不主动跟别人交往，经常独处，整天闷闷不乐，沉默少言，别人一说他，他就想和别人吵架。

四、诊断与评估

该名戒毒人员产生不良情绪有明显的原因，是因为面临新环境、失去自由等因素而产生的内心冲突。不良情绪的激发因素有：入所后生产任务完不成、行为养成差无法达到所规要求、队列经常出错影响考核分数等。该名戒毒人员认为自己文化水平低，动作慢，再怎么努力也是难以达到要求的，从而产生焦虑、紧张、恐惧、失落、自责等不良情绪，导致日常教育矫治效果受到影响。该不良情绪反应时间已满一个月，内容尚未泛化，反应强度不太强烈，思维合乎逻辑，人格也无明显异常。根据判断正常与异常心理活动的三原则，符合一般心理问题的诊断。

五、咨询目标的制定

经共同商定，确定如下咨询目标：

具体目标：改变"自己手脚慢，完不成任务"的错误观念和认知；认识产生入所不适应的主要原因，调节不良情绪。

近期目标：调整心态，改善压抑的焦虑情绪，改善其当前不适应的具体状态；恢复正常的生活、人际交往及习艺矫治。

长远目标：建立自信，学会以行动去解决问题，提高环境适应能力，达到正确的自我认识，自我成长，完善人格。

六、咨询方案的制定

咨询方法和原理：合理情绪疗法、认知疗法。

合理情绪疗法认为，使人们难过和痛苦的不是事件本身，而是对事情的不正确解释和评价。事情本身无所谓好坏，但是当人们赋予它自己的偏好、欲望和评价时，便有可能产生各种无谓的烦恼和困扰。如果本案中赵科对失去自由，严格的管理有正确的认识和观念，他就可能会较为顺利地适应环境，否则就容易产生情绪困扰。因此只有通过理性分析和逻辑思辨，改变造成求助者情绪困扰的不合理信念，并建立起合理的、正确的理性观念，才能帮助求助者克服自身的情绪问题。

认知疗法是根据人的认知过程，影响其情绪和行为的理论假设，通过认知和行为技术来改变求治者的不良认知，从而矫正并适应不良行为的心理咨询方法。它的主要着眼点，放在求助者非功能性的认知问题上，意图通过改变患者对己、对人或对事的看法与态度来改变或改善所呈现的心理问题。

七、咨询过程

这个咨询过程分为三阶段：

第一阶段：建立良好的咨询关系

运用尊重、温暖、真情和通情达理的态度与求助者建立良好的咨询关系，使求助者感觉到被理解和接纳，信任得以建立；运用倾听、鼓励、情感反应等技术使求助者谈不愉快的事情，宣泄压抑的情绪。

第二阶段：分析原因、探寻不良情绪根源

首先我让戒毒人员赵科认识到每个人在遇到困难时都会有产生焦虑情绪，对于他此时的感受表示理解。然后运用情绪理论向其说明完不成生产任务虽然是一件负性事件，但由于其不能正确认识，以错误观念认为自己太笨，干什么都不行，从而导致自己深深陷入不良情绪而不能自拔。你现在只看到别人能超产，但他们也经历过从陌生到熟练这一阶段，并不是所有人到新的劳动岗位的时候都能得心应手，这需要一个适应与熟练的过程。你刚学缝纫机操作不久，对于操作不熟练，工艺流程不熟悉，并不是因为你笨才导致完不成生产任务的。

鼓励赵科主动去投入队列训练，让他利用空余时间加强自学，检验是否像他说的文化低不能背、没有练过队列太辛苦。安排一名表现较好的戒毒人员与他一起队列和学习，利用队列比赛、春节文艺演出的时机，鼓励他上场参加比赛，使其获得愉快情绪。

第三阶段：建立合理信念，促进心理健康

经过前一阶段的分析原因，赵科自己"完不成生产任务"已经有正确的认识，表示自己操作还不够熟练，不可能一口吃个大胖子，要慢慢掌握技能，循序渐进。接着，建议赵科在民警的指导下制定合理的生产任务目标，将目标分解成若干个小目标（比如今天完成 100 件、明天完成 110 件）。每完成一个小目标就可以提升自己的自信心，增加矫治动力，逐级向着最终目标（完成产量或超产）去努力。同时还可以向其他戒毒学员请教，借鉴他们以往的经验，提高自己的技能操作。

在咨询过程中，帮助赵科挖掘自身的闪光点和潜能，培养自信心。鼓励赵科参加一些活动，锻炼人际交往的能力，使其认识到自己也是容易被接纳的。鼓励他报名参加中队开展的卡拉 OK 比赛。刚开始他仍有着顾虑，最后欣然接受这一挑战，竟然出乎意料地夺取了第一的好成绩。

通过咨询，赵科高兴地表示，入所后自己心中没有解开的结终于解开了，明白以后自己应该怎样积极接受教育矫治了。

八、咨询效果的评估

该名戒毒人员自己认为，原来的焦虑、恐惧、烦躁、郁闷情绪和相关症状已基本消失，能正常参加劳动，行为规范已经会背，队列操练也很少做错动作，对以后的矫治有了充足的信心。管理民警反映该戒毒人员情绪明显好转，积极参加学习，完成习艺生产任务。该名戒毒人员多次参加所部的文艺比赛并获得较好名次。在与管理民警谈话中表现出对以后的矫治的积极态度。

【案例评析】

　　强制隔离戒毒矫治与管理,是国家和强制隔离戒毒工作执行机关(即强制隔离戒毒场所)依据《禁毒法》和相关法律法规的规定,通过计划、协调、组织、领导和控制被强制隔离戒毒人员,采取教育矫治、心理矫治等各种综合性的矫治手段和措施,以有效实现戒毒人员康复为目标的行政执法活动。[①] 强制隔离戒毒和自愿戒毒、社区康复(戒毒)共同组成我国现有的三种戒毒模式。强制隔离戒毒由于是政府严格监管下运作的行政单位,它体现了政府的戒毒意志,具有权威性。但由于强制隔离戒毒场所有规范严格的执法流程,实行严格的管理,对戒毒学员的学习、生活和生产环节都有明确的管理制度要求。因此,对于初次来所的个体来说,存在一个适应的问题。在这个个案中,咨询师告知戒毒学员出现不适应情况(如对习艺劳动产量、队列训练动作做不好)是正常的,是有助于其调适心理的。

　　个案当中发挥了民警咨询师的身份优势,在管教过程当中结合个案的具体问题,适时给予鼓励,适时帮助解决实际问题,因此更能取得良好的效果。从反馈上看,该学员积极采纳了咨询师的建议,这也是取得成功的重要因素。

　　从技术角度看,这个个案运用了认知和行为治疗方法。该个案需要拓展的一个是心理咨询专业技巧的具体运用情况,还有就是戒毒学员本人对此的反馈评价。

　　这个个案还给我们一个启示,对戒毒者而言,戒毒机构实行的严格的奖惩制度作为与以前吸毒生活不同的一种额外刺激,对戒毒训练具有积极的意义。问题在于我们如何保证能够在强调单一的训练或劳动这种固定的模式中适时地、灵活地采取各种有效的心理行为干预措施,以解决戒毒学员的各种问题,避免矫治资源的浪费,这需要执法理念和制度的创新。这个个案如果能有后期的持续性的个案心理康复情况跟踪,则有更强的借鉴意义。当然,这不是这个个案本身的问题。

案例七　戒毒所,这里都是我的敌人
——戒毒人员敌对心理调适矫治案例

【案例呈现】

一、基本情况

　　沈立(化名),汉族,初中文化程度,湖州德清县武康镇人。因吸食冰毒被决定强制隔离戒毒 2 年,于 2011 年 4 月 24 日入强制隔离戒毒所戒毒。

二、前期表现

　　在入所后的一段时期内,该员的自我约束力不强,道德认知水平较低,对强制隔离戒毒

---

　　① 李岚等主编:《强制隔离戒毒矫治与管理实务》,暨南大学出版社 2011 年版,第 3 页。

缺乏深刻的认识,对生活的落差缺乏积极、理性的态度,在较长一段时间内自暴自弃;在遵规守纪方面,自我控制能力差,逆反心理严重,对于管理民警的教育存在敷衍的心理,有明显的对抗表现;在习艺劳动方面,惰性严重,不愿参加劳动锻炼,敷衍了事,认为过得去就行;在与其他学员的相处中,因自身脾气暴躁、易冲动而经常闹矛盾,曾经也因排队报数的事情与学员打架,最终被单独管理。同时,该学员在强制隔离戒毒期间,家庭曾出现变故,妻子对其吸毒的事情十分失望,欲与其离婚,为此沈立一度感到压抑、绝望,矫治也受到很大影响。

三、心理测试分析

情绪高度不稳定,极易兴奋和冲动,处世鲁莽,缺乏自制自控能力,稍有不顺便大打出手,不计后果。心理发育不成熟,判断分析能力差,容易被人挑唆怂恿,对他人和社会表现出敌意、攻击和破坏行为。表现出较强的暴力倾向,且不相信他人。具有攻击型人格障碍特征。

四、个案分析

该学员的戒毒心态较差,对强制隔离戒毒缺乏正确深刻的认识,对自己被强制隔离戒毒的处境看待得太消极;对管理警官存在误会和敌对情绪,将管理警官的宽松看成漠然,将管理警官的严格看成针对,因此在一定程度上存在敌对情绪;个人脾气较差,极易冲动,经常会与他人争吵甚至大打出手。

教育片段一:沈立因处理不好与其他强制隔离戒毒学员的关系于 2011 年 11 月 16 日调入四大一中,分入中队以来,该学员行为养成较差,习艺期间经常甩线偷懒,和其他学员交谈,11 月 28 日因逃避劳动,以上厕所、拿东西为由经常离开车位,影响其他学员正常劳作,屡教不改,后经中队合议,对其作出罚分处理。晚间找他谈心,沈立认为中队针对他,自己从未踩过车,学不会,分数爱扣不扣,对规章制度很是反感,抵触情绪较重。在和该学员聊天时,该学员一直保持斜视、耷拉的动作,对自己、家人、警官都表现得非常冷漠,常以"无所谓"作为自己的口头禅,针对这一情况,民警假装表示对他理解,确实中队对他要求过高,应该区别对待,让其减少对管理民警、中队的敌意。借机分散他的注意力,谈谈外面感兴趣的事。从他自述中得知该学员家境富裕,从小娇生惯养,无主见、无责任心,婚后无固定职业,因为赌博染上了毒瘾,妻子分居,儿子学习也一落千丈,为此很是内疚。接着,以赌博为契机询问他,赌了那么久赚了还是输了。沈立惭愧回答:"十赌九输,还欠了几十万债。"民警继续说:"好好找份工作既可以赚钱,又可以戒赌多好!"沈立回答道:"我也知道赌不好,找了好几份工作都没好好干,给辞职了。"管理民警果断抓住机会给他解释道:"中队习艺劳动好比外面工作,试试给自己一次机会,看看能不能在中队安安心心地踩好车,要求不高,一星期为期限,踩不好再把你当老弱病残向中队宣布你可以每天不干活。"他迟疑了下说:"我可不是老弱病残,我出去还要混的。"于是他答应了下来。经过一个星期行为养成,沈某慢慢适应了习艺劳动,对他的表现,民警在中队公开表扬了他,沈立很开心,表示自己有了目标,不会让民警失望。

教育片段二:2012 年 2 月 16 日会见,沈立因妻子会见时提出离婚,当场发火,情绪激动,管理民警依据情况终止了会见。回厂房后,沈立魂不守舍,收工回宿舍,管理民警再次找他聊天,了解原因是因为妻子多次向他家人提出离婚,要求孩子的抚养权,而且明天律师会过来办手续。沈立怀疑自己妻子有了别的男人,对他妻子恨之入骨,声称出去要报复。同时却不停地称赞自己的妻子是如何的优秀,这种矛盾的心理一直充斥在整个谈话中,管理民警对沈立深表同情之余,让他静下心来,也许是自己想太多,事事求证后再讲,稳定他的情绪。在落实好对沈立的包夹后,管理民警用电话联系了沈立妻子。电话那头沈立的妻子告诉管理民警:沈立在家的时候不务正业,一次一次让她失望,她一边带孩子,一边工作。沈立及其家人,对其不闻不问,那么久了沈立也没给她打过一个电话,他父母还要她经济上交,怕她出去找别人,身心压力太大,又得不到理解,她想放弃现在的生活,想过个正常女人的生活。当管理民警问她,沈立那么不好当初为什么嫁给他? 她回忆起了沈立对他的好,他们当初的点点滴滴,说着说着她哭了! 接着管理民警对她说:"和沈立聊天时他最自豪的是娶了你这样一个老婆,你和他争孩子抚养权说明你是个责任心强的好母亲,对孩子来说,一个完整家庭才是他最需要的,沈立现在是最需要你支持的时候,他能不能重新做人就要看你给不给机会了,现在离婚和过两个月离婚对你来说是一样的,你们之间还是有感情的。我们来个约定,你下个月来接见时如果他还是老样子,我建议你马上离婚。为了对孩子负责,也是对你们两个人负责,希望你能考虑下我的建议。"听了管理民警的话,沈立妻子答应了先取消明天律师办理离婚,下个月来接见看看再说。稳住了沈立妻子,管理民警把沈立叫进办公室。管理民警对他说:"明天律师是不会来了,你妻子让我来和你谈谈,让我给个建议,看还需不需要再拖下去,你自己认为呢?"沈立一下精神了起来,忙回答道:"我不要离婚。"看到他这样的反应,管理民警又说道:"我看你配不上你老婆,没责任心,以你现在的表现拿什么去说服你妻子?"沈立黯然地低下了头,管理民警接着说道:"这样吧,我帮你一次,叫她下月来会见你,你自己和她说,但你要答应我两个条件。"沈立两眼放光地说道:"只要不离婚,一百个都行。""好,首先你的目标要改下,不能让你老婆等太久,你要争取提前解除强制隔离戒毒;第二,你每月亲情电话必须有一个打给你妻子,和她说话时要态度诚恳点。"沈立重重地点了点头。这件事后沈立学会了感恩,学会了责任,更重要的是学会了珍惜。

五、现实表现

戒毒人员沈立自调入四大一中以后,大中队领导、管理民警都曾多次找他谈话,对该学员甚为关心,在了解到他的实际情况以后,不仅一直在做思想教育工作,同时联系其家人,帮助他解决部分实际问题,此外还让其担任小组组长,对其自身价值加以肯定。长久以来的教育和帮助也终于使这块"难啃的骨头"软了下来,现在的沈立面貌焕然一新,以前经常违规违纪,如今遵规守纪,对管理民警更是给予内心的尊重;以前终日灰心丧气、压抑自闭,如今积极乐观;以前惰性十足、消极怠工,如今勤奋进取,不仅自己积极参加习艺劳动,还用心帮助其他学员,用积极乐观的一面去感染他们。他说,他现在最想做的事情就是多拿奖分,本本分分,然后早些回家去,只有这样才对得起家人,只有这样才对得起管理民警的关爱和恩情。

【案例评析】

这是一个具有攻击性人格特点的戒毒学员。该个案反映了管理民警在面对问题时的灵活应对策略。按照管理民警自己的话来说,就是"穷则变,变则通"。变什么? 一是自我的身份认识要变,二是日常的处理方法要变,三是旧的价值观念要变。面对戒毒学员的各种不良行为,本个案不全站在管理者的角度去思考问题,不是靠简单的打压和惩罚,而是更多站在学员的角度思考问题,注重了挖掘行为背后的心理因素,注重通过心理沟通、行为修正等方法来达到教育的效果。同时,还结合了教育矫治工作中解决思想问题和解决实际问题相结合的原则,通过和戒毒学员家人的联系来帮助解决面临离婚危机的问题,因而取得了很好的矫治效果。一个建议是,针对脾气暴躁的戒毒学员,我们在矫治方案中首先要区分是性格本身还是和药物滥用相关,并且要开展有针对性的措施,以达到治"病"治"本"的效果。比如开设更多人际沟通技巧以及情绪管理方面的课程内容,如有学者研究指出,毒品成瘾患者应当学习高危情绪的处理技能,概括为觉察情绪、理解情绪和摆脱情绪"四大法宝"。[①] 其中情绪摆脱技术提到了"三个一",即一百八十度转弯、一支笔和一张嘴。强调通过表达和转化,将不良情绪宣泄出来,而不是寻求吸毒这一方式。香港监管场所则为性格暴躁的违法人员提供专门的情绪控制课程,通过团体角色扮演等方式来进行授课,这些对我们贯彻戒毒治疗工作、深化教育分类工作有很好的借鉴作用。

案例八 进了"戒毒"所,这辈子我完了[②]
——一则因强制隔离戒毒引发心理问题的心理危机干预实例

【案例呈现】

一、一般资料

人口学资料:小郑(化名),男,汉族,1979 年 6 月出生,浙江省衢州市人,本科文化,中等身材,已婚。

个人成长史:出生普通工薪家庭,家境一般,独子,父母常年感情不和,缺少家庭关爱,性格较孤僻叛逆,喜好新鲜刺激。学习成绩良好,顺利取得法律本科文凭,毕业后考取执业律师资格,在某律师事务所工作,28 岁与一女同学结婚育有一女,家庭关系尚和谐。因工作关系,结识了一些社会上的不良人员,多次担任他们的代理律师,与之成为朋友并染上吸食冰毒的恶习两年,平均每周吸食 2～3 次,否认出现过精神病性症状,2011 年 8 月 11 日在某娱乐场所集体吸毒时被衢州市公安机关当场抓获,因郑某屡教不改,决定给予强制隔离戒毒,四天后送入某强制隔离戒毒所执行。

精神状态:意识清醒,惊恐不安,紧张害怕状,认知障碍,可疑被害妄想,不言语,绝食饮,对外界刺激警觉,人格丧失。

身体状态:轻度脱水貌,心率偏快,大于 100 次/分,血压正常,辅检存在低钾血症。

社会功能:完全丧失,需人 24 小时看护照料。

心理测验:无法进行。

---

① 王增珍主编:《成瘾行为心理治疗操作指南与案例》,人民卫生出版社 2012 年版,第 124 页。

② 马立骥等编著:《强制隔离戒毒人员心理及矫治》,浙江大学出版社 2013 版。

二、观察和他人的情况反映

咨询师观察:求助者被隔离在严管中队,由专人24小时包夹看护,蜷缩在一角,双手护胸,表情紧张害怕,双眼凝视,敏感警觉,衣着褴褛,身上有异味,越是靠近他越是紧张发抖,可疑被害妄想,对外界刺激反应警觉,拒绝进食饮水,始终不言语,不能沟通,不作回应,自知力缺失。

管理民警反映:郑某新入所才数天,便发现其一直情绪低落,表情沮丧,注意力涣散,基本不与他人来往,食欲很差,晚上睡眠时间少,总是翻来覆去。民警找其谈话,刚开始他敷衍以对,经耐心疏导表露出了真实的想法:诉自己是律师,在社会上也算是有身份的,这次因吸食冰毒被公安局决定强制隔离戒毒,自己对这样的处罚不服,认为是因为自己以前经常帮一些不良人员打官司,公安局的人才故意要搞他的。如果处罚无法改变,那简直是灭顶之灾,工作没了,律师证被吊销,名誉扫地,家庭危机,这样残酷的事实和打击无法接受,不管怎样自己一定要出去,并向管理民警探听有关所外就医及行政申诉的途径。管理民警严正告之,其违法情节事实清楚,处罚决定适当,不要存有侥幸心理,安心戒治争取早日回归才是唯一的正道,郑某听后,表情麻木,一言不发,精神变得恍惚不定,晚上基本没有入睡。第二天上午郑某在观看电视时,看到一追凶的画面,突然精神失控,大叫"有人要害我,有人要害我……"到处乱窜,表情惊慌害怕,被控制后仍激动不安,无法沟通,中队以"精神异常"送入严管队隔离。隔离观察的两天时间里,郑某或紧张害怕或麻木不仁,不语、不食、不眠,拒绝任何帮助,大家都认为他的精神可能崩溃了。

三、评估与诊断

该求助者的现状是:入所强戒期间情绪低落,焦虑失眠,两天后突发精神异常,主要表现为紧张害怕,惊恐不安,可疑被害妄想,隔离期间,始终不语、不食、不眠,无法沟通,拒绝帮助,没有器质性病变。

出现上述心理状态的原因分析:

1.生物性原因:间断吸食冰毒2年,强制戒断6天,有轻微戒断症状,既往无精神异常史。

2.社会性原因:对被强制隔离戒毒的处罚不满,认为是有人在搞他,无法接受这样重大的人生变故,不敢面对既定的事实。

3.心理性原因:性格孤僻叛逆,具有非理性认知,存在不合理信念。

初步诊断:心理危机:急性应激障碍

诊断依据:

1.求助者目前的心理状态是由于被执行强制隔离戒毒,遭遇这一突如其来的重大生活逆境的现实刺激造成的,心理冲突属于常形范畴。

2.突然发作,持续两天时间,发作前存在明显的焦虑抑郁症状。

3.情绪反应剧烈,严重泛化,精神处于崩溃边缘,言行明显异常,人格丧失。

4.社会功能完全丧失,经检查无器质性病变。

从现实刺激的性质、反应的持续时间、反应的强度和反应是否泛化这四个维度均提示该求助者的问题符合心理危机(急性应激障碍)的诊断标准,属于心理危机干预的范畴。

鉴别诊断：

1.与冰毒所致精神障碍相鉴别：求助者精神检查存在可疑被害妄想，言行明显紊乱，但发病时间只有两天，既往无精神异常史，根据CCMD－3对精神活性物质所致精神异常的诊断标准，病程需大于两周，暂不考虑冰毒所致精神障碍。

2.与严重心理问题相鉴别：严重心理问题的反应强度强烈，反应已泛化，对社会功能造成严重影响，病程大于两个月。而该求助者的心理处于崩溃的边缘，社会功能完全丧失，持续的时间两天，因此可排除严重心理问题。

四、心理危机干预目标的制定

根据以上对求助者的评估和诊断，咨询师决定立即采取心理危机干预，干预的具体目标、近期目标和长远目标如下：

具体目标和近期目标：保证求助者安全的前提下，使求助者尽快摆脱心理危机状态，恢复理智，恢复进食，并接受心理咨询。

长远目标：帮助求助者正视和接受现实，改变不合理信念，促使求助者学会自我心理调适，构建合理的认知模式。

五、心理危机干预方案

1.首要的目标是保证求助者身体健康，保证人身安全。

2.借助药物使求助者尽快度过急性应激障碍状态。

3.待求助者恢复理智后，取得求助者的信任，建立起咨询关系，使其能正常进食，保持沟通。

4.采用合理情绪疗法，纠正求助者不合理信念，使其能以较为合理的认知思维模式面对事实。

5.强化戒毒动机，以积极的心态去改变可以改变的现实，重拾生活信心。

六、心理危机干预过程

第一阶段：紧急医疗干预，采取非常手段

求助者已两天未进食饮水，躯体出现脱水症状及电解质紊乱，需紧急医疗干预，首要的措施是将求助者立即转入医院治疗，保证其基本的生理需求，并落实专人不间断看护，防止意外。求助者处于急性心理应激障碍状态，出现明显的精神错乱，需借助药物才能使其尽早度过危机，恢复理智，经与上级专科医师电话会诊，决定给予抗焦虑药物肌注，求助者镇静后终于安静入睡。

第二阶段：初期干预，建立起初步的咨询关系

经上述紧急医疗干预后，入院第二天求助者精神状态有所改善，紧张害怕感明显减轻，对外界刺激反应冷漠，能配合医务人员的治疗，但情绪仍不稳定，表情淡漠，大部分时间都蒙着眼卧睡不起，仍不言语，仍拒绝食饮。咨询师评估后，认为求助者已顺利度过了急性应激障碍的极期，恢复了部分理智，可以进行初期的心理干预。一般心理危机早期阶段不适宜言语积极干预，过程中不强求求助者马上回应，留有时间让求助者自我消化。咨询师主要充当照顾者的角色，干预的方式以原始的方式进行，满足当事人最基本的本能需要，给予情感上

的支持。如给予求助者简单真诚的关心，叫唤他的名字，告诉他现在好了，安全了，让他感觉到我们的存在。给予一些简单清晰的建议，如建议其正常进食，最起码要喝水。对他的处境和过激的反应表示理解，并希望能帮助到他。刚开始求助者仍是无动于衷，但慢慢地求助者对咨询师真诚的帮助有所正面回应，有眼神的交流，快结束时，咨询师递给求助者一瓶矿泉水，求助者接受了，开始进饮。心理干预取得了初步的突破。

第三阶段：积极干预，达成短期干预目标

求助者入院第三天，精神状态进一步好转，紧张害怕的情况已基本消失，情绪趋于稳定和理智，对外界刺激会有被动的回应，已基本度过了急性应激障碍阶段，但求助者抑郁症状突出，仍拒绝沟通，拒绝进食。心理危机后72小时左右是干预的黄金时间，咨询师决定采取主动的方式积极干预，目标是让求助者恢复正常进食，开口说话。咨询师特意备了一盒方便面，并泡好放在求助者的床前，简单作了自我介绍，对其近两天的转变表示鼓舞，希望能继续帮助他度过危机。咨询师主要采用理解、共情、支持的技术，让其充分感受到被尊重，被关注和被接纳，以达到宣泄负性情绪，缓解其心理危机感的目的。

以下是一段谈话片段：

> 咨询师："我知道你能听懂我的话，只是你现在还不想开口？"
>
> 求助者：（沉默……）
>
> 咨询师："你发作的那两天，精神很异常，大家都把你当精神病人了！"
>
> 求助者：（冷笑！）
>
> 咨询师："但我不这样看，我学过一些心理精神疾病方面的知识，我认为你不是精神方面的问题，而是无法接受被强戒的残酷事实，导致了心理危机，精神崩溃，你认同吗？"
>
> 求助者：（眼神与我对视，表情趋于认真。）
>
> 咨询师："我完全能够理解你现在的处境，从一名律师到一名失去自由的人，这种落差和打击确实让人难以承受。你无法接受又无力应对，只好麻痹自己，选择逃避……心理危机是人在遇到重大突发事件时本能的一种自我保护反应，其结果有的人会因此走向成熟、有的人会发生自伤自杀等危险行为、有的人会留下难以弥合的心理创伤，单靠自己的力量很难顺利度过危机，需要外界的帮助。非常庆幸，你现在已经度过了最糟糕的阶段，我们不指望你能迅速地走出来，这需要时间。现在你已恢复理智，但让我们焦急的是你还是选择自暴自弃，不吃饭、不说话，以此惩罚自己，这让关心你的人很失望，你家里还有老婆、小孩、父母，作为一个男人，你应该多替她们的未来想想。"
>
> 求助者：（眼睛湿润……开始抽泣……）
>
> 咨询师："大声地哭出来吧，心理会好受些的。"
>
> 求助者：（伤心地哭泣……）
>
> ……
>
> 咨询师："你能开口跟我聊聊吗？"
>
> 求助者："可以……但我现在心里很乱，不想多说！"
>
> 咨询师："没关系，等你想说的时候我会再来的，你已经四天没吃饭了，我给你泡好了一盒方便面，希望你能吃掉，好吗？"
>
> 求助者：（点点头……）

第四阶段:深入开展咨询,纠正不合理信念

入院第四天,求助者精神状态基本恢复正常,能正常进食,能作简单沟通,情绪仍有波动,抑郁明显,睡眠质量差。医生建议其可以出院,咨询师评估求助者现处于心理危机的后期,可以开展深入的咨询干预,采用合理情绪疗法,向求助者指出,他的心理之所以出现危机,是由于他自身所存在的"糟糕至极"的不合理信念导致的。

(谈话片段)

咨询师:"今天看你气色好多了,医生已经建议你可以出院!"

求助者:"是吗,我也想出院了。"

咨询师:"但我还不是很放心让你回中队?你的问题还没有得到解决,我们今天能好好聊一下吗?"

求助者:"我住院的这几天里一直在思考,也很想找你好好谈谈。首先要谢谢你们的帮助,给大家添麻烦了。"

咨询师:"你律师出生,我想我们一定可以很好地沟通,对这次危机你自己是怎么看的?"

求助者:"你之前对我的分析很透彻,确实是那样,我真的接受不了,我吸食冰毒是事实,依照《禁毒法》公安局可以让我在社区戒毒,但现在的我什么都没了,我无法面对自己和今后的生活。当民警跟我讲一切已成为既定事实,没有任何翻案的可能,我仅存的一点幻想也破灭了,精神开始崩溃,甚至出现了幻觉,我觉得所有的人都在针对我,我很害怕,陷入了无底的深渊,一切像做了场梦一样,现在我如梦初醒,开始面对现实,但我还是不能走出来。"

咨询师:"你是学法律的,应该更明白被强戒的决定是不可能改变的,但这可能未必是你出现危机的直接原因!"

求助者:"那是什么原因呢?"

咨询师:"是你对这件事的一些看法。人们对事物都有一些自己的看法,有的是合理的,有的是不合理的,不同的想法可能导致不同的情绪结果。如果你能认识到你现在的情绪状态是你头脑中的一些不合理的信念造成的,那么你或许就能控制自己的情绪。"

求助者:"会是这样的吗?"

咨询师:"我们举一个例子:假设有一天你到公园放风筝,你把非常喜欢的风筝放在长椅上。这时走过来一个人坐在椅子上,结果把风筝压坏了。此时,你会怎么样?"

求助者:"我会很生气。"

咨询师:"现在我告诉你他是一个盲人,你又会怎么样?"

求助者:"哦——那我不会跟一个盲人生气的!"

咨询师:"同一件事——不同的人压坏了风筝,但你前后的情绪反应却截然不同。为什么会这样呢?那是因为你前后对这件事的看法不同。"

求助者:"嗯,是这样的。"

咨询师:"就你的问题来说,我们所收容了二千多名强制隔离戒毒人员,但并不是每个人都像你现在这个样子,为什么呢?"

求助者:"……难道是我与他们想的不一样?不,我是一名律师,他们应该给我改过自新的机会。这样会彻底毁了我的,我必须得离开这里!"

咨询师:"看来你还没有看到问题的所在。被强戒对你来说短期是件糟糕透顶的事情,但长远来看却未必，毒魔才是你真正的危险。任何事情都有好的和坏的一面，如果沿着"糟糕至极"这条思路想下去，就会把自己引向极端，将导致个体陷入极端不良的情绪体验如耻辱、自责自罪、焦虑、悲观、抑郁的恶性循环之中，而难以自拔。这是一种不合理的信念，因为"糟糕至极"常常是与人们对自己、对他人及对周围环境的绝对化要求相联系而出现的，即在人们的绝对化要求中认为的"必须"和"应该"的事情并非像他们所想的那样发生时，他们就会感到无法接受这种现实，因而就会走向极端。尽管有很多原因使我们希望不要发生这种事情，但没有任何理由说这些事情绝对不该发生。我们必须努力去接受现实，尽可能地去改变不利的状况。在不可能时，则要学会在这种状况下生活下去。"

求助者："……糟糕至极，是的，我现在满脑子想的都是这些，是我把自己特殊化了，我不该有那样的信念！"

……

通过上面的对话，咨询师与求助者对不合理信念"糟糕至极"进行辩论，使其认识到导致其产生心理危机的根本原因不是被强戒本身，而是自己对事件的认知和不合理信念。只有自己对情绪和行为负起责任，改变不合理信念，才能引导自己对问题产生相应思考，并树立起合理的信念。

第五阶段：强化巩固阶段，借助亲情的力量

时间：半个月后

帮助求助者认清并放弃某些不合理信念，使他学会以合理的思维方式取代不合理的思维方式，避免再做不合理信念的牺牲品。回顾和总结求助者接受咨询干预所经历的情感和行为变化，鼓励求助者以平静的心态接受事实，并以积极的心态去改变可以改变的现实。

求助者经过前期的心理干预和咨询，基本摆脱了心理危机，认为自己心理已恢复平衡，会调适好自己，主动要求回中队参加劳动，争取早日回归。但中队民警反映他还是经常会一个人发呆，睡眠质量不好。咨询师认为求助者的心理问题已基本得到解决，但还需要巩固和更多的支持和引导。咨询师知道其妻子一直不肯原谅他，求助者现在最需要的是得到家里的支持和原谅。咨询师主动与其妻联系上，告之近况，希望她能来所会见，以利于求助者安心戒治。其妻如约而至，接见完后，咨询师又找到求助者，看到他脸上露出了久违的微笑，非常感谢我们的帮助，表示自己的心结解了，认识到强制隔离戒毒对他来说未必不是一件好事，可以摆脱毒魔的控制，好好反思以前吸毒带给自己、家庭和社会的危害。咨询师借机向求助者进一步宣教冰毒的有关知识，强化他的戒毒动机，指明正确的戒治道路，重树其对未来生活的信心。

七、心理危机干预效果的评估

一个月后回访，求助者情绪稳定，心态良好，已经适应了中队的戒治生活，表现较好，已成为中队的骨干学员。

心理测验报告：SDS：43，SAS：39，无抑郁焦虑症状。

求助者的自我评估：通过五个阶段的干预和咨询，不合理的信念及由此而引起的情绪困扰和障碍基本消除，能以较为合理的认知模式思考，对未来恢复了信心。

同寝室人员反映：能与大家正常交流并运用法律知识帮助别人，经常写信和打亲情电话回家，饮食正常，睡眠改善。心理干预效果评估满意，基本达到预期目标。

【案例评析】

这则案例的启示首先在于辨别症状诊断准确。

心理危机是因为当事人突然遭受重大生活事件而导致严重的精神压力，由于强制隔离戒毒使其生活状况发生明显的变化，尤其是和自己入所前做律师的社会身份落差太大，用自己现有的生活经验难以克服这个困难，因此陷入痛苦而出现一些精神性病症及行为障碍。心理危机干预工作开展及时、恰当，每个阶段咨询对话充分关注对方的心理需求，找准了心理问题的实质，因此给予该戒毒人员的心理以弱到强的正向刺激，使得他的心理恢复有了一个渐进的缓冲过程。还有一个特点就是用认知疗法使其认识到自己的"糟糕至极"的观念，并用各种方法（谈话、联系其妻子）帮助他意识到，毒瘾这个"心魔"才是真正的"敌人"。结合这个个案的实际情况，在治疗心理疾病的同时，如何强化戒毒动机，帮其建立戒毒意识是下一步心理矫治和心理康复的重点。

案例九　强制隔离戒毒所里，不可相信任何人
——一例戒毒人员人际关系适应心理调适个案

【案例呈现】

一、一般资料

来访者：卢佳（化名），女，30 岁，初中文化，江西九江人，因吸毒被送强制隔离戒毒所戒治 2 年。

来访原因：一个月以来，来访者与他人关系不融洽。经常因小事与其他戒毒学员发生争执，对管理民警的管教反应强烈，由此产生睡眠不好，头痛，身体消瘦，情绪不佳，敌对他人等适应不良表现，主动求助心理咨询师。

二、来访者成长史

卢佳父亲曾任某公司财务一职，因重男轻女观念对卢佳并不关心，且疏于管教，对卢佳的成长听之任之。卢佳母亲是一个家庭妇女，与丈夫关系淡漠，在家里没有什么地位，性格较懦弱，虽关心卢佳，但是对卢佳的成长通常是有心无力。16 岁时卢佳父亲因贪污受贿获刑，之后卢佳与母亲移居另一城市居住，并就此辍学。现其父仍在服刑，母亲靠打零工为生。

卢佳自辍学后就步入社会，曾在朋友经营的一家服装店帮忙，后因其服务态度不好，经常被顾客投诉而失业。之后在他人介绍下到一家规模较大的饭店当迎宾小姐，一段时间后又因其工作较懒散，时常迟到早退、礼节礼貌不够等原因再次失业。较长一段时间的待业后，卢佳找到一份酒吧招待的工作。工作 2 年后卢佳结识了很多社会上的朋友，染上了抽烟、赌博和吸毒的不良习惯。期间也谈过几个男朋友，但因各种原因分手。2 年前认识现在

的男朋友黄某,黄某对其生活工作都比较关心,两人感情不错。2个月前卢佳因在宾馆房间吸毒而被送至戒毒所戒治2年。当时处理其事件的公安民警是卢佳同学,卢佳因此认为人心难测,感到世态炎凉。

到戒毒所后,卢佳由于思想上仍有症结,跟他人关系不佳,导致睡眠不好、头痛、身体消瘦、情绪不佳、敌对他人等适应不良现象。

三、观察和评估

医院体检报告结果:卢佳无器质性病变,其他躯体症状不明显。

心理测验结果:初步选择症状自评量表(SCL-90)、艾森克人格问卷(EPQ)两种量表对卢佳进行心理测试。测试结果显示:

症状自评量表(SCL-90)总分168分;因子分:人际关系敏感2.6分,抑郁2.1分,焦虑2.8分,敌对2.4分,偏执2.2分,精神病性1.6分,其他3.0分;艾森克人格问卷(EPQ)E:60分,N:55分,P:52分,L:40分。

咨询师观察初步结果:在交谈过程中,卢佳讲话声音清晰,意识清楚,言语流利,语速较快。社会功能基本完好,虽因情绪影响平时矫治和与其他学员间的关系,但没有严重到泛化的程度,时间不长,持续近一个月。自知力完整,并且有明显的求助意向。在排除其他精神病性障碍的可能后初步作出一般性适应性障碍的诊断。

四、咨询目标和方案

(一)咨询目标

咨询师认为卢佳的问题属于适应不良。经评估与诊断后,咨询师与卢佳协商,共同制定了心理咨询的目标。

具体目标:解除其不良症状,改善其睡眠不好、头痛、身体消瘦等身体上的不适。消除其心理上的不适应,让其明白是自己触犯法律法规,而非公安不讲人情导致其现状,从而对自己的强制隔离戒毒持接受态度,做到安心戒治。

最终目标:建立合理的认知体系,学会用正确的思维及方法处理遇到的问题,并能最终达到真正的自我认识,自我成长。

(二)咨询方案

1.确定双方的权利和义务

2.咨询原理

合理情绪疗法

合理情绪疗法是认知行为疗法的一种。人们的情绪障碍是由人们的不合理信念所造成,因此,合理情绪疗法就是要以合理的思维方式代替不合理的思维方式,以合理的信念代替不合理的信念。一方面,使其逐渐学会换位思考,帮她认识到公安送她进戒毒所实质上是对她负责的表现,帮助她理解他们的良苦用心;另一方面,配合必要的社会支持系统比如她男友,帮助她调节情绪,并学会如何与人交往等技巧,从而逐渐调整她对生活、对自我的认识。

五、咨询过程

(一)建立信任、真情倾诉

此阶段主要通过咨询师采取尊重、设身处地的理解和真诚帮助的态度,倾听和鼓励卢佳倾诉,建立信任的咨询关系。同时通过卢佳的真情倾诉,作出心理诊断,共同协商制定咨询方案并约定下次咨询的时间。

咨询师在会谈过程中了解到:卢佳由于父亲的不重视,缺少家庭对她的关爱;母亲对她管教无能为力,导致她凡事自以为是。卢佳从懂事以来,就觉察到父亲不喜欢自己,希望自己是个男孩,因此从小卢佳就暗暗下定决心,凡事都要做到不比同龄男孩子差,以期得到父亲的关爱。上学以后,卢佳认真读书,小学四年级前成绩一直排在班上前三名,但是卢佳发现不管自己怎么努力,父亲总是不满意。即使每年拿到优秀成绩单时,父亲也会感慨:"唉,是个男孩子就好了……"渐渐地,卢佳觉得自己所付出的努力都是白费的,自己的用心不但没有满足自己爱和归属这种基本的心理需要,反而体验到了不愉快和自卑,受到更多的困扰和痛苦。特别是到外地上中学后,卢佳根本无心读书,混一天算一天。直至父亲入狱,卢佳辍学步入社会后,不断遭遇挫折,染上了更多的不良习惯,最终陷入恶性循环的怪圈。这些经历,深刻影响了卢佳的人生观、价值观。

在咨询师真诚友好的态度感染带动下,卢佳的不安情绪有所缓解,逐渐跟咨询师倾诉了更多更内心的问题:自从卢佳走上社会后,基本与父母不联系。20岁开始交男朋友,交往过几个都是互相利用,没有真感情。5年前开始吸毒,被劳动教养一次。狱中父亲知道女儿吸毒后,也联系过卢佳,表达自己一直没有尽到做父亲责任的内疚,希望卢佳争气,不要记恨父母,要爱惜自己,卢佳对此没有感觉。直到2年前遇到现在的男朋友黄某。黄某对卢佳比较关心,别人都劝黄某不要跟一个吸毒的人交朋友,但是黄某相信她会改,并且一直鼓励卢佳,并答应跟卢佳订婚,然后一起定居上海做生意。跟黄某相处后,卢佳确实感受到了被人真正关心和爱护的温暖,并下定决心彻底戒除毒瘾,做一个安分守己的人。在这几年中,卢佳一共吸过两次毒,称一次是实在熬不住了,是偷偷吸的。另一次就是上个月,被抓了。上次主要是要离开这个地方,打算到上海跟男朋友去订婚,所以小姐妹聚了一下,在当时的气氛下不知不觉就吸了。让卢佳气愤的是当时抓住她的公安民警是她同学,本来想说说情就能网开一面,但同学态度很坚决,希望卢佳能够珍惜这个机会,彻底戒除毒瘾,并真正过上新生活。卢佳一再讲明这是自己最后一次吸,现在就等着跟男朋友订婚。同学一再跟卢佳说明希望卢佳明白送她去戒毒真的是为了她好,卢佳始终不能理解,认为同学太绝情了,现在弄成这样子,男朋友还没联系上,不知道出去后两人还会不会在一起。

咨询师听卢佳倾吐完心烦的事后,同时也让其谈谈自己高兴的事情。谈过之后卢佳称体验到了久未获得的轻松感,对未来似乎有了点信心。

(二)调整认知、重新领悟

此阶段主要通过咨询师采取多角度的启发和引导,让卢佳认识到自己想法中的矛盾和非理性内容。通过双方的讨论,卢佳逐步调整自己的不合理认知,学会用相对合理的思维去思考自己的过去、现在和未来。以此达到消除心理上的不适应,能够适应现状。

通过多次讨论,咨询师基本了解到卢佳主要是被"同学抓她进来"、"担心男友感情有变"的问题困扰,继而影响情绪、人际关系、睡眠和胃口等。对此,咨询师让卢佳放松并真正面对自己的内心,同时让其思考:假设这次公安真放了她,那么自己是不是真能保证以后再也不吸?假设送她来戒毒的公安不是她同学,自己是否仍然那么抱怨人情冷暖?什么样的情况,男友会与其分开?是什么原因,让自己真正困扰……

咨询师通过多次假设,层层启发,用认知疗法的程序使其逐步领悟到:(1)每个人在现实环境中都有一个相对固定的角色,即都有自己的权利和义务。公安如此,普通百姓亦是如此。(2)人都渴望有个家,有个爱自己的人跟自己共度一生。每个人都有权利去选择爱别人,同样别人也有权利按自己的意志选择跟不跟你在一起。(3)法律赋予你一定的权利,同时你也有为自己的行为承担后果的责任。(4)父母对儿女的管教方式是不一样的,但动机都是源于爱和关心,也许采用的方式方法不恰当,但人无完人,也许跟父母的文化水平和生活年代有很大关系。因此考虑问题可以尝试站在对方的角度去理解。(5)由于自己长期以不适当的方式去对待他人、处理各种问题,从而导致了自己所生活的空间的恶性循环,加上抵抗能力差,经受不起毒品的诱惑,最终走上到戒毒所强制戒毒的道路。因此,自己要对自己的现状负责。所以,为了自己的健康,为了能跟真正关心自己的人在一起,为了家人的期待,应坚定彻底戒毒的决心。目前最关键的是尽快适应戒毒所的生活,学会与人相处,并努力学得一技之长,争取早日融入社会,真正新生。

（三）巩固认知、自我矫正

此阶段主要是深化并巩固前阶段的治疗效果,进一步引导卢佳对自己深层次的分析,对自己有更深入的了解,从而认识自己出现偏差性行为的根本原因,进行自我矫正。

咨询师通过运用自我审查的技术使卢佳对自己和现状有了新的认识,现在对公安和男友持理解的态度。同时在征得来访者同意后,联系其母亲来所探视,在会谈中一方面使卢佳的母亲理解她的现状及造成现状的原因,另一方面也使其家人接纳建议,尝试改变对卢佳的态度和方式,让卢佳重新感受到家庭的温暖。让人欣慰的是其男友也联系上了,并表示会等卢佳出来,但是希望卢佳这次能够下定决心,真正戒除毒瘾。卢佳对未来更是多了一份信心,表示自己一定努力戒治,争取早日出去与亲人团聚。

六、咨询效果评估

1.SCL-90心理测试结果显示:总分:118分;因子分:人际关系敏感1.6分,抑郁1.2分,焦虑1.5分,敌对1.4分,偏执1.6分,其他1.3分,与初诊接待时的测试相比,情况明显好转。

2.求助者自我评估:心情平静了很多,失眠、烦躁现象得到基本改善,能正确面对现状,安心戒治。

3.咨询师评估:咨询目标基本实现,求助者表情放松,情绪有明显改善,脸上又有了笑容,并促进了人际关系的良性发展。

4.他人评估:同组学员反映求助者明显和前段时间不一样,爱与人开玩笑了,遇事也不太冲动,吃饭、睡觉也很正常,情绪比较好;其管理民警反映卢佳戒治态度明显回升,能主动和小组的组员聊天,做到和睦相处。目前情绪稳定,能遵规守纪,且劳动认真,表现积极,人际关系较好,总体表现不错。

【案例评析】

这是一个以认知疗法来改变求助者错误认知、重建认知的个案。咨询师在这个个案中抓住了最本质的问题,即来访者的不适应场所行为表现背后的关键点,在于非功能性的认知问题。在这个个案当中,来访者自己搭建的认知系统中存在几个核心问题:1.民警处理自己的案件不公;2.“世态炎凉,人情淡漠”;3.父母不爱自己;4.男友很可能离自己而去。咨询师在此个案的治疗上体现出了以下几个特点：第一，运用尊重、理解和真诚与来访者之间建立了很好的信任关系，为后续治疗开展提供了良好的前提条件；第二，确定了合理目标，关注当下问题。针对困扰来访者问题，制定了具体目标和最终目标；第三，认知治疗通常需要治疗4次以上，本个案也体现了这一特点；第四，本个案采用了不同的技巧来改变思维、情绪和行为。比如认知重建，主要体现在：父母爱子女方式不一样、公安同学在履行自己职责、每个人要对自己行为负责、法律给予我们权利同时也规定了我们触犯它的责任后果。还有问题解决技术，比如换位思考下，你作为父母会怎样对待孩子？个案当中提到的自我审查的技术，我们要区别于传统的内省疗法和精神分析方法，认知疗法的自我审查着重于来访者目前的认知对其心身的影响，即重视意识中的事件而不是无意识。

当然，这个个案之所以成功的另一个因素是，咨询师联系了其母亲和男友来进行帮教。在心理治疗的实践当中，很有可能无法完全达到这个效果。因此，结构化的认知治疗模式需要反复坚持。比如需要每次治疗时坚持让来访者回顾本周情况、共同制定或主导制定治疗议程、引导出对前次治疗的反馈、复习家庭作业，布置新的家庭作业，频繁地对来访者的问题进行分析和概述，才能达到改变的目的。认知疗法代表人物贝克认为，心理困难和障碍的根源来自于异常或歪曲的思维方式，通过发现、挖掘这些思维方式，加以分析、批判，再代之以合理的、现实的思维方式，就可以解除患者的痛苦，使之更好地适应环境。因此，这个个案在咨询过程中可以加上更多明确的治疗规程，使来访者能在固定的治疗程序中改变歪曲错误的认知。

关于合理情绪疗法，本个案并没有详细解释。通过合理情绪疗法可以改变戒毒人员的非理性观念，重建合理的认知结构，进而纠正在戒毒过程中产生的不良情绪，建立适当的行为。但是也要注意这种方法通常要求戒毒学员有较好的理论感和逻辑思维能力，对文化程度低、缺乏自省能力的"患者"使用该治疗方法效果可能不理想。

案例十　　出所之后，我该怎么办
——一名回归社会前的戒毒人员心理调整个案

【案例呈现】

一、一般资料

人口学资料：钟契（化名），男，29岁，高中学历，身高约1.68米。无重大躯体疾病历史，家族亦无精神疾病史。

个人成长资料：钟契出生在浙江省某小县城，在家中是独生子女。钟父，小学文化程度，因工作关系长期不在家，对咨询者的管教一向态度粗暴，容易发火，甚至经常打骂。钟母，小学文化程度，是一个家庭主妇，性格懦弱，怕事，对咨询者的管教比较放任，很少责罚他，对咨询者读书、工作等情况并不关心，也很少过问。咨询者在中学学习阶段表现懒散，经常旷课，不服老师的批评教育，与同学之间关系恶劣。他高中毕业后即走入社会，曾供职于某公司做保安员,但由于工作态度懒散,和其他保安员相处不融洽,在该公司不到一个月即被辞退。待业很长一段时间后,咨询者也曾到一朋友所经营的店铺帮忙。但不及半年即因不善于向顾客推销、服务态度不周等原因再次失业。辗转多次后,经朋友介绍,到某网吧做保安,这是咨询者工作时间最长的一份职业。在网吧工作期间,咨询者结识了很多社会青年,并深受他们的影响,染上了抽烟、赌博和吸毒等不良习惯。2003 年 7 月,因在网吧中被发现参与吸毒而被送来强制隔离戒毒所戒毒。

目前精神状态:精神面貌较好,讲话声音清晰而缓慢,意识清楚,接触交谈合作。

身体状态:无明显躯体疾病

社交状况:知心朋友没有,很少和亲戚来往,与父母沟通不畅,在所期间和其他戒毒人员关系不是很好。

心理测验:在对钟契进行了全面的了解之后,安排钟契进行了心理测试,根据他的情况,民警初步选择了 SCL-90、SAS、SDS 三种量表对钟契进行心理测试,测试结果显示:

SCL-90:总分 168 分,阳性项目 45 项,人际 2.5 分,抑郁 1.5 分,焦虑 3 分,饮食及睡眠 3 分,敌对 2.4 分,精神病性 1.8 分。

抑郁自评量表(SDS):52 分,无抑郁;焦虑自评量表(SAS):65 分,属中度焦虑。

二、主诉和个人陈述

主诉:近段时间感觉特别无聊、压抑、苦闷、烦躁,伴失眠、饮食下降一周余。

个人陈述:钟契称半月前因为听了民警上的"心理健康教育"课,感到自己有"心理问题",希望能对以下的"情况"有所改善。咨询者介绍自己再过一个月就可以回家了,按理应该高兴,可是自己心里就是高兴不起来。不知道为什么,这段时间感觉心里空落落的,每天无所适从,特别无聊,时常茫然不知所措,也不愿与他人交往。有时候觉得自己很自卑,心情不好,控制不住的就想发火,知道自己有很多缺点,说话态度不好,性子急,进戒毒所到现在家人也不怎么管自己,最近一周总是失眠,吃饭也没胃口。自我感觉心理负担较重,感到压抑、苦闷。觉得民警与其他强制隔离戒毒人员都不理解自己,也不愿与家人联系。对前途和人生目标感到迷茫。对各种规范要求能做到,但劳动和学习都只是应付,没有激情。还有就是半个月前,因为工作分配和同一组的组长发生争吵,互相推打,被其他戒毒人员拉开,管理民警及时赶到,了解情况后对钟契的行为采取强烈的批评教育,可能会因此被罚扣 5 分,自我推测回家的时间又会受影响,心里有点想不通,因此求助于咨询师。

三、咨询师观察和他人反映

咨询师观察:钟契身体发育正常,衣着整齐,感知正常。自控能力基本完好,言行保持一致。性格内向,易敏感。自知力完整,无幻觉、妄想,无智能障碍,有明确的求助要求。

中队管理民警反映:钟契到强制隔离戒毒所后,显得很孤僻、不合群,尤其是与同宿舍的其他戒毒人员关系不是很好。有较强的抵触情绪,情绪比较低落、经常有不服管教行为。该戒毒人员与其他戒毒学员关系紧张,看不起别人。劳动、学习各方面表现不积极、不主动。经常和其他戒毒人员发生一些小小的争执,究其原因就是一些生活琐事,让人感觉有点不可理喻。

其他戒毒人员反映:钟契就像一颗炸弹,一点就着。平时除了吵架,就是吵架,也不跟别人交往,也没有人愿意与他交往。

四、诊断与评估

初步诊断:一般心理问题。

诊断依据:(1)根据精神活动的正常与异常的三原则,咨询者心理活动在形式和内容上与客观环境保持一致,符合统一性原则;各种心理过程之间协调一致;其个性相对稳定。(2)咨询者本人对症状有自知,主动求助,其心理活动在正常范围,故可排除咨询者有精神病性疾病。(3)存在现实刺激,半个月前因争吵,被管理民警批评,罚分。(4)病程不到一个月,没有泛化。社会功能中度受损。

鉴别诊断:(1)精神病。因为无幻觉、妄想,自知力完整,有明确的求助要求。根据心理学原理区分正常与异常精神活动的原则有以下三条:①一致性原则;②统一性原则;③个性相对稳定性原则可以排除为非精神病。(2)焦虑性神经症。咨询者存在明显的焦虑情绪,但是根据许又新教授神经症临床评定办法,从病程、精神痛苦程度、社会功能受损程度及心理冲突的性质对咨询者的情况进行了评定:病程比较短,可评1分;精神痛苦程度可评2分;社会功能受损程度可评1分,合计4分。而其心理冲突为常形心理冲突,故可以排除。(3)躯体疾病:有躯体症状,但不是引起心理问题的主要原因。

评估:

1.生物学原因:不明显。

2.社会性原因:

(1)生活事件。半个月前因为发生争吵,被管理的民警批评,罚分。

(2)家庭的教养方式存在一定的问题。幼年时期爱的严重缺乏,负性生活经历使他不知道生活中还有爱与责任。

(3)缺乏社会支持系统的帮助。没有知心朋友和可以帮助的亲戚。

3.心理原因:

(1)存在明显的非理性观念和错误的思维方式。非常在意别人对自己的评价,认为周围每一个人都应该对自己好,否则就是和自己过不去。存在以偏概全的思维模式,夸大自己的不足或缺陷。

(2)被烦恼、焦虑、自卑情绪所困扰,自身缺乏有效解决问题的行为模式。

(3)人际关系上采用回避方式,减少与人的交往,即使是与亲密的家人和朋友也缺乏交流,变得孤独,加速消极情绪的恶性循环。

(4)个性特征:性格内向,多疑、敏感。

五、咨询目标的制定

在与钟契协商之后,民警为他制定了心理咨询的目标。

近期目标:改善人际关系,缓解焦虑情绪,正确面对现实,以改变歪曲的认知。

长远目标:提高认知程度,建立自信,学会以行动去解决问题,达到正确的自我认识,自我成长,完善人格。

六、咨询方案的制定

(一)主要咨询方法与适用原理

可以采用"合理情绪疗法"和"认知行为治疗"。合理情绪疗法(RET)是美国著名心理学家埃利斯于 20 世纪 50 年代首创的一种心理治疗理论和方法,主要观点是强调情绪或不良行为并非由外部诱发事件本身所引起,而是由于个体对这些事件的评价和解释造成的。ABC 理论中:A 代表诱发事件,B 代表个体对这一事件的看法、解释及评价即信念,C 代表继这一事件后,个体的情绪反应的行为结果。合理情绪疗法认为:A 不是引起 C 的直接原因,B 才是引起情绪和行为反应的直接原因。情绪在本质上就是一种态度,情绪困扰和行为不良都来源于个体的非理性观念。钟契的心理问题根源在于他对事物的看法和信念,由此产生的不良的应对问题的方式,表现在不良的人际关系和所引起的不良社会行为上。无论对场所环境的不适应,还是与其他戒毒人员的人际关系紧张,以及紧张情绪的产生,都是因为对事物的看法不合理性所引起的,而不良情绪的不断重复与强化,反过来又加剧了认知偏离和行为上的异常。针对其特点咨询师采取了"认知方法"和"行为方法"。认知治疗是根据认知过程影响情感和行为的理论假设,通过认知和行为技术来改变他人不良认知的一类心理治疗方法的总称。认知治疗不直接纠正情绪障碍或心瘾,而是通过改变他们的不良认识来消除其症状。认知治疗理论认为,当知觉由于某种原因得不到充分的信息,或由于对感觉作出错误的评价与解释时,就会对知觉的准确性或范围产生影响,使知觉受到限制或歪曲,从而产生不良的情绪和行为。那么,要想改变不良的情绪和行为,就必须首先对原来的认知过程,以及这一过程中产生的错误的认知观念加以改变,这是认知治疗的核心。在这一治疗中,改变钟契不良的思维模式、认识程度、纠正他对现实的错误认知十分重要。行为治疗中,咨询师准备采用的心理治疗方法主要有:阳性强化疗法、宣泄疗法为他建立自信和情绪调节,并发动他所在的小组成员对他进行帮教,使他体会到集体的温暖,学会承担爱与责任。民警与钟契商讨了具体的矫治方法与程序,强调双方在咨询过程中应遵守责任与义务,特别强调保密的义务,使他进一步增加安全感。

(二)咨询过程中,双方权利和义务

1. 求助者的责任权利和义务责任。责任:(1)向咨询师提供与心理问题有关真实资料;(2)积极主动地与咨询师一起探索解决问题的方法;(3)完成双方商定的家庭作业。权利:(1)有权选择或更换咨询师;(2)有权提出中止咨询;(3)对咨询方案、咨询时间有知情权、协商权和选择权。义务:(1)遵守咨询机构的相关规定;(2)遵守和执行商定好的咨询方案及各方面的内容;(3)尊重咨询师,遵守预约时间,如有特殊情况提前告知咨询师。

2. 咨询师的责任、权利和义务。责任:(1)遵守职业道德,遵守国家有关的法律法规;(2)帮助求助者解决心理问题;(3)严格遵守保密原则,并说明保密例外。权利:(1)有权了解与求助者心理问题有关的个人资料;(2)本着对求助者负责的态度,有权提出转介或中止咨询义务;(3)向求助者介绍自己的受训背景,出示执业资格等相关证件;(4)遵守咨询机构的相关规定;(5)遵守和执行商定好的咨询各方面的内容;(6)尊重求助者,遵守预约时间,如有特殊情况提前告知求助者。

(三)咨询时间与收费

咨询时间:每周 1 次,一共三次(只有一个月左右时间)。每次 50～60 分钟,咨询收费:免费。

七、咨询过程

第一阶段：建立咨询关系，宣泄情绪阶段

咨询者钟契第一次是通过民警主动约见咨询师，但必须由中队的民警带来，这次咨询比较主动，他希望通过心理咨询能够帮助他，他对咨询师比较信任。当时咨询师运用倾听技巧，强调尊重、共感、鼓励等咨询态度，注重非言语线索来建立咨访关系。这可以给钟契一个倾诉机会，钟契把自己近段时间的心理感受，以往的部分经历充分地表达出来，使其负性情绪宣泄出来。在咨询过程中，咨询师尽量让钟契感受到自己被尊重、接纳、信任和理解，这些利于建立良好的咨访关系。在咨询师的真诚友好的态度的感染带动下，慢慢地咨询师从摄入性谈话过程中了解到：咨询者由于父亲长期在外及其教育方式比较强硬，使得亲子之爱明显不足；再加上其母亲管教的放任，使得钟契的一些基本的心理需要长期缺失。特别是在中学阶段（青春期），来访者曾尝试以对抗和逆反的方式来引起家长、老师、同学的注意、认同与尊重，从而补偿自己的心理需要，然而这些过激的方式适得其反，不但没有满足其爱和归属这种基本的心理需要，反而让其体验到了更多的不愉快和自卑，受到更多的困扰和痛苦，最终陷入了自己所营造的恶性循环的怪圈。这些来自童年和青少年时期的经历，深刻地影响着他的人生观、价值观。同时咨询师也让他谈谈自己高兴的事。这不仅可以使他宣泄烦恼，体验到久未获得的轻松感，还可以通过叙述高兴之事逐渐唤起其对生活的信心。在第一次将要结束前，安排咨询者到宣泄室，利用痛打拳击座和在跑步机上奔跑训练发泄自己的不满和压抑情绪。为了给他以支持和调节，在他宣泄的同时，让他做心理放松练习，以达到稳定情绪的初步目的。具体做法是采用放松训练与音乐疗法相结合，让他在轻松的环境中体会肌肉紧张与放松的不同感觉，并逐步学会在自己紧张的时候用最短的时间放松自己的肌肉，从而学会控制自己的情绪。放松训练是有意识、有系统地训练肌肉动作逐步达到松弛，并使训练者呼吸缓慢。音乐疗法是利用音乐促进健康，特别是作为消除身心障碍的辅助手段，通过音乐可抒发感情，促进内心体验的流露和情感的相互交流。近代试验研究证明，音乐对人体呼吸、心率和血压产生明显效应，并影响内分泌活动。到第一次咨询结束时，咨询师要求钟契下个星期来的时候把对父母的感受，对朋友及同组人员感受写下来。第二次做作业时候可以有个比较。

第二阶段：帮助分析问题，探寻根源，改变认知和情绪

一周后钟契来做第二次咨询。咨询师具体运用倾听、对质、解释、影响性概述等影响性技术，与来访者一同探讨其问题引发的原因。下面是咨询谈话的部分摘要：

咨询师："你觉得上一次是什么原因，使你处于这种不舒服情绪状态中？"

咨询者："我认为是组长和管理民警看我不顺眼，想在我要出去前让我罚点分，不能这么顺利就让我走路……"

咨询师："哦，你是说他们让你干这些工作就是有意针对你的，没有让别人干吗？（搞卫生）"

咨询者："别人也在搞卫生，但是我是马上就要出去的人了，为什么不照顾一点，反而要我多干，这不是欺负我吗？不就是一个组长吗有什么了不起……"（愤愤不平）

咨询师："其实我能理解你当时有这样的想法，如果在你心情好的时候，这一点活根本就

不算什么,是这样吗?"

咨询者:"是的,我最近心情不好。"

咨询师:"那就是说你也同意对事情的看法和每个人的情绪有关,对同一事物的认识不同,其引发的情绪和行为的变化也不同,只有改变了不合理信念,才能减轻或消除你目前存在的各种症状,那么你就可能控制好自己的情绪。"

咨询者:"是这样吗?"

咨询师:"举个例子,假如你迷路了,你向一个人问路,对方看了你一眼,没有回答,这时,你会觉得怎么样呢?"

咨询者:"我会很失望,生气。他怎么这么没有礼貌啊。"

咨询师:"如果我告诉你他是一个聋哑人,你又会觉得怎样?"

咨询者:"噢! 原来是个聋哑人,他听不到我说话,更没办法回答了。"

咨询师:"你还会觉得生气吗?"

咨询者:"不会了。反而有点同情他了。"

咨询师:"同样一件事情——他不理你,但你前后的情绪反应却截然不同。为什么这样呢? 因为你对这件事的前后看法不一样。"

咨询者:"的确这样。看来我的问题确实因为我的一些想法在作怪。"

……

通过对"合理情绪疗法"的运用,钟契明白为什么小时候对父亲是既喜欢又害怕,又不敢与父亲交谈。长大后,父亲对其要求越来越高,他总是无法达到父亲的要求,因而常受到父亲的暴打。而母亲虽然对自己比较放任,但她经常向钟契的父亲打小报告,这让钟契很反感。由于对父母缺乏好感,所以钟契以一种逆反的心理对抗父母对自己的要求和期望。比如,父母希望他能好好读书,他就故意旷课、违反学校纪律。以逆反的方式故意对抗父母的权威,久而久之也使得钟契觉得这世界上并没有什么人能理解自己、没有什么人值得自己去信任。因此,他也不愿意主动和他人交往,甚至敌视他人。在网吧工作期间,他所认识的那些社会人员是他唯一的朋友,只有和他们在一起,他才能体验到被尊重的滋味。来到戒毒所后,他也失去了这些唯一能理解自己的朋友。因此钟契觉得自己生活的世界很黑暗,身边的其他人都是敌人,他不喜欢他们,也不愿意和他们交往。……通过深入的交谈,最后他逐步领悟到:(1)父亲对自己严厉管教的动机是源于对自己的爱与关心,只是所采用的方式过于粗暴,但这与父亲的文化水平及其生活的年代等有很大关系。因此,考虑问题不应总站在自己的立场去思考,可以尝试站在对方的角度去体验、去理解。(2)由于自己长期以不适当的方式方法去对待他人、处理各种问题,导致了自己所生活的社会空间中的恶性循环。再加上抵抗诱惑的能力较差,经受不起毒品的诱惑,使得自己最终走上了被强制隔离戒毒的地步。自己应对现在的处境、状况负责。既然要对自己负责,那么就得正视自己。既要看到自己年纪尚轻,还有很长的人生道路等着自己,还要为了自己的健康,为了家人的期待,为了重新融入社会,坚定戒毒的决心。而且还要看到目前自己最急迫的问题就是如何规划"出所"后的生活,逐步学会和调整与人相处之道(短期目标),重新回归社会后怎样从头再来、融入生活(长期目标)!

另一方面,采用行为训练的方式,帮助来访者认识人与人的相处之道,并掌握一些具体的交往方法。比如,在思想上,帮助其领悟人际交往中严于律己、宽以待人的意义,要获得别人的尊重的前提是自己首先要尊重别人等。在方法上,训练其认识肢体语言在交往中给双方所带来的信息,掌握在与他人的交往中如何采用正确的非言语信息;训练其在交往中学会"倾听"等等。

通过第一次咨询和疏导,在这次咨询中咨询师们又改变了咨询者部分的认知,使咨询者对咨询师有了充分的信任,按钟契自己的话说,就是帮他解开了多年的疙瘩。这一次咨询师调整关注的方式,让钟契明确应把注意的重点放在自卑等人格的改变上,经常给自己积极的暗示:强调他有能力调控自己的焦虑情绪。多找自己的优点,少关注自己的缺点,以乐观豁达的态度对待身边的每一个人和每一件事情的得失及其他生活事件。运用积极关注技术,充分利用来访者已有资源重新正确认识,评价自己,增强自信。自卑和人格偏差是从小就形成的,加之对矫治场所的负性认识,来到戒毒所与其他戒毒人员及民警的关系没有处理好,感觉生活无望,使他感到事事不如人,事事不顺心,咨询师决定以此为突破口,让他认识到自己自卑和环境适应不良的原因,转换他的思维模式。通过具体的事例我们告诉他:很多人,很多事不是他想象的那样,并对他进行人际交往方面的认知辅导,如:(1)交流是人的基本需要,回避只会使困难像滚雪球一样,越滚越大,所以需要勇于面对;(2)人际交往是趋利避害的,人与人的交往遵循着互相尊重、平等、信任的原则,还要讲究一定的方法和技巧等。咨询师鼓励他积极参加各种学习训练活动,主动与其他戒毒人员或民警沟通,把困难和想不通的事说出来,并经常变换自己看问题的角度,替别人想一想,如果你是他你会怎么样。咨询师的这番话引起了他的共鸣。为了更好地激励他克服困难,咨询师努力使他认识到,强制隔离戒毒未必是坏事,它可以帮助他们戒除毒瘾,经受生活中挫折的考验,学会适应各种环境,认识自身的不足,将外界的压力化为自身成长的动力。并要求钟契每天主动同别人交流,可以首先同组长、自管会委员交谈,每天不少于两次;想办法向别人道歉;用笔记录观察到同组每个戒毒人员的优点;力争义务帮同一组的人干一两件小事,让别人接纳自己。(作业让每天值班民警签字)

第三阶段:巩固咨询效果,促进心理健康阶段

第三次咨询,咨询师对钟契的第二次作业,看有没有按照要求完成进行了评估(只看完成的),并给予表扬和鼓励,告诉他感觉到了他的变化,希望他继续努力。并帮助他一起制定下一步相应的学习训练计划,提高他的环境适应能力。针对钟契人际关系差,人际适应不良,除了进行人际适应方面的辅导,咨询师安排他参加所部和大队组织的各项活动,并让他参加了"改变我的人际关系"团体辅导训练。在这些活动中和其他戒毒人员进行商讨,促使他积极寻求他人的帮助和指导,及时解决问题,改变他现有的被动生活局面。使他在助人的过程中感到自信和成就感,感到自身的价值。针对钟契的家庭情况,咨询师积极与钟契亲属取得联系,鼓励其主动与家人及朋友建立良好的沟通。希望他的家庭和朋友能为钟契的康复起到促进作用,改变过去钟契吸毒时对他造成的伤害的影响,相信钟契会改变。目的是通过他们来提高对"自我"的认识水平,发掘个人潜能,逐步通过对人格的完善,以健康的心理状态与人交往,勇敢面对未来的社会生活(不断给予鼓励)。在最后一次结束前(还有一周"出所"),咨询师向他传递目前社会上的公益戒毒机构(志愿者协会)和公益戒毒组织(NA)及心理援助系统等信息,以便他获得社会支持,帮助他解决各种困难,令他早日摆脱毒品,融

入社会。

八、咨询效果评估

（一）自我评估

在第二次开始咨询的时候钟告诉咨询师：他已不再为生活所苦恼，每天基本能睡足六个小时，吃饭也有规律了，与宿舍中其他戒毒人员的交往，也逐步增多，有时也能说说笑笑。对于自己目前的情况也基本认同了，他对自己在人际关系交往方面的进步也充满了信心。

（二）心理测验

仍然采用 SCL-90 和 SDS、SAS 等量表进行测试，SCL-90 结果为阴性，抑郁：1.7 分，焦虑：1.5 分，敌对：1.9 分，精神病性：1.8 分，饮食及睡眠：1.9 分；SDS：40 分；SAS：55 分。与第一次测试相比，情况明显好转。

（三）咨询师评估

半个月后随访，失眠现象消失，紧张焦虑状况减轻，焦虑情绪已基本消失。可以进行正常的饮食、睡眠，恢复正常的人际交往。来访者能与其他戒毒人员正常交往，能遵规守纪，能较好地融入戒毒生活中去。

（四）民警及他人评估

最近钟契变化确实较大，开朗了许多，与别的戒毒人员也能谈到一块儿了，现在和咨询前比较判若两人，一切都好像走上了正常的轨道。

【案例评析】

认知疗法是成瘾患者心理治疗中最常用的一种方法。其原理是通过改变戒毒者错误的认知观念来改变其不合理的认知及行为。该案例当中充分运用了认知疗法的理论，开展了三次会谈，并按照会谈的基本流程设定了目标、让患者了解自身认知模式并布置家庭作业、开展反馈等；三次咨询的侧重点不同，分别为帮助个体意识到自身认知上的"自动思维"、帮助其改变自卑人格和促成其提高人际交往技能。个案在患者心理康复目标设置上是切中要害的，但是从咨询过程来看，还无法深入展现各种治疗技术以实现这三层目标。如果单以认知疗法为看，案例后续可以继续深入的有放松技术、角色扮演或者积极自我陈述等技术的具体运用。当然，个案当中也结合提到了团体辅导、活动组织等各种方法。需要我们围绕矫治目标制定详细的治疗计划，并整合各种方法针对戒毒人员开展持续、有序的心理治疗。

第四章　难矫治强制隔离戒毒人员个别教育案例及评析

案例十一　"日考核＋约束性保护措施"
——教育转化以疾病为借口难矫治人员个案

【案例呈现】

一、基本情况

强制隔离戒毒学员小魏(化名),男,汉族,1972 年 11 月生,家住浙江瑞安××街道×巷×号。因传统毒品和新型毒品混吸被决定强制隔离戒毒 2 年,自 2010 年 11 月 27 日起至 2012 年 11 月 26 日止。2011 年 1 月 18 日送至某强制隔离戒毒所,2011 年 3 月 28 日分到某中队进行戒毒矫治。由于该学员在入所队时就对民警正常管理比较抵制,多次有不服从管教的违纪行为,因此,在进入中队后,管理民警立即对其进行了高度关注,并对其过往矫治情况和家庭基本情况进行了详细的摸底调查。小魏家有四兄弟,排行老二。由于父母较早离异,四人均未接受良好的家庭教育,很早就在社会上"讨生活",都有违法犯罪记录。其中,老四因犯故意杀人罪,被判处无期徒刑。小魏与一女子同居多年,虽以夫妻相称,但并未办理结婚登记。两人育有一女,今年 5 岁。小魏对其他家里人都没有太多感情,唯独对其女儿表现出比较强烈的关注。

二、成长史

小魏自己的人生履历也颇为复杂:1989 年因打架伤人,被判处有期徒刑四年,出狱后,又多次因打架斗殴而被拘留。1998 年,在瑞安戒毒所被劳教戒毒半年,2002 年,被送至省戒毒劳教所戒毒两年半,2006 年,被送至温州黄龙山劳教所戒毒两年半。

三、个案分析

可以看出,无论是家庭环境还是个人成长历程,小魏始终是处在一个和社会对立的角度,长期的劳改劳教经历并没有真正地改变小魏对待人生的态度,相反地,其在常年的对抗管教过程中也摸索了一套自己的"应对策略",再加上长期吸食冰毒,本身的精神状态较常人也有明显的不同,时常散布"疯言疯语",对周围的戒毒学员造成了不良的影响。小魏可以说是集各种难矫治因素于一身,如何对其开展个别教育,对中队的每一个民警都是很大的挑战。中队明确了由副中队长主要负责，其他民警全力辅助，齐心协力地对其进行管理、教育。

四、现实表现

小魏的现实表现，大致可以用时间轴分为以下几个阶段，我选取几个具有代表性的时间段进行剖析其变化。

表 4-1　戒毒学员小魏管教阶段表现

时间	2011 年 3 月底至 5 月初，入中队 1 个多月	2011 年 5 月至 2011 年 9 月初，入中队半年左右	2011 年 9 月初至 2012 年 3 月，入中队一年左右
典型行为表现	以身体疾病多为借口，不愿意参加习艺劳动。	开始编造自己将死的胡话，一而再，再而三地表示自己将死，并以此为理由逃避正常的戒治和习艺。试图用一些荒谬的理由，诸如临死前，最后享受一下比较好的生活待遇等和民警谈条件，并试图逃避处罚。	因 9 月 15 日辱骂民警被单独管理，在结束单独管理后有所好转。但是 10 月开始又不断发布自己将死的言论。并且开始将书信内容由个人生死转到和妻子的矛盾，家庭财产分割，女儿抚养问题，依旧对习艺劳动比较抗拒。习艺车间随意走动现象较多。
民警处理方式	根据入所队民警意见，对其看病要求予以满足，每次记录其看病状况，结合医院意见，仔细观察小魏生活状态。判断其健康程度。	多次用事实来反击学员编造的谎言，对其编写的"遗书"等书面材料进行剖析，当面指出其明显的逻辑混乱之处。教育上口头教育和罚分处理为主，生活上按要求对其处遇进行严格控制。	对其明显的不服管理问题严肃处理，核实其家庭状况，并帮助其与妻子取得联系。对于其"将死"的言论，进行果断驳斥，并在中队集体点评，营造一个客观良好的戒治环境，落实好对其的包夹人员。
时间	2012 年 4 月初至 6 月底，入中队 1 年 3 个多月	2012 年 6 月底至 2012 年 7 月底，入中队 1 年 4 个月，入严管组 2 个多月。	2012 年 7 月底至 2012 年 8 月初，入中队一年 5 个多月
典型行为表现	继续抵制习艺劳动，因在习艺区用极其消极的态度对待习艺劳动，被送至大队严管组学习。在组内表现仍然较差，晚上有偷吃零食的行为。和严管组的组长学员相处较差。	开始认识到单单抵制是无法为自己赢得更多生活处遇的，开始逐步转变严管态度，愿意接受严管组的训练。开始频繁找中队、大队领导谈心，并将其过往一些矫治史拿出来，编纂一些逻辑混乱事件，作为书信呈交。同时，继续纠结于家庭婚姻和女儿的抚养问题，但总体上行为已有所改观。	逐渐能够每日正常地进行习艺劳动，并能够保证大多数时间在自己的定置区域，不随意走动。思想上仍然对于民警的管理有抵触，会不定期地阐述自己幻想的诸如将死内容。但也会关心自己的解戒日期，并主动询问民警有无提前解戒的可能。
管理民警处理方式	管理民警对其每日的学习状态进行单独考核，严格把关，督促其端正自身态度，积极面对戒治。当其不能很好地端正态度，情绪激动时申报使用束缚椅。	接受学员的主动改变，在谈心时对其进行鼓励。对于一些没有事实依据的呈报材料进行整理、归纳。放入难矫治人员专档。要求其在全中队面前对其严管的事实进行认识和检讨，既对其个人提出新的要求，又给全中队营造一个良好的戒治氛围。	在集体点评和个别教育时间对小魏进行表扬，鼓励其保持现有状态。但不过多地与其谈论"将死"等幻想内容，利用其对女儿的思念作为动力，鼓励其顺利完成余下的强制隔离戒毒任务。

根据上面的时间轴表,民警们可以看到,小魏在中队的戒治状态是一个反反复复的,长期波动的状态。有比较积极的时间段,但很长一段时间里,都是在逃避习艺劳动。其对于管理民警做出许多承诺后的出尔反尔,也从另一方面体现了对其个别教育的难度。

以下是小魏的月考核情况:

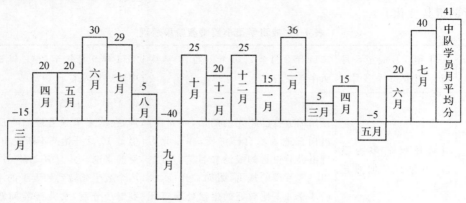

图 4-1 小魏自入中队以来月考核分分布(截至 2012 年 7 月)

表 4-2 小魏自入中队以来月考核罚分情况(截至 2012 年 7 月)

项目序号	考核项目	罚分
1	擅离定置区域	−5 分
2	打架斗殴	−20 分
3	违反严管组纪律	−20 分
4	消极怠工	−30 分
5	辱骂民警	−50 分
合计	小魏自入所以来,共被罚分 125 分	

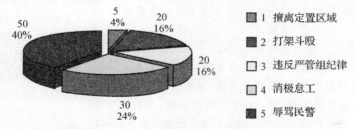

图 4-2 小魏自入所以来罚分情况分布(截至 2012 年 7 月)

在图 4-1 中,民警可以清晰地看到,小魏每月的月考核分值波动较大,这与他的现实表现较为符合。由于其戒治态度的消极,他每个月的月考核也均低于中队的平均水平。

在图表 4-2 中,民警可以看到,不愿参加习艺劳动,不服从管理民警正常管理,占了小魏罚分的绝大部分。

当他每次因严重违规违纪被处罚后,均有一段时间的表现回升。因此每一个时间段管理民警对其的管理都是起到一定的效果。比如 2012 年 7 月出大队严管组并主动参与习艺劳动后,有了显著的提高,接近中队戒毒人员奖分平均值。

五、管理矫治方法

1. 小魏之所以被列为"难矫治"学员,主要是其经常使用近乎"无赖"的方式,来抵触管理民警的正常管理,逃避习艺劳动。最明显的一点,莫过于他不断给自己定"死期"。小魏喜欢用一种痛苦的表情表述某月某日,他将以一种什么样的方式死去,并留下一封遗书。最直接的目的是希望民警不要给其定习艺任务,并放开对其生活处遇的管理。而当他所指定的日期到达时,便会用荒谬的理由,将"死期"推迟,如此周而复始。当管理民警与其摆事实、讲道理时,他便会用情绪激动,甚至于采取过激的行为来掩饰自己的不堪。管理民警曾经考虑过是否是因为其吸食冰毒过量而导致的这一行为表现,但经过长期细致的观察,发现小魏在宿舍内与他人交流沟通正常,在其他生活细节,尤其是用餐上,胃口非常好,他对加餐和日常开账非常渴望。这点让我们充分肯定,小魏是一个对自身生活品质极其在乎的人,他所做的一切,就是希望能够在付出尽量少劳动的情况下获取更多的生活处遇。掌握了这一点以后,民警严格地将其习艺劳动表现与生活处遇挂钩,迫使其发挥主观能动性去参与劳动。

2. 当小魏发现管理民警已经对其"死期"免疫,不再与其在该问题上讨论时,小魏开始考虑新的逃避劳动的方式。比如借口身体不适,无故拖延上厕所时间,增加上厕所次数等。总之,该学员利用一切方法,来自我缩减劳动时间。民警发现其行为特征后,利用监控、警眼等现代化设施,对其全程追踪,并在中队生产点评等活动中用铁一般的事实来证明小魏的消极表现,并通过量化其生产时间等方式,来证明其在习艺劳动上的不良态度。

3. 小魏由于生活处遇被严格控制,因此在很长一段时间里,想方设法让他人帮其代购食品和其他日用品,利用换卡,将食堂加餐带至宿舍楼等方式来规避民警的管理。对此,管理民警加强了对其包夹力度,同时启用信息员和其他骨干,对其可能违规的来源进行控制,并在中队集中点评时段加强教育力度,让全中队学员认识到,正确地帮助小魏的方式并不是试图帮其违规传递物品,而是帮其端正戒治态度。

4. 当小魏意识到除了认真戒治,无捷径可走时,又开始再次利用"将死",试图蒙混过关,混淆视听。管理民警果断将其送至大队严管组学习,帮助其克服身上的"懒"毛病。初入严管组的日子里,小魏依旧我行我素,不肯配合组长进行康复训练。此时,管理民警认为,用日考核代替原来的严管组月考核制度,通过一天一考核的方式让组内学员更有紧迫感。期间,小魏有一段时间变本加厉,放出"自杀"的言论,为了保证场所的绝对稳定和维护严管组的正常秩序,经上级领导同意,管理民警对其使用了约束性保护措施[①]。这一措施的使用,对小魏的心理震慑作用明显,起到了比较好的惩治效果。

经过一系列的交锋,小魏逐渐意识到民警管理的决心,开始慢慢改变自己的戒治态度,在严管组的最后一个月里,训练态度有了明显改观。能够基本完成既定的训练任务,并在最后通过了大队的考核,重新回到中队,而后一直比较稳定地参与习艺劳动。虽然时不时仍然会有胡言乱语,有这样那样的小毛病,但总体矫治态度比起刚来中队时,有了质的飞跃。

六、管理民警的心得体会

教育矫治小魏这类的学员,需要较大的耐心,付出大量的时间和精力,但是收获也是非

---

① 注:保护性约束措施指束缚椅或束缚床。

常巨大的,民警对于这个过程有了比较多的心得体会。

（一）看准切入,力求对症下药

矫治小魏,乍一看好像难以下手,无论是讲道理还是谈感情,他都是一副无赖腔。但他其实心里也有小算盘,即利用过往的反矫治经验,在不触动警戒具使用的前提下,尽量给民警的管理制造麻烦,以期过上"舒服"的戒治生活。管理民警抓住的就是小魏"懒"的特点,就是要在其习艺劳动上严格把关,决不让他带起逃避劳动的不良之风。

（二）多次谈话,寻找内心破绽

在与小魏不断地谈话中,管理民警发现,他对于女儿还是有比较深的眷恋之情。每次也都是把"将死"的遗憾,归为对女儿的亏欠。可见其对女儿的感情还是真实的。因此,民警鼓励其与家人沟通,争取多与女儿交流,也主动帮其联系妻子带女儿过来接见,希望这种亲情成为小魏积极戒治的主要动力。管理民警认可其对女儿的亲情,但不允许其利用亲情来博取民警的同情或者成为其逃避戒治的任何借口。同样,管理民警也开导其对于妻子的不满情绪,希望小魏能正视现实,认识到自己的严重不足,进而拿出实际行动来改变现状。

（三）宽严并济,彰显人性执法

单一的矫治手段越来越不能适应现在的戒毒学员管理,尤其像小魏这样的对象,必须多管齐下。第一,掌握执法尺度,敢于直接管理。多利用现代化监控设备,将学员的违纪情况完整保存,严格对照《强制隔离戒毒人员管理条例》规定,进行相应处理。第二,注重情感交流,尊重对方需求。学员的很多行为,只有在长期观察后才能得出一个比较全面的结论。除了个别谈话教育,管理民警更要深入现场,通过观察学员平时与他人的交流,平时饮食起居的状态,从细小的地方揣测出其当前心理的状态。不经意间流露出的内容,可能才是学员最真实的状态。也要注意多鼓励、多沟通,争取在日常的交流中逐渐扭转学员的错误思想。第三,齐心协力,统一执法。

（四）多学习毒品相关知识

只有丰富了自身的知识库,才能对学员的行为做出更为准确的判断。究竟是因为毒品影响得思维紊乱,还是在故意装疯卖傻,要靠管理民警的火眼金睛去逐一判断。如果有时间,也可多学习心理咨询的相关内容,让自己有更多的技巧去与学员沟通。

【案例评析】

近年来,吸食合成毒品而被强制隔离戒毒的人员占总收治人员的比例越来越高,诸多因吸食合成毒品而造成精神状态异常、行为表现极端的强制隔离戒毒学员已经成为强制隔离戒毒管理的一个重点和难点。类似于小魏这样的学员,其问题既有特殊性,又有代表性。这个个案给我们展现了宽严并重、奖惩分明的执法理念,并且在实施过程中展现了全员动员、攻坚作战的工作思路。该个案的细微奇妙之处在于对小魏行为性质的判定,在成瘾行为引起的精神障碍和"越轨行为"之间进行了界定和区分,这对于精神病学专业执业人士来说都是一个难题,需要结合本人的行为表现、周边人的评价来实施诊断。本个案在这方面做了一个积极的尝试。

个案当中提到了需求教育模式,即小魏最在乎的是争取加餐购物、减少劳动任务时间等,那么就要在这些问题上不给他偷工减料、耍无赖的机会,充分运用现代化设施搜集有利证据,以起到强烈的心理震慑作用。这给管教工作提供了更多的思考,对应戒毒学员不同的心理需求,我们可能要采取差异化的措施。如有的学员对提前解除强制隔离戒毒特别在乎,那么我们应该更多地用奖分去约束其行为;有的学员提前无望,可能在乎的就是分级处遇,那么我们就要在其处遇问题上严格把关,不能让其浑水摸鱼。

案例十二 "心桥周记＋个别交流"
——思想激进难矫治人员教育转化纪实

【案例呈现】

下面是两篇摘自戒毒学员倪彬 2012 年 4 月 3 日、15 日所写的"心桥"记录:

近期心情	😊		😟	✓	😢	
学员心声	国家最会骗人了,人生在世短短几十年,一大半时间都在围墙里为国家打工。可现在时代变了,是强制隔离戒毒,不是以前的劳教戒毒了,应该跟以前有所区别的,可这些戴着面具的人天天只盯住我们干活,每天要我们做这做那,太不人道了。我记得有一句话是这样说的:"哪里有压迫,哪里就有反抗",我想这一天迟早会到来的。					
学员心声	世界上最伟大的思想家应该是戒毒所的民警了,他们每天都会打些"套路"给我们这些戒毒人员看,告诉我们一些假象,还好我是清醒的,现在被强戒的人都是没得减期的,可这些队长们硬说有的,真会骗人,我会把真实的信息传达给我的老乡们,让他们少上当。拼命劳动拿奖分是没用的,国家不会让我们早回去的,都是要 2 年满回去的,所以,劳动不劳动都是一个样。					

当我看到戒毒人员倪彬的"心桥"里写的这些反矫治的言语时,我就感觉到他应该是一个会"来事"的人。出于职业的敏感,我在想,我能做什么,我应该做什么!

一、"亲密接触",暴露本质

戒毒人员倪彬(化名),39 岁,台州人,初中文化,已婚,曾因故意伤害罪服刑 4 年,后又因吸毒被劳动教养四次,2011 年 9 月又因复吸被投入浙江省某强制隔离戒毒所强制隔离戒毒 2 年。

初到中队时,该员正好分在我负责管理的平车片,看到我好像还是很年轻的民警,就摆出一副"老改造"的样子向我报告说:"高警官,我眼睛不好,又有高血压,行动不便,不能参加队列训练和劳动,你自己看看该怎么办!"听完后我当时就"怔"了一下,没想到他会这么"冲"。后来我了解到,他是看我还是年轻民警想给我个"下马威",目的是想让我以后不要去管他。当得知我是中队分管矫治的中队领导时,该员马上又变成了另外一副嘴脸,一次碰到我向我吹嘘道:"××所的队长我都认识,很多都还是朋友,而且现在的中队指导员以前就挺照顾我的。"这次听后我没有显得特别关注他,而是想先"晾"他一阵子再说。之后我通过中队信息员了解到该员习惯于"阳奉阴违",性格有很强的"两面性",在中队领导或老民警面前都是客客气气的,但在私下里却煽动台州老乡不要劳动,散播一些反矫治言论,说什么"矫治不要太积极,反正也不能提早回去","我们要团结起来,维护自己的合法权益"等等,以此来抗议有关强制隔离戒毒的各项制度的执行,对中队的整体矫治秩序造成了较差影响。

为此我决定采取"以退为进"的办法。连续找倪彬谈了几次话后发现:倪彬反矫治经验相当丰富,对戒毒所的管理方法和民警教育手段相当熟悉;此人平时好称老大,经常以自己是"过来人"的身份教育新学员;性格偏激,脾气古怪,有时让人捉摸不透,平时易冲动,身份意识较差,对年轻民警的教育有时会置之不理。因此用常规的方法对其进行教育往往会收效甚微。了解到这些情况后,我决定首先应让其纠正认知,运用好"心桥"这个桥梁,与其进行认真沟通交流,改变其"以自我为中心"的想法和行为。

二、真诚沟通,效果显现

倪彬是 2011 年 10 月份分到我中队的,我发现该员以前的"心桥"分管民警批阅较为简单,形成了"心桥"内容越写越反矫治的情况。我决定先从该员的"心桥"批复入手,认真对待,真诚沟通。譬如,该员 2012 年 4 月 3 日和 4 月 15 日写的两篇"心桥",内容虽然比较反矫治,但毕竟是反映了该员的真实心声,所以,我对这两篇"心桥"进行了认真的批复:

教育沟通	今天很开心看到你的"心桥",因为你的"心桥"比较真实,写出了自己的想法,没有刻意去奉承队长。希望你以后能够继续反映自己的心声,作为你的分管队长我会尽力去帮你解决问题的。对于你的情况,我也感觉比较惋惜,人生最美好的时段基本上都在坐牢,都在冰冷冷的铁窗里度过,俗话说得好:"既来之,则安之。"既然你现在已经在戒毒所里接受强制隔离戒毒,就应该端正态度,好好接受教育矫治。另外,至于你说的"哪里有压迫,哪里就有反抗。我想在我们这里应该不存在的吧,现在的队长执法水平越来越高,讲规章,讲文明,跟以前是有很大的进步,我想作为"老改造"的你应该也是深有体会。假如真的有队长在执法过程中有问题,你可以跟我讲,也可以向上级部门反映。所以,我觉得现在的你首先应该想想自己的目标,想想自己到底想要什么? 有时天堂和地狱仅仅就"一步之遥"。
教育沟通	今天再次看到你的"心桥",感觉你比你刚来中队时要进步多了。我知道现在中队里戒毒人员对提前解除强制隔离戒毒这个情况都比较重视,且最近有传言强戒过的戒毒人员就没机会提前解除强制隔离戒毒了,我想这些消息都是你们自己想想的,现在呈报提前解除还是照样报,所以,有些东西没必要杞人忧天。再说你到这里是要戒除毒瘾,时间长短不是根本问题,戒除心瘾才是关键。而且,我要提醒你,要是在中队里散播一些反矫治的言论,影响中队正常的矫治秩序是要被严肃处理的。作为"老改造"的你应该能够辨清是非,现在你来中队时间已不短了,矫治态度也不是很端正,平时习艺劳动也不是很认真,奖分也没拿多少。你家里还有老婆小孩,我想都希望你早点回去的吧,况且以你的能力,只要端正态度,好好接受教育矫治,绝对可以成为中队的骨干,这样,对你对大家都好。队部对你们这样的人向来态度很明确,想好好表现的,会给机会拉一把,继续反矫治的,坚决打击。

通过"心桥"这个平台,和倪彬多次沟通后,该员的矫治态度开始有了细微的变化,民警让他去搬货,他没有像以前那样的抵触,不再以自己有高血压为借口,逃避劳动。同时,该员在中队里的反矫治言论也少了,晚上收工回宿舍基本上是待在小组里看书,利用"心桥"进行沟通有了一定的效果。因此,在以后的时间里,我更认真去对待该员的"心桥",对他提出的一些问题和困难,及时帮助解决。比如,该员在"心桥"中讲到:"自己很长时间没打亲情电话了,都不知道家里人怎么样?""后道分管民警就只有一个人,每天都这么忙,自己有高血压,有时报告队长去医院看病,队长都没空及时带。"我针对该员"心桥"提出的问题,一一落实

解决：及时安排他打亲情电话，让他了解家里的情况；安排专门民警带他去医院看病，并在队务会上要求以后他要是报告去看病，一定要及时带去；每个星期对他的现实表现作一个评价，对一些好的方面及时进行鼓励，对差的方面做适当提醒和批评，并要求在一定的时间里改掉。经过一段时间的沟通教育，该员的矫治态度有了明显的转变，在平时的行为养成和习艺劳动方面都有了明显的进步，思想也没以前那么激进了，反而有了一份感恩的心。

这是一篇摘自倪彬 2012 年 6 月 1 日写的"心桥"记录。

学员心声	高副，你的"心桥"批复我看完后都有些不好意思了，你的办事风格很受人尊敬，在这个冷漠的世界里，让人能够体会到一份沁人心扉的温暖。 其实，在这个现实环境中，很多戒毒人员都缺爱，我这样说的意思你别误会，我不是在索取爱的意思，我只是想表达一个多次矫治人员的一点心理体会，有时一点点的温暖和小小的感动能让某个人坚强地站起来。感谢，万分感谢。

三、锲而不舍、永不放弃

虽然倪彬现在的矫治态度和劳动积极性有了很大进步，但我们深知这只是取得了阶段性的胜利，要想彻底转化他，使其回归到正常的轨迹上，我们还得不断努力，还有很多工作要做。在这场教育与转化的拉锯战中，我们最终以真诚的态度，锲而不舍的精神打动了他，使其对于之前的反矫治行为后悔不已，并表示在自己剩下的强制隔离戒毒期内会做得越来越好，用他自己的话说就是要争取"脱胎换骨"。我想只要难矫治人员有百分之一的改好可能，我们就应付出百分之百的努力去教育转化他们，让我们成为他们打开幸福之门的金钥匙。

【案例评析】

本案例的特色在于通过心桥周记平台进行文字交流和心灵沟通，民警不仅简单解答戒毒学员的疑惑，而且让戒毒学员理解强制隔离戒毒所执法工作的严肃性、规范性和教育矫治工作的以人为本、关怀救助等原则。在文字对话中，主管民警注意到了自己作为执法者的身份，向被管理者明示了当前强制隔离戒毒执法工作是有严格规范的管理制度和工作流程的，并且在管理中始终遵循宽严并济、奖罚分明的原则。对于戒毒情况良好的强制隔离戒毒人员，强制隔离戒毒所可以提出提前解除强制隔离戒毒的建议；但对于出现违法违纪行为的强制隔离戒毒人员，也是要根据有关规定给予严厉处罚的，甚至可以提出延长戒毒期限的建议。这样的对话让戒毒学员打消传言的顾虑，反省自己的表现，从而审视自己违规违纪行为，改变反矫治思想，无疑是有较大的作用。这个个案提示的是做戒毒学员个案化教育的必要性，在管教工作中需要及时记录戒毒学员每周甚至每天发自内心的真实想法，或者从行动中观察体会这种背后的心理，才能及时察觉矫治对象的心理变化发展的细微之处，从而及时调整教育矫治的方法和手段。一个建议是，节选后续管教当中重要的心桥周记作为印证来反映戒毒学员戒毒态度的变化，将更完整地展示这个个案教育案例的独特魅力。

案例十三　"身心脱瘾＋行为矫治"
——一例拒绝参加劳动戒毒人员教育矫治个案

【案例呈现】

"劳动奖分公布了,大家快去看看。"

"哇……章林,劳动分满分,还拿了两次劳动竞赛一等奖!"

"他变化真大!"

听着学员的赞美声,迎着身边羡慕的眼光,章林(化名)摸摸头,开心地笑了。在场的管理民警相互对视,也欣慰地笑了。

冰冻三尺非一日之寒,水滴石穿非一日之功。回想当初他刚进×大×中队时,猜忌心极强,脾气暴躁,又有暴力倾向,尤其是对管理民警极度的不信任,敌对情绪明显。自称自己身体有疾病,眼睛不好,拒绝参加生产劳动。

俗话说:知己知彼,百战百胜。对于章林这样的矫治对象,×大×中队管理民警分工合作,齐心协力攻克难关。完备的专业知识和丰富的工作经验都使民警们心里明白要对他进行单独重点对待,善用个别教育方式。个别教育就相当于一场戒毒人员与民警之间的心理较量,要在这场较量中占得先机,必须在谈话教育之前充分了解该学员的基本情况。

一向做事心细的民警白警官,认真翻阅档案、细心分析,并从其他戒毒人员那里侧面了解章林的情况:在单亲家庭中长大,家境困难,为了生存从小在外闯荡,误信朋友开始吸毒,长期深受海洛因的侵害,疾病缠身,欲罢不能。这次是首次接受强制性戒毒措施。在全面了解章林具体情况后,民警从心理防线发起"进攻"。管理民警时刻关注他的病情,及时带他到所医院检查治疗,无微不至地关心他的日常生活,嘘寒问暖。冬天来临时,及时给他买羊毛衫、保暖鞋、手套,送去冬日的温暖。善于洞察和掌握强戒学员心理变化的副中队长兰利华经常利用值班时间找其聊天、谈心。

"章林,今天怎么了? 表现不是很佳哦。"

"警官,我……我……身体不适。"他低头轻语。

"哦,是嘛,我相信你的话,如果明天还感不适,再带你去看一下。今天就好好休息,别多想了。"

就是民警们这样日复一日的关怀使他慢慢地敞开了心扉,表现也积极起来,管理民警及时抓住他的心理变化,经常在集中点名教育会上表扬他,肯定他的进步。免费让他参加特长班学习,考取横机操作证书,便于他回归社会之后能有一技之长。

经过一年的教育矫治,章林顺利通过生理脱毒期、身体康复期和戒毒巩固期三期评议,获得"2A＋B"的评议结果,且行为矫治考核无扣罚记录,并符合附加项条件之一——具有立功表现①,提请一年解除强制隔离戒毒。三期评议的结果分别见表 4-3《戒毒人员诊断评估

---

① 立功表现是指戒毒人员为检察机关或公安机关办理案件提供线索,帮助破案,县级以上检察机关或公安机关提供立功证明材料予以认定的,可以作为附加条件兑现。

表》、4-4《生理脱毒指标登记表》、4-5《身体康复期戒毒效果评议表》和4-6《戒毒巩固期戒毒效果评议表》(附后)。

一、还原矫治过程

(一)生理脱毒期

完成了人身数据(《戒毒人员基本情况登记表》)、生理数据(《戒毒人员入所体检表》、《阿片戒断的诊断标准(DSM-IV)》、《药物依赖诊断量表(SCID-DD)》和《稽延性戒断症状评价表》)、心理数据(EPQ艾森克人格问卷、SCL-90症状自评量表等)和毒瘾程度测试(生物反馈测试和《海洛因渴求问卷调查》数据)。

生理脱毒期后,章林的生理脱毒状况表现为:已停止使用控制或缓解戒断症状药物,急性戒断症状已完全消除,未出现明显稽延性戒断症状,排除精神幻想等症状,且尿检结果阴性。

章林的心理状况评定结果是:存在中度焦虑。

章林的行为矫治考核情况为:累计加100分,累计扣5分,总计95分,加分情况是生产加分60分,遵规守纪加20分,康复训练表现较好加15分,稿件被所墙报录用,加3分,积极参加兴趣小组,加2分。因个人卫生不合格扣5分。

(二)身体康复期

完成了生理数据(人体成分分析测试)和毒瘾程度检测(生物反馈测试和《海洛因渴求问卷调查》数据)。

身体康复期后,章林的体质改善情况表现在生理指标和体能指标两个方面。生理指标反映出身体已渐趋康复(疾病得到很好治疗),稽延性戒断症状因没有明显出现所以考核通过。体能指标方面主要集中于力量训练、协调性训练和耐力训练三大方面,都呈现渐趋提高的状况。

章林的心理状况:通过心理咨询,民警访谈,结合章林自我反馈,焦虑情绪明显缓和。心理量表测试显示轻度焦虑存在。

章林的行为矫治考核情况为:累计加350分,累计扣0分,总计350分(累计分达到330以上,并且行为矫治无一次性扣10分以上,可评为"A"),加分情况除生产加分,遵规守纪加分,康复训练表现较好加分之外,主要集中于文化学习加分以及参加新春团拜会演出等。

(三)戒毒巩固期

通过了生理康复评估(通过生理指标和体能指标进行体能改善评定)、拒毒能力测试(进行尿检、生物反馈仪测试、拒毒能力测试或《海洛因渴求问卷调查》)、心理量表测试(EPQ艾森克人格问卷、16PF卡特尔人格因素评定量表、SCL-90症状自评量表、SDS抑郁量表、SAS焦虑量表)和毒品认知程度评价(课程学习①考核结果和自评材料)②。

戒毒巩固期后,章林的抗拒毒能力综合测试结果为"a"、人格特征测试(经艾森克量表测试项动态对比),人格特征改善为"a"、毒品认知程度综合测试(专项教育测试成绩、毒品认识态度、回归准备)结果为"a",各项心理脱瘾指标鉴定为"通过"。

---

① 课程学习包括《禁毒、戒毒教育》、《心理健康教育》和《回归适应性教育》等。

② 自评材料是指戒毒学员自己撰写的对毒品以及下一步回归的认识及计划材料。

章林的行为矫治考核情况为：累计加 180 分，累计扣 0 分，总计 180（累计分达到 160 以上，并且行为矫治无一次性扣 20 分以上，可评为"A"）。加分情况除生产加分、遵规守纪加分、康复训练表现较好加分、文化学习加分之外，还有担任自我管理委员会学习委员发挥良好作用、休息日坚守岗位等加分。

二、民警评价

通过细致入微的教育，章林一改戒治初期表现差的情况，在行为矫治、心理脱瘾等方面出现了质的飞跃，因此才出现了开头的一幕。整个矫治过程章林只是管中窥豹中的一斑而已，这样的例子在中队里还有很多很多。日积月累，民警摸索出了的教育经验：信赖是基础。真正要做到教育感化，首先要消除教育对象的对立情绪，平衡抵触心理，使他能够真正敞开心扉感受你给予他的关怀和温暖，感受到你希望他好的心。因此，谈话教育的前期准备工作要充分。譬如在制度允许的情况下，满足教育对象的一些合理的保障机制的要求（及时带去看病，审批打亲情电话等）。让戒毒人员对管理民警信任了，愿意和管理民警谈心。在这基础上，对戒毒人员进行教育，效果是事半功倍的。其次还要把握好心理节奏，切不可操之过急，急于求成，以免激起教育对象的反感、抵触情绪，破坏谈话气氛。要尽量找些轻松的话题，缓和气氛。当遇到教育对象情绪激动，急于说出内心的委屈，一吐怨气的时候，不妨当个忠实的听众，仔细地听取他内心的想法，并不时地换位思考，以便选择更能接受的方式进行教育。当教育对象能够静下心诚心接受教育，那么很多问题都将迎刃而解。最后，应抓住时机，真正说服他、感动他，彻底转变他原来的错误思维模式，建立新的认知观念。

表 4-3　戒毒人员诊断评估

大（中）队：×大×中　　　　　　　　　　　　　　　　　　　2009 年 3 月 30 日

姓名	章林	性别	男	出生年月	1978 年 8 月	民族	汉族
曾用名	无	籍贯	温州	文化程度	小学	婚否	未婚
强制隔离戒毒期限		自 2008 年 7 月 21 日起 至 2010 年 7 月 20 日止		决定机关	瑞安市公安局		
				入所时间	2008.09.15		
家庭住址	浙江省温州市鹿城区×街道×巷×弄×号			呈报时间	2009.08.01		
评估项目	☑满一年后诊断评估　□一年三个月诊断评估 □二年期满前诊断评估　□一年六个月诊断评估 □延长戒毒期限期满前诊断评估　□一年九个月诊断评估						

内容	期数	戒毒效果评议结果	行为矫治考核累计加分	行为矫治累计扣分
	1	B	100	5
	2	A	350	0
	3	A	180	0
	4			
	5			
	6			
	7			
	8			
	9			
	合计	2A＋1B	630	5
附加项条件	符合附加项条件之五——具有立功表现的（相关材料附后）			

大队 意见	该学员强制隔离戒毒期满一年,经诊断评估:戒毒效果良好,符合提前解除强制隔离戒毒条件,并提请提前一年解除强制隔离戒毒。 负责人签名:×××　　　　×××× 年××月××日
生活卫生科 (医院)意见	该学员强制隔离戒毒期满一年,符合生理脱毒指标,体质改善,拟同意大队意见。 负责人签名:×××　　　　×××× 年××月××日
教育科(心理矫 治中心)意见	该学员强制隔离戒毒期满一年,心理脱瘾情况测试通过,拟同意大队意见。 负责人签名:×××　　　　×××× 年××月××日
管理科 意见	该学员强制隔离戒毒期满一年,经诊断评估:戒毒效果良好,符合提前解除强制隔离戒毒条件,并提请提前一年解除强制隔离戒毒。 负责人签名:×××　　　　×××× 年××月××日
法制科 意见	该学员强制隔离戒毒期满一年,经戒毒效果评议,程序合法,拟同意大队和相关部门意见。 负责人签名:×××　　　　×××× 年××月××日
所诊断评估 工作委员会 意见	同意诊断评估结论,并提请提前一年解除强制隔离戒毒。 负责人签名:×××　　　　×××× 年××月××日
备注	

表 4-4　生理脱毒指标登记

大(中)队:×大×中　　　　　　　　　　　×××× 年××月××日

姓名	章林	性别	男	出生年月	1978 年 8 月	民族	汉族
曾用名	无	职业	无业	文化程度	小学	婚否	未婚
强制隔离戒毒期限		自 2008 年 7 月 21 日起 至 2010 年 7 月 20 日止		入所时间		2008 年 9 月 15 日	

序号	项目	结果
1	是否已停止使用控制或缓解戒断症状药物	☑是　□否
2	急性戒断症状是否完全消除,或仅残留少量轻度戒断症状	☑是　□否
3	尿检结果是否阴性	☑是　□否
4	未出现明显稽延性戒断症状	☑是　□否
5	吸食新型毒品人员未出现精神幻想等症状	☑是　□否
医院 意见	该强制隔离戒毒人员在生理脱毒期间,生理脱毒指标:☑符合脱毒标准,故鉴定为"脱毒"。□不符合脱毒标准,故鉴定为"未脱毒"。 　　负责人签名:×××　　　　×××× 年××月××日	
备注		

表 4-5 身体康复期戒毒效果评议

大(中)队:×大×中　　　　　　　　　　　　　　　　　　　×××年××月×日

姓　名	章林	性　别	男	出生年月	1978 年 8 月	民　族	汉族
曾用名	无	职　业	无业	文化程度	小学	婚　否	未婚
籍　贯	浙江温州			现住址	浙江省温州市鹿城区××街道××巷×弄×号		
决定机关	瑞安市公安局	入所时间	2008 年 9 月 16 日	本期起止时间	2008.10.21—2009.4.20		
强制隔离戒毒期限	自 2008 年 7 月 21 日起至 2010 年 7 月 20 日止						

评议内容	体质改善情况	经体能恢复训练测试,生理指标、体能指标: ☑有改善,经评议本期体质改善效果为"改善"。 □未改善,经评议本期体质改善效果为"未改善"。
	行为矫治考核	本期行为矫治考核累计加 350 分(无扣分)。
	大 队意见	经审核,建议本期戒毒效果评议结果为"A",请审批! 负责人签名:×××　　　　×××年××月××日
	生活卫生科(医院)意见	拟同意本期戒毒效果评议结果为"A"。 负责人签名:×××　　　　×××年××月××日
	管理科意见	同意本期戒毒效果评议结果为"A"。 负责人签名:×××　　　　×××年××月××日
	备　注	

表 4-6　戒毒巩固期戒毒效果评议

大(中)队:×大×中　　　　　　　　　　　　　　　　　　×××× 年 ×× 月 ×× 日

姓　名	章林	性　别	男	出生年月	1978 年 8 月	民　族	汉族
曾用名	无	职　业	无业	文化程度	小学	婚　否	未婚
籍　贯	浙江温州			现住址	浙江省温州市鹿城区 ×× 街道 ×× 巷 × 弄 × 号		
决定机关	瑞安市公安局		入所时间	2008.09.15	本期起止时间	2009.04.21—2009.07.20	
强制隔离戒毒期限	自 2008 年 7 月 21 日起至 2010 年 7 月 20 日止						
评议内容	体质改善情况		经体能恢复训练测试,生理指标、体能指标: ☑有改善,经评议本期体质改善效果为"改善"。 □未改善,经评议本期体质改善效果为"未改善"。				
	心理脱瘾情况		经心理脱瘾情况测试,测试结果正常,经评议本期心理脱瘾情况界定结果为: ☑"通过";□"未通过"。				
	行为矫治考核		本期行为矫治考核累计加 180 分(无扣分)。				
大 队 意 见			经审核,建议本期戒毒效果评议结果为"A",请审批! 负责人签名:×××　　　　×××× 年 ×× 月 ×× 日				
教育科(心理矫治中心)意 见			拟同意本期戒毒效果评议结果为"A"。 负责人签名:×××　　　　×××× 年 ×× 月 ×× 日				
管理科意 见			同意本期戒毒效果评议结果为"A"。 负责人签名:×××　　　　×××× 年 ×× 月 ×× 日				
备　注							

【案例评析】

诊断评估工作是强制隔离戒毒所对强制隔离戒毒人员的生理、心理、认知、行为、家庭和社会功能等方面状况进行综合考核,客观评价戒毒效果,并提出提前解除、按期解除强制隔离戒毒或者延长强制隔离戒毒期限意见的一项专门工作[①]。诊断评估的作用在于科学评价戒毒治疗效果。该个案当中的章林在经历了生理脱毒期、身体康复期和戒毒巩固期三期戒毒流程之后,因为属首次接受强制性戒毒措施,并通过了身体体质检测和心理脱瘾程度考核,符合提前解除强制隔离戒毒的条件,因此可提请提前解除强制隔离戒毒。这样的矫治个案应当是能对其他戒毒人员起到激励作用的。但是还有一个重要的评估环节在个案当中未有具体阐述,即在回归社会前应当进行回归适应性评估,除了巩固期心理测试结论和毒品认

① 浙江省劳动教养管理局编:《浙江省强制隔离戒毒工作执法指南》,内部所发,第 35 页。

知方面测试结论之外,需要着重就社会功能改善情况和社会支持系统情况作一评定,主要适用量表为《社会支持评定量表》等,以全面评定戒毒学员的社会环境适应能力和社区家庭帮教能力或条件。

从民警的管教过程和管教体会来看,章林的每一次进步都和民警在日常管教工作中点点滴滴的渗透式教育密切相关。在场所内,我们可以借用制度的权威使被管理者服从,但更重要的是要运用警官人格魅力和执法水平去感动被管理者,使他们从内心接受教育,相信自己是能够战胜毒瘾的,才能付诸矫正复吸行为、回归社会的实际行动当中。已有相当多的研究表明:戒毒人员有无戒毒信心与热情事关戒毒的成败。

如果本个案能够提供一些关于各阶段生理评估和心理矫治评估的具体评价标准以及操作流程的话,将给我们如何完善戒毒人员科学评估以实现科学化戒治目标提供强有力的个案支撑。

案例十四　搭建心灵的桥梁　指引迷途的灵魂
——因家庭变故而情绪异常戒毒人员个别教育案例

【案例呈现】

一、基本情况

葛益(化名),男,36 岁,已婚,祖籍:贵州,文化程度:文盲。2010 年 8 月 5 日分入中队,平时表现一般,行为养成较差,在中队属于"大事不犯,小事不断"的类型。2012 年 1 月 10 日通过亲情电话,得知妻子在外已经去世一个多月,并且死因不明。他怀疑自己的妻子可能是被人谋杀的,情绪波动较大。经常性的一个人发呆,目光呆滞;同时脾气暴躁,多次与其他学员发生争吵、打架。被中队确定为重点人员,进行专管专教。

二、个别教育过程

(一)于细节处寻问题

强制隔离戒毒人员在中队接受教育矫治,长期生活在一个相对封闭的环境当中,再加上里面人员情况复杂,强制隔离戒毒人员之间互相又很要面子,所以在日常的劳动和生活当中,难免会发生学员之间这样那样的摩擦或磕碰。对于这样的事情,如果不是很严重,一般在批评处理之后也不太会引起太大的重视。

但葛益的问题,却是在一次看似普通的摩擦中引起了民警的注意。早上上厕所,葛益和另一名强制隔离戒毒人员周某并排走在一起,没说两句话就争吵、推搡起来。中队民警迅速过去处理。问及他们原因,周某交代,他感觉莫名其妙,他跟葛益只是开个玩笑,说自己在某女子劳教所找了个女劳教,照片寄过来长得挺好看的,问葛益改天要不叫她也给你介绍一个,反正这边又没你老婆管着,写写情书、培养培养感情也不错。谁知道他就发脾气动手了。当问及葛益的时候,他承认是他先动手的,他就是看不惯这种玩弄感情的人,愿意接受处罚。

但在民警对他们批评教育的过程中,民警留意到一个细节,葛益两眼看着地,目光呆滞,嘴角露出一丝苦笑。葛益这个人在中队已经有段时间了,管理民警对他还是比较了解的。平时性格是属于偏外向的,偶尔也喜欢跟其他戒毒学员开开玩笑。在中队里上纲上线的错误是不会犯,但小错误不断,民警找他谈话,批评教育的时候,他都是很认真地看着你,态度都是表现得很好的。像今天这样的状况,有点不大正常,他跟周某是老乡,平时又一起打菜吃饭,因为这么个原因也不至于动起手来。民警觉得这件事情并没有那么简单,背后肯定有什么原因。

晚上民警又单独找了葛益谈话,刚开始他也只是解释说就是因为看不惯这样的人才打起来的,没有其他原因。后来民警把看到的细节和自己的分析说给他听,他开始有所变化。随着后面谈话的深入,一步一步,他终于给民警道出了昨天晚上打亲情电话,得知妻子在外已经去世一个多月,并且死因不明,他怀疑是被人谋杀了。至此,民警找到了葛益情绪反常的真正原因。

(二)于心理上剖问题

个别教育是一门综合的艺术,他需要根据不同的情况不同的问题,运用不同类别的知识加以应对。而心理咨询方面一些知识和技巧在个别教育工作当中的充分运用,使个别教育有了一个事半功倍的效果。

葛益虽然平时在中队表现得外向,但妻子去世这件事他藏在心里,一直都不肯说,说明他对学员,对民警其实还是有警惕心理,在他外向的表象下面其实隐藏着自己内向的性格,这种性格的人不容易轻易打开心扉、信任别人。

而对葛益进行 EPQ、SCL-90 测验的结果如下:在 EPQ 测试中,该强制隔离戒毒人员的 N、P 因子数值较高,在实际中就表现为焦虑、担忧,遇到刺激有强烈的情绪反应,会出现不理智的行为。在 SCL-90 测试中,其总分 231 分,阳性项目数 52 分,躯体化、人际关系敏感、抑郁、偏执四项因子分均在 2 分以上。

针对这些情况,民警主要采取了以下几种方法。

1.倾听法。对于葛益的个别教育,民警首先采取倾听法。虽然近段时间表现不佳,但在前面几次的个别谈话中,民警都选择以安慰为主,使他的情绪能有所缓解。然后尝试性地跟他谈谈其他方面的问题,转移他思想上的注意力。在这个过程中,民警并没有过多的给予他建议和指导,民警主要是在倾听。他刚开始什么都不想说,后来通过慢慢的引导,开始谈论起自己的人生经历和生活中的一些酸甜苦辣。

2.情绪宣泄法。家人的去世本身就是一件非常悲伤和痛苦的事情,而葛益不能帮妻子办理后事,甚至连妻子的死因都不知道,这种情绪对他的生产生活影响很大。而这种情绪并不是一时能化解的,需要时间、需要适当的途径引导他去面对。不然他只会通过吵架打架等极端方式进行宣泄,这也是近段时间他屡次违规违纪的主要原因。所以趁一次休息,民警把他带到宣泄室。

民警:"知道为什么带你来这里吗?"

葛益:"……"(沉默)

民警:"看到这个沙包了吗?"

葛益:"嗯。"

民警:"想打吗?"

> 葛益:"……"(点头,不语)
> 民警:"那你就试试吧!"
> (咚,咚,咚,咚。上去就是一顿暴打。)
> 民警:"想喊的话就喊出来吧,不要憋着了。"
> 葛益:"啊……""啊……""啊……"(声嘶力竭)

通过几次类似的发泄,葛益自己感觉心里舒畅很多,脾气上也比前面有所好转。后来自己又要求来宣泄室发泄了一次。

3. 情感信任法。深夜当大部分人都沉浸在梦乡的时候,其实也是两个人情感交融、建立互信、加强心与心联系的最好时刻,因为夜深人静往往也是人感情最脆弱的时候。从值班人员处得知,葛益经常半夜爬起来望着窗外发呆。民警趁着值班的机会,故意两点多进去巡查,果然发现葛益一个人站在窗口望着窗外发呆。民警随即把他叫到办公室。

> 民警:"这么晚还不睡?"
> 葛益:"嗯,睡不着!"
> 民警:"在窗外看什么呢?"
> 葛益:"想她了,今天是我老婆的生日,我……"
> 葛益:……

那天他敞开了心扉,也主动谈到了他老婆。他说他这段时间一直都睡不好,他和他老婆感情很好的,一直以来他老婆为他付出了很多,而自己却没能让老婆过上幸福生活。老婆去世他很悲伤很痛苦,老婆死了一个月自己才知道,而且怎么死现在都不清楚,这让他很自责,很苦恼。今天是她老婆的生日。他很想找人聊聊天,又找不到合适的人。没想到民警深夜还能与自己谈心,现在感觉自己心里好受多了。那次谈话谈了将近两个小时,到最后他都有点不好意思了,因为他自己,害得管理民警深夜都还没有睡。那次谈话比较深入,民警也有意识地帮他分析了一些问题,提出了一点建议。民警也答应他,帮他查一下他老婆的死因,这是最让他困扰的事情。通过这次谈话,民警明显感觉到拉近了与葛益的距离。他已经开始认可民警,坚信和民警之间已经建立了一种情感信任。在后面的日子里,也证实了民警的想法,他会主动来找民警谈心了。

(三)于情理中解问题

个别教育要想成功矫治、转化一个存在一定思想问题的戒毒人员,并不是一件可以一蹴而就的事情。这必将经历一个漫长而复杂的过程,而这其中又可能出现一些反复,需要民警工作有耐性和韧性。在个别教育过程中,要实际解决问题,就必须把握和处理好情和理之间的关系,既不偏离于理的事实,也不漠视于情的力量。做到情理交融,动之以情,晓之以理,以情感人,以理服人,于情理中解问题。

后来民警也经过很大努力,与当地公安机关取得了联系,事实是他老婆是因为突发心脏病去世的,当时在出租房里只有她一个人,后来才被人发现。当他得知老婆是因为突发心脏病去世的之后,他也开始慢慢接受这个现实了,他被决定强制隔离戒毒之前他老婆心脏就不是很好,需要按时吃药。

知道了具体情况,葛益情绪上平缓了很多,脾气也没有前面那么暴躁了。从他的言语中,民警听得出,对于老婆的死,他有很强的愧疚感。民警觉得这是个让他重新调整自我,激励其积极矫治的好时机。在接下来的个别教育中,民警开始时不时地把他妻子去世这件事情和毒品给他自己所带来的愧疚和危害结合起来,帮他分析,如果他自己没有吸毒,也许他妻子可能就不会发生这样一个情况。毒品害了他妻子,也害了他自己。民警希望他不要辜负妻子对他的信任和期望,真正地把毒瘾戒掉,重新好好生活,以告慰妻子的在天之灵。那天他流泪了,这是第一次看他流泪,民警知道这触动了他。他向民警保证,今后一定好好表现,摆脱毒魔,争取早日出去,他要给妻子的坟上上香磕头,是他对不起她。后面一段时间,虽然有所反复,但总体表现还是相当不错的,没有再发生严重的打架事件,习艺劳动也比以前有很大的进步。民警也曾多次在中队点名中,对他的进步进行了表扬。他的表现最后也得到了中队的认可,在入所戒治1年9个月的时候,上报了提前解除材料。解除强制隔离戒毒之后他还给民警寄了一封信,他说他出去后就将妻子的骨灰从宁波接到了贵州老家安葬,很感谢民警给予他的帮助,他现在已经学会怎样去调节自己了,表示一定不会再走老路了,不辜负妻子和民警对他的信任和期望。

三、总结

这一次的转化经历,使民警更加切实地体会到个别教育的重要性,它将直接影响到强制隔离戒毒人员的矫治之路,从某种程度上来说,决定了强制隔离戒毒人员今后的人生之路。

【案例评析】

这个案例是一个典型的找到思想症结、激励戒毒决心的个案。在强制隔离戒毒实际工作中,教育矫治的效果往往很大限度上取决于民警对于个体实施的个别教育工作的深度。所谓个别教育是指强制隔离戒毒工作民警对个体(强戒)人员施加教育影响,以转化其不良思想、行为及戒除毒瘾的教育活动。《强制隔离戒毒教育工作规定》第五十九条提出:个案化教育方案应当根据戒毒人员的吸毒史、个人经历、身心状况和现实表现,按照戒治诊断评估标准,制定不同教育阶段的教育目标、计划和措施。在第六十一条中提出个别谈话应当将解决思想问题与解决实际困难相结合,对戒毒人员反映的问题及时妥善处理。此外,对于个别谈话教育的情形也有详细的规定①。这个个案的葛益因为家庭变故发生了情感上的极大变化,为转变戒毒态度、激发戒毒决心提供了一个教育转化的契机。

从整个材料上看,谈话中提到了倾听技术的运用,应当也涉及共情技术的使用(未直接概括),如果能够更完整地展示提问技术、影响技术等,将是一次矫正性谈话的珍贵资料。如果不着重技术的运用,也可以跟踪个案后续生活情况,看看能否挖掘出影响该成瘾者远离复吸的真正心理因素是什么,是理性自我还是情感自我,这种自我如何形成,才能战胜成瘾自我的强大进攻。

---

① 《强制隔离戒毒教育工作规定》第六十条:"强制隔离戒毒所大(中)队对每名戒毒人员每两个月至少安排一次民警个别谈话。有下列情形之一的,应当及时进行个别谈话:(一)新入所或者变更大(中)队的;(二)因违法违纪受到处分的;(三)诊断评估后决定继续或者延长强制隔离戒毒期限的;(四)回家近视前后或者家庭发生变故的;(五)长时间无人探访或者家人不与其联系的;(六)长期患病的;(七)情绪、行为明显异常的;(八)变更执行方式、所外就医、临近解除强制隔离戒毒的。"

案例十五　情感引路　顽石必化
——自伤自残难矫治人员教育转化个案

【案例呈现】

一、背景资料

戒毒人员冯全刚(化名),贵州贵阳人,1988 年 5 月出生,初中文化,2011 年 3 月 31 日因吸毒被某市公安局决定强制隔离戒毒 2 年,同年 6 月 15 日投入浙江省某强制隔离戒毒所执行强制隔离戒毒,11 月 30 日转入常规中队。在公安戒毒所期间冯就反复实施了几次自伤自残行为(头撞墙、针插手臂、吞针、割腕),也因此做了三次手术。入所后,冯情绪还是无法稳定,再次将三枚订书针磨尖后插入自己体内(一枚在右胸部、二枚在腹中部)进行自伤自残,且拒绝接受手术,三枚订书针至今还留在体内,之后该员又多次以绝食手段来对抗管教,"求死之心"何其坚决!民警认识到这是个特殊的"顽危"分子,一般的教育转化方法对他来说根本无济于事,必须要努力找到打开他心灵的"钥匙"。

二、管教对策

(一)制"顽"需要冷静,方法讲究得当

任何事物都在发展变化中,特别是人心变化,更是难以捉摸。教育"顽危"人员需要冷静,特别是对待像冯全刚这种用生命筹码作赌注的难矫治人员更应方法得当,有时抓住一刻,转化的几率就增加几分。其实冯全刚的吸毒时间并不长,只有短短几个月,但却是这短短的几个月,改变了他的人生轨迹。之前冯全刚也是个意气风发的青年,对人生充满了信心,对生活充满了希望。但最后还是让毒品带入了万劫不复的深渊。冯全刚承认自己的吸毒事实,但认为自己吸毒时间不长,就被公安机关决定强制隔离戒毒,处理过重,一直想通过行政复议来离开戒毒所,见复议未果就在公安戒毒所里实施了几次自伤自残行为,入所戒治初期又实施了多次自伤自残行为。面对这样一位有着如此复杂经历的戒毒人员冯全刚,民警开始了冯全刚入队已来的第一次谈话:"把你的基本情况说一下好吗?""我的情况都写在档案里,我在入所队做过什么事情全所都有名,你难道没听说?"听到这样子的回答后,民警一下子就没缓过神来,想不到他会有如此抵触。"你什么时候被决定强制隔离戒毒的,对自己剩下多少天总应该关心的吧?""无所谓,真的无所谓,还想什么时候回去,能够活着就不错了,不想了。"对于这次回答民警有心理准备,其实民警心里也明白他这样回答无非是想在民警面前证明他之前的所作所为是真实的,想告诉民警他不是那么好对付的,不要招惹他,或许他也在试探民警是不是一个值得接触和信任的人。民警发现他是以这种抵触的态度来面对谈话时,谈话就结束了,因为民警知道这不是简单的几次谈话就能见成效的。最后民警说了一句话:"我叫赵×,86 年出生,负责本中队的管教工作,今后有什么需要不妨直说。"此时是冯全刚在整个谈话过程中唯一一次抬头看民警,并莫名其妙地说道:"是不是看起来我比你老,其实我比你还小两岁,88年出生的。"之后民警细心观察冯全刚的日常生活,发现快入冬了冯全刚还穿着一双凉鞋,就安排其他学员给了他鞋子,给予他生活上一些帮助。出于礼貌,民警找他谈话时,他神情漠然地说:"生活对我来说已经没有任何意义,我反正就是这个样子了。"但态度没有开始那么抵触了。民警于是采取"冷处理"的方法,不再正面对冯全刚进行说服教育,而是叫包夹的其他学员给他做思想工作,没有再去"打扰"他。

（二）攻"顽"手段要硬,树立必胜信念

冯全刚入队之初,平时养成的放荡不羁的性格表露无遗,小错不断,大错也犯,成了中队名副其实的难矫治人员。有一次冯全刚的雨披被人拿错了,他认为自己有理,就在工厂门口破口大骂,并且把挂在雨衣架上的其他学员雨披全部扯破,以此来发泄不满。当时民警就在边上,民警说:"火气小点,雨衣没有了我帮你解决。"谁知他听到后竟然说道:"有本事就来搞我啊,大不了鱼死网破,我体内的针还没有取出来呢,我怕什么?"对此民警严厉地呵斥他:"你能不能冷静一下,这是强制隔离戒毒所,不是你家里。首先你要明白自己的强制隔离戒毒人员身份。"冯全刚怔了一下,但仍摆出一副不屑的神情:"我就这德行,我也不想早点回去,给我扣分好了。"他开始要赖。这次民警根据他的违纪情节按故意损坏公共财物给予扣分30分处理,民警深信这样的违规违纪行为今后肯定还会发生。果然过了一个星期后,冯全刚因出工坐电梯被老乡制止,在楼梯口又一次破口大骂,并先动手打架。由于这次打架的性质和造成的后果比较严重,认错态度也差,民警给其呈报单独管理三天,扣分50分处理。通过这次被处理后,冯全刚有点变乖了。一次与其他学员说:"我只想通过这样让队长和维纪学员不要来管我,没想到苦头倒是吃了不少。"

从这以后,冯全刚公开对抗得到了遏制。

（三）克"顽"需要慢火,冰山也能融化

冯全刚见常规的对抗方式无效,便采取消极矫治的对抗方法,比如劳动上出工不出力,消极怠工。要他踩平车就故意把产品做错,生产出来的东西都是废品,还乘包夹人员不注意,偷取他人成品充当自己的劳动产量。一次冯全刚又消极怠工,这时民警非常明确地对他说:"你这样下去,牢只会越坐越长,我们没损失,最后损失的是你自己,失望的是你家人。"这句话触到了他的痛处。每天他不劳动,民警就按消极怠工给予扣分处理。久而久之,他渐渐觉得这样下去"牢"要越坐越久了,也不合算,开始慢慢劳动了。趁这个机会民警及时找他谈话:"如果有人自称他从来没有犯过错误的话,谁也不会相信,但关键的问题是能否在错误中吸取教训,生活中没有走不出来的阴影,没有摆脱不了的困境……"从人生谈到事业,从吸毒的危害到科学治疗。帮他分析了戒毒的有利条件,告诉他的父母很关心他,而且对他成功戒毒还是有信心的。而且也指明他现在这样抵抗管教的态度实际上是自己压力太大、负性事件叠加,已经不知道自己如何适应今后的生活。冯听了之后似乎明白了一些道理。那天民警在车间带班,冯全刚一副痛苦的表情来到民警面前,称头疼发烧,难受至极。民警心想,说不定在装病呢,为了揭露真相,民警拿出中队自备的体温计测量,发现他的体温近39℃,确实在发烧。带他到所部医院后,医生诊断时却发现冯全刚体温在正常范围。无论他如何解释,医生也不相信他发烧的事实。这时民警如实把中午给他测体温和吃药的情况告诉了医生,医生根据这一情况进行了认真的治疗,同时民警还建议医生给他开张病假条,给予他适当休息的待遇。这一切他看在眼里,心里充满了愧疚和感激。没想到"狼来了"的故事会在他身上重演,因为表现差以至于现在真正生病的时候连医生也不相信他,更令他没有想到的是民警居然会为他向医生求情。从那以后冯全刚的抵触情绪有所减弱。经过这一次,民警坚信在漫长的矫治期限内,冯全刚还会来找我们解决一些自己无法解决的困难,不管他是出于什么目的,只要来,那就是机会!

(四)"顽石"并非无缝,药到才能病除

一天晚上冯全刚过来向民警报告说能不能打个亲情电话,民警问他打给谁?他说打给女朋友。谁知没想到电话打了几秒他就挂断了,起身要走。民警问他:"怎么话没说几句就挂了?"冯全刚叹了一口气说:"以后我都不会来打电话了。"情绪极其低落!于是民警说:"不用灰心啦,若是年纪大的民警和你讲情感问题,你一定一句也听不进去,但我和你一样,都是'80后'。其实有些事情真的没什么,命运是靠自己掌握的,你必须得经历,你当初走上吸毒之路你就该料到会有今天这样的结果。每个人一生中都会有不如意的地方,希望你能放下思想包袱,勇敢去面对生活。一个男子汉只要有信心,有什么沟沟坎坎过不去的。"民警接着说,"其实大家都差不多,都有一段难忘的故事。"民警就把他自己的情感故事说了一遍给冯全刚听,主要目的是想让冯全刚能引起共鸣。民警随后拿来小凳子让他坐下,听民警叙说他和冯全刚相似的经历。民警告诉他,我们都是"80后",在很多时候看待世界、看待社会的感受是一样的,但是感受归感受,重要的是该如何坦然地面对。

之后冯全刚也说出了他的情感经历:"正在我一步步地迈向地狱之门时,一位美丽善良的姑娘走进了我的生活,似乎是一见钟情的那种,现在可想起来都觉得很美很甜,这也是我人生中收获的第一份爱情,是那种可以为了对方付出一切的那种爱。当我把吸毒的情况告诉女友时,她那伤心欲绝撕心裂肺的哭声传入了我的耳中,我真的心痛极了;当女友原谅了我,陪伴我踏上南下浙江的火车时,我心情沉重极了;当我尿检结果为阳性,被当地公安机关决定执行强制戒毒期限2年时,我彻底崩溃了。在公安戒毒所期间,女友悄然离开,无疑又在我心口上狠狠地插上了一刀,使我痛不欲生,陷入一种前所未有的无助与绝望。我无法承受那么漫长的时间要在这种枯燥乏味的地方度过,我无法接受失去这2年的自由的现实。从此我彻底变了,变得不愿与人沟通,不愿面对现实,只是一味地怨天尤人。我开始埋怨我的父母,是他们没有给我创造更好的教育;我开始责怪身边的朋友,是他们一次次的教唆与诱惑才使我深陷泥潭不能自拔;我更恨女友的无情,将我们曾经的誓言抛之脑后。此刻我认为老天对我太不公平,把所有的痛苦与不幸都强加在我一人身上。我大脑里早已塞满了罪恶的念头,别人说的话全都听不进,只有两个最极端想法,要么还我自由,要么一死了之。接下来便开始了我一次次疯狂的自伤自残行为。心想:如果幸运的话或许还可以争取到重新获得自由的机会,如果真的发生意外一命呜呼,对我来说或许也是一种解脱。抱着这种侥幸的心理,在公安戒毒所期间反复实施了几次自伤自残的行为,然而每次都被制止和挽救。"

虽然很多事情民警在他的档案中已经了解,但从他自己口中说出来,那就是另一种效果。最后民警叫冯全刚把他的女朋友电话号码告诉民警,民警帮他联系试试看,不图挽回什么感情,因为冯全刚自己也知道没有结果。尽管民警后来没有成功让他与女友聊上几句。但从那以后,冯全刚的思想变化很大,有想不开的事都主动找民警谈心,不再违规违纪了。冯全刚的日记本里记着这么一句话:"失去女友的爱让我痛苦万分,但民警们朴实的爱让我觉醒。生活那么美好,我一定要好好珍惜。我会通过我的表现开始新的生活。"

思想的转变为心理治疗奠定了坚实的基础。接下来民警和中队心理咨询师一起为他制定了特别的矫正措施,首先,让他参与心理脱瘾训练,进行对毒友诱惑等不良环境以及毒品实物、吸毒工具(针管、锡纸等)的心理脱敏训练。其次,反复进行吸毒危害性教育,让其明白自己吸毒不仅是自己错误的人生观、价值观所导致,而且也给亲人带去很大的伤害。再次,考虑到他遇事冲动不计后果的特点,重点让其学会情绪调控,告知他凡事要谨言慎行,要学会自我控制。心理咨询师组织了团队活动,让其进行角色扮演,让其学习应对挫折的方法,提高他的心理承受能力。

(五)消"顽"需要心诚,水到自然渠成

经过那次交心谈心,冯全刚的心理包袱彻底得到了释放。经过较全面的心理矫治,冯全刚在矫治生活中进步很大,为了使其能彻底"脱胎换骨",民警在谈话中更加积极地给他传递一种信息,只要他愿意改好,民警会帮助他,只有自己自由了,才能去做自己想做的事情。一次所部举行"迎新春,话新人"征文比赛,民警无意中说了一句:"我挺佩服你的,还会写点东西,像我一点也不会,每次叫我写比上吊还难受,这次征文比赛你不妨试试。"在经过一系列的筛选评比后,冯全刚居然获得了一等奖。后来民警得知这次获奖是科室和大队领导刻意安排的,目的就是让其找回自信心。冯全刚开始对自己接下来的戒毒矫治有了一定的目标,当他问民警,像他这样的情况以后还能不能提前解除的时候。民警告诉他,只要自己努力现在还来得及,当他听到民警的回答后脸上露出了久违的笑容。在接下来的日子里只要有什么活动民警都第一时间告诉他,叫他精心准备。在过去的一段日子里,冯全刚先后参加了大队组织的春节文艺汇演、"五四"歌咏比赛、劳动竞赛,所部教育科举办的"心语心苑"、"学雷锋"征文活动,均能获奖,在劳动产量上冯全刚也名列前茅,被评为"优秀学员"予以表彰。在一系列的矫治成果面前,冯全刚找到了自己的存在价值,就像冯全刚自己所说的那样:"今天能够以这种特殊的身份,融入这所特定的学校,完全是由于我的愚昧与无知导致的,没有人能够体会到在那些过往的日子里都经历了什么。体验过刻骨铭心的失望,体验过撕心裂肺的绝望,到最后真正体会到的只有感动与感激。"之后民警经常提醒他,眼前的收获是暂时的,是通过努力得来的,是来之不易的,要好好珍惜。后来民警还多次联系他的家人,让他们为冯出所后的生活考虑,最好为他寻找适当的工作,让他出所后能够步入正常人的生活轨道。

回首从警几年的岁月,有过欣喜、兴奋,也有过失落、气馁和迷茫。但在他们面前作为民警的我们不能表露出过多的情感,我们深知应该不厌其烦地和他们谈话交流,用心去感化、挽救他们。只要有百分之一的改好可能,就应付出百分之百的努力去教育他们,让我们成为他们打开幸福之门的金钥匙。

【案例评析】

违法人员矫治的经验告诉我们,大多数难矫治人员都有可攻克的性格弱点,我们要像医生会诊断、要像老师会教诲、还要像父母一样会关爱,找准症结,对症下药。本个案反映出现实司法强制隔离戒毒所在管理重点矫治人员上的一些突出特点,如重视生活、生产和学习三大现场的管理,重视纪律养成、心理调适,重视包夹管理、文化建设等。在实践管理当中,针对非精神障碍人员,这些手段往往能够发挥更大作用。这个个案给我们最大的启示也是在于,做好教育矫治工作,要求我们必须时刻关注矫治对象的转化细节,在自己观察的同时,还应及时听取包夹学员的汇报,善于掌握分析有价值信息,同时透过现象抓本质,抓住有利时机,抓住对方心理的薄弱环节和主要症结,有针对性地开展谈话攻心教育等,方能实现教育矫治的预期效果。同时,这个个案还针对难矫治人员的心理问题开展了有针对性的治疗。

注重了让其摆脱精神依赖,学习自我控制和情绪管理技能,引导其树立积极心态,并且还主动为他后续出所后的环境考虑,让其在良好的社会环境中继续戒毒跟踪,而避免脱管。

案例当中提到了行为疗法当中常用的技术——系统脱敏法。曾有学者应用系统脱敏治疗方法对 100 名吸毒劳教学员进行治疗,并取得了一定的疗效。治疗结果发现:治疗组的吸毒劳教学员经过系统脱敏治疗后,他们的心理承受能力、拒绝毒品技巧、操守保持率都比对照组好。①

在长期的针对劳动教养人员的管教中,我们已经形成了集合各方力量重点矫正难矫治人员的工作模式。难矫治戒毒人员②,是指较难教育转化的、对强制隔离戒毒场所秩序具有一定危险性的戒毒人员。虽然这类矫治戒毒人员的比例不高,一般只占戒毒人员的 1% ～ 3%,但这类人员是戒毒教育工作的重点和难点。从实践工作来看,在戒毒人员自杀自残案件中,难矫治人员占到 80% 以上。因此,认真做好难矫治人员的教育转化工作,对于提高戒毒人员的教育矫治质量、确保强制隔离戒毒场所秩序的稳定具有十分重要的作用。

案例十六　种耐心之树　结黄金之果
——对抗管教难矫治人员的教育转化纪实

【案例呈现】

昨天,他是江湖的浪子,性格乖戾,屡屡打架,对抗管教;今天,他洗心革面,主动配合,立志彻底戒除毒瘾;明天,他充满信心,希望早日回归社会重获新生。强制隔离戒毒人员郝东(化名)在民警的教育挽救下,历经坎坷,终于走上了一条洒满阳光的戒治道路。我们的主要做法有以下几点。

一、立足全面排摸,掌握基本情况

郝东入所后,我们首先通过查阅档案资料,个别谈话教育,全面掌握郝东的基本情况,了解到:郝东,男,汉族,1972 年 6 月出生,小学文化程度,未婚,乐清虹桥人。该员曾因故意伤

---

① 刘卫:《"系统脱敏疗法"在戒毒治疗中的疗效评价》,《中国药物滥用防治杂志》,2006 年第 12 卷第 3 期,第 128－131 页。

② 《浙江省司法行政系统强制隔离戒毒场所教育工作实施细则》第五十一条规定:"凡是有下列行为之一的可认定为难矫治戒毒人员:(一)主观恶性较深,在所期间抵触情绪严重,经常无故顶撞、挑衅民警,不遵守正常的所内管理秩序的;(二)反社会意识严重,在所期间经常煽风点火,散布谣言,蛊惑人心,煽动闹事,经教育无效的;(三)曾经是非法宗教组织或是邪教团体或员,坚持旧有立场,在场所内继续散步谣言的;(四)多次以自杀、自残、绝食等过激手段要挟民警的;(五)经常拒绝参加戒毒场所安排组织的正常矫治活动,经教育无效的;(六)有过服刑史,特别是在服刑期间表现不好,或是有逃跑史的戒毒人员至今仍然有逃跑迹象的;(七)有其他违法违纪行为经教育后无效的。"第五十二条规定:"强制隔离戒毒所应当根据教育矫治工作的需要,做好难矫治戒毒人员的排摸、确定工作,并建立书面的《难矫治戒毒人员教育专档》。对于难矫治戒毒人员应当实行民警'包管、包教、包转化'制度。"

害罪被判刑十年,1996 年起在省某监狱服刑,服刑期间因改造表现良好,减刑 2 年,于 2004 年 7 月提前释放,出狱后在乐清打工。2006 年,因吸食海洛因被决定强制戒毒 2 年;2010 年 9 月 3 日,又因吸食冰毒被决定强制隔离戒毒 2 年,9 月 15 日,送到某强制隔离戒毒所接受强制隔离戒毒。

二、坚持严格管理,转变对抗立场

该员自被决定强制隔离戒毒以来,一直对强制隔离戒毒决定不服,不认为自己是戒毒人员,对立情绪强烈,屡屡违规违纪。2010 年 12 月 9 日,该员因与另一学员李某争下铺位置发生打架。打架过程中,该员将对方鼻梁骨打断,送县人民医院就诊,由戒毒所垫付医药费 6000 余元。根据其严重违纪行为,中队将该员集中封闭管理。解脱归队后,该员对上次违纪行为毫无认识,声称"下次看到对方,要往死里打"、"自己反正是某中队的人了,也不想提早回去了",平时行为养成较差,队列里始终借口腿疼走在最后面;习艺劳动时喜欢讲话、吃零食,劳动产量完不成。2011 年 4 月 16 日,中队民警针对该员劳动观进行谈话教育时,该员态度恶劣,对民警说:"我就不劳动了,你能把我怎么样!"针对该员的违纪行为,中队又将该员报送集训封闭管理。2011 年 7 月该员归队前,中队专门组织了声势浩大的帮教会,打击其反矫治气焰;归队后,直接将该员安排在强化组内进行为期两个月的强化管理。在严密包夹监控、确保安全稳定的基础上,通过狠抓队列训练,严格定置管理,规范行为养成,努力矫正该员的对抗行为。特别是,针对该员遵规守纪意识淡薄的问题,民警狠抓所规队纪学习,逐日记载该员的矫治表现,每周一小结,每月考核一次,评出等次,定期记录思想变化及现实表现,要求该员对自己对抗管教的违规违纪行为写出深刻的认错悔过书,强化了该员的戒治意识,转变了对抗立场。

三、深化科学教育,化解思想症结

一是做细个别谈话教育。民警通过深入细致的个别谈话教育,切实掌握该员的思想动态,了解到该员身份意识淡薄的真实原因。该员认为自己刚出狱没多久就因吸毒被强制隔离戒毒 2 年,家里还有患有老年痴呆症的 78 岁老母,体弱多病,需要他赡养;一个亲弟弟在 1996 年那次伤害案件中被判处死刑,导致自己心中有愧,家人也一直不能原谅自己。被强制隔离戒毒后,自己没接见、没接济,生活窘困,不少戒毒人员讥笑他,内心极度自卑的他希望通过种种对抗行为表现自己强势。同时,由于他早年就离开家乡,户口几经辗转已经难以查找,了解到和他同样的情况,公安不批提前解除,只能期满解除,所以心里越发愤恨社会不公、开始自暴自弃。二是努力解决实际困难。了解了该员的真实想法后,民警首先安排通过电话与家属取得联系,对家里的各项事务进行了妥善安排,消除了他的后顾之忧。同时,针对该员户口无法得到落实的问题,民警在咨询掌握了有关政策和操作程序的基础上,对其进行了详细的解释和说明;并积极向上级反映情况,与当地公安进行沟通,排除了影响该员提前解除的户口障碍问题。之后,我们针对该员患有严重痔疮的状况,在队列训练、习艺生产方面给予了适当照顾;针对该员家境贫寒的现实,给予了一定的贫困补助,帮助解决了生活必需品,稳定了该员的情绪,使该员开始接受强制隔离戒毒的现实。三是开展心理危机干预。通过对该员进行 SCL-90 心理健康量表测试,测试结果其敌对和偏执两个单项因子的分值均超过 2 分,有异常心理症状。针对这一状况,民警根据测试中反映出他思想偏激、好走极端的心理特点,通过邀请专职心理医生和民警一同对其开展针对性心理咨询、心理卫生和心理健康教育,提高了该员的心理健康意识,掌握了简单的心理调节方法,缓解了心理压力。

四、确立戒除目标,树立戒治信心

在该员开始接受强制隔离戒毒的现实后,我们对其采取了一系列的戒治措施,通过开展《心理调节操》、《戒毒宣誓》、模拟毒品诱惑场景、行为矫正、心理暗示机制等手段,加强法律、形势、政策、道德、前途等内容教育,有效树立了该员彻底戒除毒瘾的信心和决心。该员在《心桥》中写道:"刚入所时,我一心想的就是自己是个没人疼、没人爱的浪子,无所谓遵规守纪、服从管教,因此以自我为中心,给自己的新生之路制造了种种障碍。一年多来,戒毒所民警对我耐心细致的教育挽救,扭转了我的错误认识,使我真正认识到了毒品的危害。今后,我一定要配合民警,积极参与各项戒治活动,努力戒除毒瘾,早日通过诊断评估,回归社会,真正担负起家庭的重担、男人的责任。"

五、巩固转化成果,激发矫治动力

2011年9月,李某面临解除,提出要郝东补偿1000元人民币。听到这个消息后,郝东情绪激动,声称:"自己已经因为此事被集训封闭管理过,钱是死活也不赔了,让他告去!"中队民警几次找其谈话,均态度强硬。针对这种情况,中队讨论认为,这是一次检验郝东转化成果的好时机,应该采取有力措施,使其从内心深处认识到行为的错误性,巩固转化成果。中队对其家庭情况进一步深挖,了解到该员与其姨妈关系很好,姨妈经济条件也较好。于是中队电话联系郝姨妈,邀请其来所,并组织双方进行调解,最终双方达成调解协议,李某放弃对郝进行责任追究,郝一次性支付对方600元。这一事件的妥善解决,使该员进一步认同强制隔离戒毒所是个讲道理、能助人的好地方。与姨妈的见面,郝东更觉得有愧家人,希望能早日出去,改变家中困顿的局面。当天晚上,该员就找到中队民警,希望队部能给他个机会,让他能多拿分数。中队经过一致讨论,认为该员现在开始逐步从"要我矫治"转变为"我要矫治",内心产生了充足的矫治动力,故决定安排他担任宿舍小组长职务,希望他能在积极矫治的道路上越走越好,越走越稳。

教育转化是一项艰苦的工作,要解开难矫治人员的思想症结,绝非一朝一夕之功,民警必须戒急戒躁,做好打持久战的准备。对郝东的教育转化目前只能说是取得了初步成效,民警也认识到接下来还有许多工作要做,同时最终成效如何还得时间来证明,但我们相信功夫不负有心人,只要我们坚持、坚持再坚持,最后的胜利一定属于我们。为此管理民警抓准时机,适时地引导他学习了《禁毒法》、《戒毒条例》等法律法规和《强制隔离戒毒人员守则》、《强制隔离戒毒人员行为规范》、《强制隔离戒毒人员日常生活规范》、《"五要十不准"守则》等规章制度,并安排其专门谈学习心得体会。通过一个多月的学习,他的思想发生了质的转变,我们把原先他极度反感的规章制度与强制隔离戒毒人员普遍比较感兴趣的《禁毒法》、《禁毒条例》、《治安处罚法》穿插在一起学习,同时再配合民警的个别教育,增强了他的法制观念和纪律观念。

在这场教育与转化的拉锯战中,我们最终以真诚的态度,锲而不舍的精神打动了他,致使其对于之前的违纪行为后悔不已,并表示在自己剩下的强制隔离期内会做得越来越好,积极向队部靠拢,用他自己的话说就是要争取"脱胎换骨"。

【案例评析】

本案例的成功之处在于管理民警立足教育挽救的立场,较好地贯彻了教育矫治工作的几大原则。第一,贯彻了依法实施原则,在矫治中严格按照法律法规规定的内容和程序执行。第二,贯彻了以人为本原则,在矫治工作中坚持用尊重对方的态度、耐心细致的工作作风来促进戒毒人员郝某的心理康复和身体康复。第三,贯彻了综合矫治原则,运用一切科学的办法教育、挽救对方。第四,贯彻了科学原则和关怀救助原则。本案例中,对郝东背景资料的了解就有一个逐步深入、循序渐进的过程,并且把握好了落实户口、伤害赔偿等关键点,为最后的成功转化提供了有力支持。

司法系统强制隔离戒毒场所既是行政执法机构,也是戒毒治疗康复机构,强制隔离戒毒矫治工作的目的是为了教育、挽救吸毒成瘾的强制隔离戒毒人员,使他们尽快脱离毒品,戒除毒瘾,康复身心,减少本人及其家人的痛苦,净化社会环境,构建和谐社会。因此,从事强制隔离戒毒工作的人员要全面根据戒毒人员个体情况的不同,综合分析并采用科学的方法,帮助其顺利实现生理脱毒、心理脱毒、身体康复和回归社会。从这个个案当中,我们可以清楚地看到民警需要掌握和学习科学的知识,及时发现矫治对象的问题,并进行分析从而摸透问题。只有全面、深刻掌握戒毒人员思想每次变化的节点、原因,并提前预判趋势、拟定对策,从戒毒人员平时的言行细节观察、着手,全程跟踪,随时关注,方能实现向戒毒学员思想上播下的"种子"结出好的"果实",从而达到矫治的目的。

第五章 其他特殊类型强制隔离戒毒人员教育矫治案例及评析

案例十七 以应付应激训练为主导,以加强家庭会谈为纽带
——未成年戒毒人员矫治实例

【案例呈现】

一、基本情况

许海(化名),男,1995年6月2日出生。小学未毕业就在社会上游荡。父亲系一名专业打井工人,担负所有家庭开支。母亲在该学员8岁时去世。不久,其父亲又为该学员找一后妈。据其透露后妈对亲生儿格外偏袒,而对其却很冷淡,以致其经常受委屈。父母对自己不好,导致该学员非常憎恨这个家庭,经常不回家,流落社会。家中有一妹妹,13岁,小学毕业,一直无业在家。还有一个姐姐,已婚。

二、吸毒史

该员在2008年,13岁时开始接触毒品,吸食海洛因,当年被抓,因年龄不够被批评教育释放。被家人强行留在家中严加看管,在家管控不到1年时间,由于该员性格叛逆,导致家人管理无果。后又开始在社会上游荡,又走上了吸毒的迷途。2011年8月12日被抓,强制隔离戒毒2年。

三、社会交往

起初跟一些年龄相当的人一起在社会上混,慢慢接触一些不良场所,导致自身恶习加深,沾染了毒品。后经常与毒友在一起混日子,毒资起初主要来源于家人给的零花钱,后因资金不够开始偷家里的钱。最后发展到在社会上偷盗自行车、电动车、钱包等来维持自己的吸毒生活。

四、现实表现

入所以来,许海认为对自己的处罚较重,并有种焦虑感,对服从管教没有信心,没有矫治计划。由于小组其他戒毒学员经常开自己的玩笑,许海经常控制不住自己的情绪,多次出现

殴打别人现象。对学习缺乏兴趣,上课经常走神,并时常与人打闹。在习艺劳动中不劳而获的想法仍然存在,对习艺劳动较为抵制,多次出现消极怠工现象。

五、矫治过程

（一）分析症结,找准突破口

1. 关爱缺失症。由于经常遭到父亲和继母打骂,许海与父母尤其是父亲的关系较为冷漠,姐姐对许海也一般,甚至去北京务工前只是通了电话告知而已,所以许海在感情上缺乏关爱,这在他对妹妹的爱护上可以体现出来。与其他学员的关系紧张,更导致许海性格阴郁悲观、性格孤僻,进而使他对人生充满了疑问,就如他在《心桥》上写道的那样:"生命的意义是什么呢? 是不是只是为了活着?"许海强烈希望了解生命的意义,但没有人真正给过他分析和答案。如果有人能够耐心告知他做人的道理,他兴许会把对方当做他忠实的朋友。关爱的缺失还导致许海会刻意去掩盖孤独,出现诸如在小组中大声唱歌、开别人玩笑等行为,应该都属于他刻意的行为。这种"调皮捣蛋"虽然引起了别人的注意,但往往会带来别人对他的反感,加剧了许海的情感孤独。

2. 强烈的自尊心带来的自卑感。许海具有强烈的自尊心,但自尊心越强的人自卑感也越强。因为过分自尊的人总是需要别人处处维护他的自尊,当自己的自尊得不到满足时,自卑便产生了。过分的自尊与自卑让许海特别在乎别人对他的评价,别人不经意的话语甚至是玩笑,在他看来则是对他的嘲笑与讽刺,成为伤害他的利剑。比如其他戒毒学员经常拿许海的牙齿开玩笑,给他起外号,许海就非常反感并感觉很痛苦,多次找管理民警让他人不要再喊自己的外号。

3. 安全感缺失症。许海具有一定的偏执型人格,敏感多疑,往往把玩笑当做侮辱和伤害,并且耿耿于怀,甚至说"别人老搞我,我对这个世界绝望了","在这个小组里没有我的容身之地",存在一定程度的被害妄想症,极度缺乏安全感。许海还常常陷入以前的"美好回忆"当中,一旦回到现实情绪表现变为低落。

4. 严重的情绪化。许海遇事不够冷静,缺少理性思考,存在较严重的情绪化现象。许海曾多次向管理警官保证不做错事,不被罚分,但是当别人开玩笑或者有挑衅的苗头时,往往控制不住自己的情绪,时常出现殴打他人现象。如许海在《心桥》上说:"现在我必须忍,我不想和他们过不去。"然而不出几天,许海就会出现情绪化的违规行为。

5. 不劳而获的错误思想。许海本身对强制隔离戒毒决定不甚理解,加上他手脚较慢,时常欠产,故多次出现消极怠工行为,并时常沉浸在幻想当中,幻想戒后能过上体面的生活。

（二）多管齐下,综合矫治

1. 把握时机,着重进行个别谈话教育。个别谈话教育是个别教育的重要方式,通过谈话可以让强制隔离戒毒学员认识到自己的不足,从而形成自我反思并进行改正。但是个别谈话教育不能想谈就谈,而是要注意把握时机,唯有这样,个别谈话教育才能收到事半功倍的效果。许海比较内向,但在《心桥》上比较健谈,也能够敞开心扉,民警们利用这一点可以比较准确地把握许海的近期思想状态,并有针对性地开展个别谈话教育,对其答疑解惑,使其正确看待强制隔离戒毒决定,明白人生意义所在。帮他分析自己的性格特点使其了解自己,告知他与其他戒毒学员相处的良好方法,分析情绪化行为给他带来的危害等,使他改正如报复、冲动等情绪化心理及不劳而获等错误观念。其次利用所区活动和重要节假日对其进行个别谈话教育,如利用浙江省残联来所参加的帮教活动,使其明白人生不免出现挫折,但要勇于去面对,积极矫治、重换新生;利用父亲节、母亲节对其进行亲情教育,鼓励他给父母写封感恩信,解除其对父母的不满。

2.强化法律道德教育,使其认清吸毒危害性。在日常交流中,许海流露出吸毒与否是自己的生活方式选择、与他人无关的想法。在入所教育之后,他的这个想法有些微改变,他曾向民警多次询问吸毒是否对人体存在如此之多的损害。在康复期,管理民警围绕这个问题对他进行系统的毒品危害性教育。如介绍毒品对人体产生的各种毒副反应,又如系统阐述毒瘾戒治可能产生的各种戒断症状。①同时注重责任感培养和感恩教育。在常规的课堂教学之中,民警特意安排让他去参与"责任者"的游戏,让他学会换位思考,从父母角度思考子女"越轨行为"对他们带去的影响。在感恩教育中要求他反思自己身上有没有那些不懂得感恩的行为。通过案例教学,让其理解什么是诚实守信。同时推荐几本人际关系的书籍给他看,如《心灵的鸡汤》、《为人与处事》、《心理健康教育读本》、《毒品成瘾危害》等。

3.突出应付应激训练,使其学会正确的压力应付方法。在课堂讲授重塑"四自"戒除毒瘾章节过程中,民警让许海回忆自己在成长过程中最深刻的一次挫折,然后分析当时的情绪应对和行为应对方式。许海描述了他生活当中最受打击的一次挫折就是他在离家出走前,继母因为他不小心打破了家里东西曾经对他实施体罚的经历。民警让许海自己讲述面对那个挫折事件时所有的解决办法,让其写下来,进行方法排序,并布置作业,然后再进行讨论和总结。

为了巩固心理矫治结果,在康复期还重点进行了应对压力能力训练,让其制定应对计划,学会预见高危事件并学会应对策略。具体做法有,第一,通过释梦交流,使其意识到自己的心理渴求。许海在一次交谈当中无意谈起,说自己从10岁左右开始就经常重复做一个相似内容的梦。在梦里,有人敲门,他跌跌撞撞跑去开门,高高大大的父亲迎门而站。父亲一把抱起他亲吻他,他那浓密的胡子把他扎得很痒,他挣脱父亲的怀抱,去翻他的包。他找到了渴望已久的糖。这时,母亲开始出现,笑眯眯地看着他。但是随后梦境里就出现他想向母亲诉说什么,却怎么也开不了这个口的场景,梦境里他用尽各种办法,却喉咙里始终有东西卡着一样。听了他的梦境描述,民警跟他分析了梦境所代表的潜意识就是他渴望亲情。父亲和母亲在我们每个人童年生活中都会留下深刻的烙印,我们以他们的行为模式为心中的"楷模",我们甚至模仿他们的一言一行,以获得他们更多的关注。我们每个人都有被关爱的需求。第二,制定一份许海生活中可信赖的人的通讯方式和安全地点的清单,使其掌握在面临吸毒高危情境时自己可以选择的最佳应对方法。第三,对其好的方面给予鼓励,让其积极参加所内各种活动,分散其对毒品的注意力。同时,对许海的一些违规违纪行为,民警采取严厉处罚的措施,包括静坐等,使其养成良好的行为习惯,克服情绪化的冲动。第四,通过个别交流,让其树立能战胜毒品的正面想法。同时针对许海所具有的关爱缺失症,以及出于自

---

① 毒品会对个体的消化系统、呼吸系统、心血管系统、免疫系统产生影响,滥用毒品可导致多种并发症的发生。如急慢性肝炎、肺炎、败血症、心内膜炎、肾功能衰竭、心律失常、血栓性静脉炎、动脉炎、支气管炎、肺气肿、各种皮肤病、慢性器质性脑损害、中毒性精神病、性病及艾滋病等。毒品不仅对躯体造成巨大的损害,由于毒品的生理依赖性与心理依赖性,使得吸毒者成为毒品的奴隶,他们生活的唯一目标就是设法获得毒品,为此失去工作、生活的兴趣与能力。

尊心从不向家人提出接济要求的客观事实,中队决定在生活上给予许海一定的帮助,中队经过调查研究决定圈出一部分人(包括许海)为中队重点资助对象,出钱为其购买了杯子、牙刷、洗衣粉等日常生活用品,让许海从中体味到了一种关爱之情,一种如家庭般温暖的滋味。

4."旁敲侧击",营造较好的矫治环境。针对小组里的其他学员经常开许海玩笑的情况,民警及时告知组长和连号包夹人员许海的心理状况,告诫有关学员不准再无故开许海的玩笑,鼓励他们对许海在生活上多加关心,使许海体会到别人对他的尊重,使他能够融入这个集体,安心矫治。

5.亲情帮教,使其感受到家庭的关爱。通过多次的联系沟通,许海的父亲答应来所内看望他。会见当日,民警跟他父亲进行了面对面的交谈,告诉他吸毒是一个脑部疾病,社会上对吸毒者的看法是不正确的,国家也把吸毒者定义为病人,强制隔离戒毒不等于坐牢,是国家一种行政措施,是帮助吸毒者戒除毒瘾的。希望他能够承担起自己的责任,给许海多些鼓励。会见之后,许海感受到父亲对自己吸毒的态度发生了很大转变,他自称感到非常震撼,表示从来没想到父亲还这么爱他。之后,民警让许海每月两次写信给家人或打亲情电话,将自己的情况汇报给亲人。并且民警多次和他讨论今后将如何去做,如何才能不辜负家人对他的期望。

通过以上举措,许海基本消除了焦虑情绪,改变了对毒品的认识,增强了矫治的自信心。许海情绪化行为、敏感多疑的行为明显减少,性格也逐渐外向起来,生产的积极主动性越来越高,与其他戒毒学员的关系逐步融洽起来,从思想到行为上有了明显的改善。

六、民警体会

(一)个别矫治的前提是对学员的全面了解

未成年强制隔离戒毒学员正处在心理的暴风骤雨期,出现这样那样的问题在所难免,民警要想明了问题学员的症结,首先必须对学员的家庭情况、成长史和现实表现有个全面的了解,这样民警才能知道这些症结出现的原因,有效地促进问题学员的转化。

(二)个别矫治的基础是扎实的心理学常识

个别矫治在很大程度上是一个心理学问题,民警要想清楚问题学员的症结光靠了解他们还不够,民警还应该具备扎实的心理学常识,把问题学员的行为与其内心深处的所思所想关联起来,顺藤摸瓜挖掘出偏差行为的根源,才能够有针对性地制定矫治策略。

(三)个别矫治的关键是对症下药

了解了问题学员的症结,民警要针对具体的问题采取宏观指导和微观指导相结合的方法对症下药,耐心启迪,及时解决学员问题。宏观上主要是在思想层面对其进行指导教育,使其树立正确的人生观和价值观,增强其为人处世的能力,保持良好的心理状态;微观上主要是实施具体的行为指导训练,使其学会应对高危情境,还让其给父母写感恩信,建立家庭帮教体系,等等。

(四)个别矫治的重要手段是宽严相济

个别矫治应采取宽严相济的方法,对于问题学员不能一味地严格管理,否则会强化某些问题学员的违规违纪行为,造成其思想、行为进一步偏激,不利于教育转化及场所安全。对问题学员,要"以柔克刚",以情动人,在确保安全的前提下,给问题学员提供了一个相对宽松、友好的学习、生活环境,更有利于问题学员的转化。

【案例评析】

这个案例是未成年强制隔离戒毒学员矫治个案。在本案例中,民警运用了多种方法加强对许某的教育矫治。一方面,发挥了课堂教育的作用,利用课堂教育进行戒毒禁毒知识教育和责任意识教育,重点让戒毒学员认识到毒品危害性,从自身责任角度去认识个体对家庭的义务。通过教育,使其对吸毒的危害形成全面的、正确的认知。由于未成年人自身对于毒品知识的认识不足,因此系统化的戒毒禁毒教育对于其改变错误认知、提高认识水平是有着相当重要作用的。个案对我们的启示在于,了解和掌握戒毒人员的心态和吸毒原因,开展针对性的个别教育和心理矫治,才能解决戒毒学员的个性问题。

该个案重点提到了应付应激训练,将心理治疗和应付应激的技巧相结合应用于对许海的依赖行为的治疗上,以维持和提高他的戒除成瘾行为的动机,建立和维持操守。通过培训应对技巧,使其逐步消除其想要使用成瘾毒品的冲动,这是矫治取得良好效果的关键。个案还运用了精神分析理论当中的释梦理论,对当事人的梦境进行了解读。针对梦境的解析有助于当事人认识自身的问题,但同时要注意最好适用于认知水平较高的个体,并且必须结合当事人其他心理特征进行。

个案还谈及了家庭会谈,据研究,父母的教养方式和整个家庭氛围对于吸毒者的性格形成与走上吸毒之路起着重要的作用。所以在戒毒者的康复治疗中应重视进行家庭干预和家庭治疗。系统家庭治疗方法在国外是一个治疗药物滥用患者的较好的方法,在国内应用较少。它强调的是整个家庭成员共同的参与,通过会谈和作业等方法,理解和改变整个家庭的结构。以下提供一个这方面的个案,作为参考[①]:

> 咨询师:"关于吸毒可否治疗,可否完全戒断,你们有什么看法?"
>
> 父亲:"过去我们一直很有信心,觉得用爱能够感化她,谁知道戒毒后又多次吸毒,我们都快没有信心了。这个吸毒还能否治得好我也不是很清楚,但是确实看到有人戒毒后不吸了。"
>
> 母亲:"我对她的戒毒还抱有一点希望,但是信心不足。"
>
> 女儿:"我过去自己能够控制,就去吸,可经过几次之后,心里总是想着它,有时候发了瘾很难受,控制不住自己,就又吸上了。"
>
> 咨询师:"你们对戒毒信心不足,是可以理解的。一个人如果有慢性疾病,未得到完整系统的治疗,结果将会怎样? 得到合理的治疗,效果是否不一样? 吸毒需要得到哪些治疗,你们知道吗?"
>
> 父亲:"也是,得了病没有好好治,好不了。您给我们讲讲需要哪些方面的治疗,多长时间。"
>
> 咨询师:"国际国内专家都认为吸毒是可以治疗的慢性脑病,像高血压、冠心病一样,可以治疗和控制,不过要进行一段时间的心理治疗,获得信心、技能和心理能量,在家庭的支持下,进行长期的自我管理。戒毒后坚持远离毒品的正确行为方式是慢慢学习和逐步提高

---

① 王增珍主编:《成瘾行为心理治疗》,人民卫生出版社 2012 年版,第 156—157 页。

的，如螺旋式上升一样……根据德国专家的经验，如果每周 6～9 小时，需要 2 年时间，根据个人情况不同，大约需要 400～500 小时不等。或者进入集中式强化心理治疗与训练营，同时家人还需要创造支持性条件。有利于戒毒的条件越多，戒毒就越能够成功……"

父亲："好吧，我们下决心要把她治好。"

母亲："只要能够治好，我们愿意尽最大的努力来支持她戒毒。"

案例十八　强化认知行为治疗，辅以职业技能训练
——偏执性人格障碍女戒毒人员矫治个案[①]

【案例呈现】

一、基本情况

施芳田（化名），女，1978 年 10 月出生，高中学历，身高 1.63 米。浙江温州人，无业，因吸毒被决定强制隔离戒毒 2 年（2009 年 5 月—2011 年 5 月）。

二、个人成长资料

兄弟姐妹四人，家庭成员均脾气暴躁，自小经常发生争吵；婚后怀疑丈夫对自己不忠，夫妻关系不合；邻里间经常发生小冲突，人际关系一直不协调。

三、吸毒史

2004 年曾因吸毒被处以劳动教养 2 年。

四、入所前后情况

2009 年 5 月，在温州鹿城区某公共场所涉嫌吸毒被公安机关抓获，尿液通过甲基安非他明尿检板进行检测，结果呈阳性反应。供述吸食过毒品。2009 年 5 月，被浙江省某强制隔离戒毒所收治。自己认为吸食冰毒纯度不高，而且频次较低（1 个月 3、4 次），只是运气不好，被人举报才会被强制隔离戒毒。不服当地公安机关处理，在办公场所无理取闹，严重影响正常工作秩序。

入所当天吵闹不止，不配合任何入所体检，无视场所行为规范，对周围人对她的关怀置之不理，反而恶言相对，将自己所有的遭遇都归咎于别人的迫害，否认自己言行异常。

入所后，施芳田开始以绝食对抗，先后有五次，持续时间长短不一，最短两天，最长达一个多月。在此期间，为维持施芳田的生理所需，在进行监测的基础上对她进行一日一至两次的饲食，终因营养供给跟不上日常消耗，出现营养不良。被送至外院住院营养支持治疗，在

---

① 根据有关案例进行较大幅度修改。

治疗期间,施芳田规律饮食。精神科专家会诊结果为偏执型人格障碍。回所后施芳田继续绝食,并宣布将长期绝食。经专家会诊后决定对她进行厌恶疗法以消除绝食行为,取得了良好的效果,一直规律饮食至今。

在此期间,各级领导及中队民警和其他学员对施芳日进行了多次谈话与开导,并联系其家人进行帮教,虽然施芳田生活开始自理、规律饮食、主动要求出工,但言行中仍表现出较明显的偏执。

五、心理、行为特点分析

1. 存在一定的原发人格障碍形成的先天素质和后天的不良社会文化环境因素。

首先,其家族成员均脾气暴躁,体现出施芳田家族的遗传特质,是造成施芳田的人格障碍的先天因素。其次,早年家庭生活中成员间经常发生争吵,夫妻间、邻里间经常发生小冲突,这种家庭结构的不稳定因素以及长期不和谐的人际关系,是施芳田人格障碍形成的社会因素。最后,这次公安机关处理冲突事件中导致她产生的挫折感,成为促成施芳田产生极端行为的直接因素。

2. 人格发展的内在不协调性。

具体表现在认知能力、情绪反应能力和意志行为能力三个方面的不协调性。在认知能力上,表现为对别人本来中性甚至是友好的表示看作敌视或蔑视行为,对自己的行为造成的不良后果拒不承认,甚至归咎于别人的迫害或推诿于客观因素。在情绪反应上,有时表现为对周围环境刺激的反应过度,很小的挫折甚至是自己主观想象都能引起强烈的情绪反应,有时则表现为反应不足。在意志行为方面,有时候表现为意志增强,如对长期绝食带来痛苦体验忍受力超常,有时则表现为意志减弱,对周围一切事物都缺乏兴趣,生活懒散,不喜欢与人交往。在行为上表现为攻击性行为不计后果,有一点小事便大动干戈,不惜危害他人和社会利益等。

3. 选择绝食行为作为对抗的一种形式,目的并非自杀。

绝食作为一种自残的形式,之所以会被施芳田选择,原因分析如下:首先,幼年时几乎所有人都有绝食的经历,这往往可以博取家长的同情与注意,还可以满足要求,结束对抗。这种年幼时期的经验极易在目前施芳田所处状况下被采用,以博取民警和其他学员的关注,满足其为所欲为的要求,从而缓解认罪识错的压力。其次,绝食作为一种自残的形式,严重者可致死亡,但其过程可以拉得极长,在目前文明管理、安全第一的管理原则下,这一行为具有绝对的威胁性,又不至于马上死亡。施芳田认为,通过绝食,可以争取较长的一段时间进行无言的谈判,会让自己处于相对有利的位置。另外,绝食还可以让她逃避劳动等。基于这些原因,绝食得以长期持续进行。

4. 以自我为中心,缺乏应有的道德感和责任心,施芳田不关心他人,毫不顾及周围人及社会的利益,甚至连自己的亲人的利益也不屑一顾,不愿意或不善于同他人建立良好的情感联系,人际关系处理较差。

5. 从生理上讲,施芳田在长期而持续的绝食及消极情绪状态的影响下,全身各器官逐步出现功能紊乱,而人工饲食过程中营养供给的不均衡性,必然导致营养不良的发生,重者会出现水、电解质、酸碱平衡紊乱,甚至威胁生命。

6. 从心理上讲,施芳田的偏执型人格障碍属于心理障碍范畴,若任其发展,患者的敏感多疑将不断加重,形成关系妄想,总觉得周围发生的一切都与自己有关,牵连的范围也愈来愈广,甚至出现被害妄想型精神分裂。若能及早地给予心理干预,使患者树立正确的认知观念,在治疗者和周围人的帮助下,通过患者本人付出努力进行锻炼,可以加以矫正和克服,逐步达到健康人格的标准。

六、对策

(一)消除绝食行为,尽快解决营养不良的问题

在戒毒场所内,对于这种长期绝食而采用多种方法不能纠正的患者,可以采用厌恶疗法。它作为一种行为治疗的方法,是以巴甫洛夫的经典条件反射原理作为理论基础的,把不良行为和不愉快的体验结合起来,即利用一种厌恶性的或惩罚性的刺激来减少或消除不良行为。当绝食行为出现时,给予一种厌恶性或惩罚性的刺激来产生痛苦的体验,使绝食行为和痛苦体验产生条件联系;同时,为了帮助患者建立辨别性条件反应,以提高厌恶治疗的疗效,在患者开始进食时,周围民警和其他学员们给予精神奖励等愉悦体验,使进食行为和愉悦体验产生条件联系。这种条件联系在刚形成时是不稳固的,因此还须给予不断的言语刺激,如经常对患者说,若绝食则给予电击,若进食则给予奖励等,使原有的疗效得以巩固。事实证明,厌恶疗法使施芳田彻底消除了绝食行为,规律饮食,生活起居也开始正常化,但因人格障碍未得以矫正,其异常言行仍然存在。

(二)采用认知疗法等心理治疗,逐步矫正其人格障碍

偏执型人格心理障碍患者,如在能早期发现,恰当地运用认知领悟法等方法进行治疗,可以克服多疑敏感、固执、不安全感和自我中心的人格缺陷。主要有以下几种方法。

1.认知提高法。认知疗法是根据人的认知过程影响其情绪和行为的理论假设,通过认知和行为技术来改变求治者对己、对人或对事的不良看法与态度,从而矫正并适应不良行为,改变并改善所呈现的心理问题的心理治疗方法。

由于类似于施芳田的这种偏执型人格障碍者对别人不信任、敏感多疑,不接受任何善意忠告,所以民警治疗者首先要与患者建立信任关系,在相互信任的基础上交流情感,向他们全面介绍其自身人格障碍的性质、特点、危害性及纠正方法,使其对自己有一正确、客观的认识,并自觉自愿产生要求改变自身人格缺陷的愿望。这是进一步进行心理治疗的先决条件。

其操作步骤主要是,先与患者共同找出这些适应不良性认知,并提供"学习"或"训练"方法矫正这些认知,使其认知更接近现实和实际。随着不良认知的矫正,其心理求助的自觉性也不断增强,病人的心理障碍便可以得到逐步纠正。

认知疗法一般分为四个治疗过程:

(1)建立求助的动机:在此过程中,常采用个别谈话的形式,民警治疗者通过保证等方式取得患者的信任,耐心倾听患者的叙述,给予适当的解释,解释要尽量从她的立场与角度出发,使两人在同一问题上达成认知解释上意见的统一,当发现不良表现时,则要给予指出并进行充分解释,语言表达宜缓和,并且估计和告知患者矫正所能达到的预期结果。当患者建立充分的求助动机,并有一定的自知力时,可让她进行自我监测,内容包括自身的思维、情感和行为的变化情况,同时民警治疗者向患者保证,将随时给予指导、说明和认知示范等。

(2)适应不良性认知的矫正:在此过程中,要使患者发展新的认知和行为来替代适应不良的认知和行为。如:在本个案中,结合施芳田绝食行为的整个过程,让她认识到,绝食并不

可能达到逃避强制隔离戒毒的目的,绝食的唯一结果是对她自己身体产生伤害。以事实推翻了她原有的认知模式,发展了新的认知模式。

(3)在处理日常生活问题的过程中培养观念的竞争,用新的认知对抗原有的认知。在此过程中,要让患者练习将新的认知模式应用到生活情境之中,取代原有的认知模式。如,在本个案中当其他学员出于善意赠予生活用品时,原先患者会认为是嘲讽她穷,或是应该的,这时,民警应向她解释其他学员不可能存在这些想法,而是纯属善意,并指导患者采用心存感激的思维方式和行为方式去看待生活中的事情。当患者的这种行动收到其他学员更多的帮助或其他良好的回馈时,患者的种种适应不良性行为就会被逐步矫正。

(4)改变有关自我的认知:在此过程中,作为新认知和训练的结果,要求病人重新评价自我效能以及自我在处理认识和情境中的作用。

2.交友训练法。在戒毒场所内,鼓励患者积极主动地进行交友活动,在交友中学会信任别人,消除不安感。开始阶段,民警治疗者可以取得与患者同小组的戒毒人员的配合,每当患者表现出友好的言行,马上给予真诚的反馈,使她体会到交友的种种好处,认识到信任别人时可以得到别人的信任,真诚对待别人时可以得到别人的真诚相待。这种新的认识在交友活动中不断加强,使患者克服偏执心理,寻求友谊和帮助,交流思想感情,消除心理障碍。

3.自我疗法。当治疗进行一段时间后,患者具备了较强的自知力和正确分析解决问题的能力,但仍在其头脑中存在一些非理性观念,如看问题喜欢走极端。要改变这种偏执性的言行,首先必须帮助患者分析、认识和改变其非理性观念。如:"世上没有好人,我只相信自己","我不能表现出温柔,这会给人一种不强健的感觉"等,对这些观念加以改造,以除去其中极端偏激的成分,改成"世上好人和坏人都存在,我应该相信那些好人","我不敢表示真实的情感,这本身就是虚弱的表现"等。每当故态复萌时,就应该把矫治过的合理化观念默念一遍,以此来阻止自己的偏激行为。有时患者不知不觉表现出了偏激行为,事后应帮其重新分析当时的想法和非理性观念,然后加以矫治,以防下次再犯。

4.敌意纠正训练法。偏执型人格障碍患者易对他人和周围环境充满敌意和不信任感,指导患者采取经常提醒自己的方法,如提醒自己不要陷于"敌对心理"的旋涡中,要懂得尊重别人,要学会向认识的所有人微笑,要在生活中学会忍让和有耐心等,都有助于克服敌意对抗心理。

(三)营造良好环境,巩固心理治疗成果

在戒毒场所内营造和谐、友好的人际生活环境,有助于矫正患者的人格障碍,建立健康人格。另外,场所外的良好的人际生活环境极为重要,民警治疗者须做好联系工作,取得患者家人的配合,以减少家庭不稳定因素,做好帮教,形成良好的社会支持系统,从而有利于解教后延续治疗和巩固疗效,防止复发。

(四)强化职业技能训练,实现与社会无缝对接

民警通过档案和交谈发现,该戒毒学员多次吸毒跟无固定工作以及接触不良环境有关。管理民警认为要纠正她的错误思想,必须为她将来出所后的出路谋划。戒毒所内有专门针对服装加工的职业技能培训,但是施芳田对习艺劳动并不投入,经常是勉强完成劳动任务。此时戒毒所和杭州某美容美发培训中心合作推出了一个职业技能教育的新项目——美容技能培训,考虑到施芳田做过化妆品推销,可能喜欢这个职业。于是,主管民警专门和她谈话,告知她所内将举行美容师技能培训,希望她能把握这个学习机会。2009年10月,该所举办了为期3个月的美容师技能学习培训,施芳田与其他20多名强制隔离戒毒学员一起顺利完

成了学业。在学习技艺过程中,美容院老师和民警一起针对女强制隔离戒毒学员开展职业道德教育,告诫她们只有心灵美和外表美结合起来才是真正的美,要从改变自己矫治状况入手去塑造全新的自我。

为了给强制隔离戒毒学员提供更好的就业帮教服务,所里与美容美发培训中心签定了合作协议,实现了长效的全面合作发展机制。施芳田和其他 20 名强制隔离戒毒学员一起参加了 2010 年上半年在所内举行的美容技能比武大赛暨美容班结业典礼。施芳田在比赛中展现了基础护理、晚宴妆、新娘妆、职业妆等方面的习艺技能,并顺利拿到了结业证书。在此次结业典礼上,连同施芳田在内的 19 名女教学员成为合作帮教的"受益者",与该美容学校签订了就业协议,美容学校答应其解除强制隔离戒毒后可以为她们安排落实工作。

七、解教回访

施芳田于 2011 年 2 月提前解除强制隔离戒毒出所后,进入该美容院从事初级美容师工作。1 年之后,随着工作的平稳,施芳田的生活逐步走上正轨。后来施芳田写信给主管民警,表示已彻底告别毒品,表达了自己对民警所做工作的感谢。根据美容院反馈,施芳田在岗位上工作踏实认真,已经在为申报初级美容师的目标努力。

【案例评析】

本案例的成功矫治是多方面努力的结果。

1. 对于偏执型人格障碍的强制隔离戒毒人员,要求民警调动各方积极因素,付出足够的耐心与恒心,进行以心理治疗为主的、长期的治疗,治疗中关键是采用认知治疗的方式,在建立正确认知能力的基础上进行其他的心理治疗方法,对于不良行为以及因此而导致的生理异常,可采用行为治疗以及临床医疗等方法予以纠正。在实际工作中,要求民警普遍具备一定的心理学知识,同时具有一支专业心理治疗队伍和医疗队伍,配备相应的医疗设备等。

2. 戒毒场所能按照"向前延伸"、"因人施教"、"无缝对接"的要求,积极拓展职业技能教育培训项目和就业合作机制,做到针对社会需求和戒毒人员的自身需要,合理选择培训项目,突出了培训的实用性,为其解除了强制隔离戒毒回归就业创造了有利条件;戒毒学员施芳田能够通过职业技能教育树立正确的就业观,并顺利完成了从违法者到社会公民的角色转变,使自己摆脱了毒瘾的诱惑,这是必备的主观条件。

3. 主管民警能够注重对施芳田的教育矫正,以职业技能教育为载体,通过多种方法尤其是着重帮其树立良好的职业道德观和劳动光荣的观念,着重帮其形成良好的劳动习惯和团结协作精神,使其彻底摒弃颠倒无序的吸毒生活模式。

4. 得益于政府、人力与社会保障部门以及社会力量对于违法人员帮教工作的重视。只有真正把职业技能教育作为教育矫治实施的一项重要内容,积极探索符合场所实际的职业技能培训种类和教育方法,才能使劳教、戒毒人员真正学有一技之长,出所后做一个自食其力、遵纪守法的人。根据研究表明:社会支持对处于压力状态下的个体具有有益的缓冲作用。社会支持可以针对压力性事件,缓冲压力事件对个体健康的影响,保护个体免遭压力的破坏作用[①]。香港戒毒会针对戒毒人员开展的重返社会职前培训计划里就包含了要借助雇

---

① 施剑锋、马剑虹:《社会支持研究有关问题探讨》,《人类工效学》2003 年第 1 期。

主的支持,为参加者提供合适及配合市场需要的专门行业训练,以提升康复人士的职业能力及信心;另外还提到要透过康复人士在社区的工作成果及举办不同类型的社区教育活动,促进家属及社会对康复人士的认识及接纳。关于职业技能培训的具体内容,不仅仅是进行职业态度、技能及相关知识训练,而且在这之前要做职业性向测试及生涯规划培训,还要进行短期工作体验及工作转介①。这些内容也刚好给我们一个启示,强制隔离戒毒场所要重视戒毒人员的出所衔接问题,要充分利用现有的吸毒人员动态管控系统或社会化管理信息系统做好与社区康复工作之间的衔接,为戒毒学员出所后搭建一个融入社会、回归社会的综合矫治平台。

案例十九　精神活性物质所致精神障碍矫治个案

【案例呈现】

一、基本情况

秦李(化名),女,1988 年 3 月生,未婚,河南漯河人,汉族,小学文化,无业。2009 年因吸毒被杭州市公安局东新派出所拘留 10 天,后在社区戒毒,但未成功。2010 年 10 月 26 日因再次吸食海洛因入杭州市强制隔离戒毒所。2010 年 11 月 12 日转送入某强制隔离戒毒所,但因"精神障碍"被退回,后于 2010 年 11 月 16 日在杭州安康司法鉴定所鉴定为:"精神活性物质所致的精神障碍",又于 2011 年 1 月 14 日转送入强制隔离戒毒所。秦李是该所真正意义上收治的第一例"精神活性物质所致精神障碍"的强戒学员。

二、背景资料

秦李自幼生长情况不详,单亲家庭,有一个弟弟。适龄上学,学习成绩一般,小学毕业后主要呈闲散无业状态,偶尔做些生意。2009 年左右开始吸食海洛因,每两三天一包海洛因,2009 年因吸毒被杭州市公安局东新派出所拘留 10 天,后在社区戒毒,但未成功。2010 年10 月 26 日因再次吸食海洛因入杭州市强制隔离戒毒所。据强戒所民警介绍:秦李入所时面部表情怪异、挤眉弄眼、不断乱吐口水、行为动作多不能自控,对问话不予理睬或答非所问。经常做怪动作,傻笑,自言自语。个人卫生很差,晚上睡觉很差,白天生活不能自理。调查中其堂哥反映秦李在外面就是精神异常了。

三、存在问题

(一)躯体化症状明显,主诉痛苦

秦李入所时表情淡漠,目光呆滞,活动僵硬,行动迟缓,流涎不止,生活自理能力有缺陷,主诉颈部活动受限,右手背肿胀、疼痛,咳嗽,咳痰,每天登记看病,不停变换主诉,强烈要求

① http://direction.sarda.org.hk/intro.html

挂盐水治疗,并且固执地认为只有挂盐水才能减轻痛楚。

（二）反抗、暴力情绪日益激涨

秦李情绪很不稳定,入所后常因小事与其他学员发生争吵,并试图用肢体来警告对方,脾气很大,稍有不顺心的事,就开始发脾气,拒绝服用精神类药物,不服从日常管理,有敲桌子等毁物表现,反抗、暴力情绪逐步激涨。

（三）焦虑症状存在

秦李入所后由于自身疾病,在日常考核、奖励等方面无法和其他学员相比,2年的强戒时间觉得希望不大,只能混日子,加上受限于戒毒所医疗条件,致使自尊心与自信心受挫,增强失败感和内疚感,形成一种兼有恐惧或担忧的情绪状态。

四、矫正措施与原因分析

结合秦李的性格、心理及社会关系和生活经济现状,强制隔离戒毒所对此实施了一系列的矫正措施:

（一）排除装病可能,对症下药

秦李入所时神态的不正常,以及流涎不止,需要不停地用纸巾擦口水的情况,引起了医生的注意,在做了细致的观察和躯体检查后,医生排除了其装病的可能,并果断联系了湖州某医院的精神科专家,确定了秦李的上述表现为她目前正服用的某一精神类药(利培酮)引起的锥体外系反应。在精神科专家的指导下,逐步停服了利培酮。很快秦李停止了流涎,目光变得清澈起来,表情也生动了许多,行动也敏捷了不少。这给秦李带来了生活的希望,包夹学员反映,她变得开心了。不过秦李还是存在许多需要治疗的疾病,由于还有因生活自理能力缺陷,她患上了阴道炎等;长期的流口水,使得她口腔溃疡;行动的僵硬,使得她四肢酸痛;为此,她强烈要求挂盐水治疗,医生针对其情况采取了"避轻就重、二选一"的方法,即对于真正需要处理的病症如阴道炎、口腔溃疡等予以积极的诊治,在她提出挂盐水的同时,表面上同意她的要求,但是说明先给予其更合理的诊治方案,如效果不佳再挂盐水,有时使用安慰剂,然后让其二选一,就这样,不仅使该学员解除了身体上的病痛,也委婉地拒绝了她不合理的医疗请求。

（二）医疗与管教积极配合,纠正错误认知

秦李入所的当天,医生就及时向大队和中队反映了该学员的情况,确定为重点人员,要求严格按时服药,安排两人一组包夹,密切观察生命体征及思想动态,避免发生意外。管理民警积极介入,耐心细致的做好入所教育及谈话工作,在其解除躯体化不适的症状后,该学员的性格特点较为突出,表现为脾气火爆,爆粗口,有暴力行为的危险,由于有"精神障碍"的"王牌",许多学员不敢与之交流,秦李也以此理由,拒绝背小册子,医生采取了"故意消极法",即告诉她如果现在觉得背小册子确实困难,说明精神障碍疾病比较严重,需要调整精神类药物,并且目前只能安排学习,但是如果能积极背小册子,则可安排其他活动。管理民警也多次找她谈话,给了她一个台阶下。于是,秦李找到医生,表明自己能背小册子,疾病并没有严重,并希望能参加其他活动。医生趁热打铁,提出对秦李的进一步要求,需要秦李尽量克制自己,避免与其他学员发生口角和冲突,处理好人际关系。医生和管理民警及时沟通,对其安排了特殊的学习生产任务,在精神障碍症状缓解后,采取了普通化管理措施,即不特殊对待,不特殊询问,这对秦本人也是一种肯定,替她摘掉了"生人勿近"的帽子,与其他学员也有了进一步的交流,逐步开始适应。

（三）及时提供心理咨询和心理辅导

医生每天利用门诊的空余时间,积极耐心地倾听该学员的内心倾诉,帮助其倾吐压抑的感情,缓解消极情绪,建立良好的医患关系。在相互信任的基础上,对秦李的问题,适当提供必要的支持,给予鼓励,对于秦李表示关心和同情,在她提到自己由于自身疾病,在日常考核、奖励等方面无法和其他学员相比,2年的强戒时间觉得希望不大,只能混日子的想法时,医生采用支持性心理疗法、认知疗法,即采取劝导、启发、鼓励、说服、保证、消除疑虑等方式,来帮助和指导她分析认识当前所面临的问题,使其发挥自己最大的潜在能力和自身的优势,正确面对各种困难或心理压力,以渡过心理危机。让秦李充分认识到自己自知的局限性,积极反思自己的态度与观念,改变他们对自己所面临问题的看法,使病情缓解。

（四）定期精神科会诊,动态调整精神类药物

该学员所患的精神活性物质所致的精神障碍,危害及病情改变比较大,针对这种情况,医院及时联系湖州某医院的精神科医师来所内坐诊,根据病情变化,适时适量调整精神类药物,因为秦李出现了明显的锥体外系反应,停用了利培酮,但是随即出现了自言自语、无缘无故笑、突然站起来敲桌子等情况,对此及时加服了丙戊酸镁片进行控制,使得秦李的病情趋于稳定,随后秦李又出现了头晕等不适,医生查体时发现血压较低,并敏锐地感觉到是氯丙嗪引起的药物反应,于是又及时调整了药物剂量,并安排平躺休息,输液治疗,使得秦李的病情得到了缓解。

（五）生产劳动康复和文体活动辅助矫治

对于秦李来说,面对封闭式管理,两点式生活,由于各项生理机能的下降,疾病加深,如果得不到合理的疏导宣泄或持续时间过长,就会形成身心失去平衡的负性反应,在心理或情感上造成抑郁悲观、绝望无助等负面情绪。首先,对秦李进行了适当的劳动矫治,这样有利于转移注意力,促进矫治积极性,消除焦虑、抑郁情绪,缓解心理压力,重新点燃人生的希望。通过劳动矫治和一系列的劳动考核措施,使秦李形成一种积极向上健康的良好心态。其次,针对秦李自身特点,开展合适的文体活动进行辅助矫治,合理疏导消极情绪,比如,让秦李参与学员们的娱乐活动,在晚上时段,组织观看电视节目,参与篮球比赛,卡拉OK比赛。使得她开朗了许多,也增益了身心。

五、体会与经验

秦李是该强制隔离戒毒所收治的第一个精神活性物质所致的精神障碍的强制隔离戒毒学员。目前,秦李对自身的疾病有完整的自知力,性格也开朗了许多,能与其他戒毒学员和谐相处,能完成一定额度的生产任务,精神疾病控制稳定。从该个案较为成功的矫治实践中,我们得到了以下一些启示:

面对精神障碍的这类人群,他们的思维观念在常人看来很奇怪,而且变化也很快。在日常管理的同时,需要密切结合医疗,识破装病的可能,及时对症下药,其中,要引起重视的是一些精神类药物副作用,给这些人群带来痛楚的同时,也给日常管理带来了很大的困难。精神病医学知识显得尤为重要,这就需要配备精神类专业的医生,并且需要一定的诊治经验,动态对这类人群进行调整精神类药物。

在对其身体诊治的同时,还必须对心理加强疏导,心理咨询师可以进行初步咨询,但是

仍然缺乏经验,要进行动态包夹,完善谈话制度,及时发现问题,解决问题,避免发生意外。

精神疾病学员通过精神类药物控制症状、有自知力后,建议根据戒毒学员性格进行有针对性的管理和教育、以及生产劳动康复和文体活动等辅助矫治手段。只有多管齐下,才能达成良好的戒治效果。

【案例评析】

精神障碍指的是大脑机能活动发生紊乱,导致认知、情感、行为和意志等精神活动不同程度障碍的总称。精神障碍分类(CCMD－3),精神障碍包括器质性精神障碍、精神活性物质或非成瘾物质所致精神障碍等十大类型。[①] 精神活性物质所致精神障碍是指与精神活性物质(简称物质)相关的精神障碍可以分为两类:一类是精神活性物质使用障碍(物质依赖障碍和物质滥用);另一类为精神活性物质所致的障碍,包括以下十种:①精神活性物质中毒;②精神活性物质戒断反应;③精神活性物质所致谵妄;④精神活性物质所致的持久性痴呆;⑤精神活性物质所致的持久性遗忘障碍;⑥精神活性物质所致的精神病性障碍;⑦精神活性物质所致的心境障碍;⑧精神活性物质所致的焦虑障碍;⑨精神活性物质所致的性功能障碍;⑩精神活性物质所致的睡眠障碍。[②] 该个案属于第六种。诊断清楚,是治疗的起点。重点在于针对这类病患的治疗,应该是药物治疗和心理治疗的统一。个案里提到药物治疗需及时邀请精神科大夫参与,这体现了当前戒毒场所急缺精神科专业人士的现状。个案中提到的鼓励和支持病人参加生产劳动康复和文体活动等措施都是支持性心理治疗的内容,有助于病人的康复。个案还有一个启示就是在治疗中医生还要善于捕捉病人的心理,灵活运用各种方法,最大程度调动病人积极性,以便让其主动遵守戒毒机构的戒治常规管理。

案例二十　艾滋病戒毒人员成功转化的三则案例

【案例呈现】

案例一:杨然(化名),男,1986 年出生,汉族,小学文化,云南人,因吸食毒品被台州市玉环县公安局决定强制隔离戒毒 2 年,2011 年 12 月 28 日确诊 HIV 阳性,于 2012 年 1 月 4 日转入省某强制隔离戒毒所 HIV 专管中队,1 月 4 日开始在该所三大三中队接受戒毒治疗。在该员转入所后,一直无法面对被传染 HIV 的现实,感到自卑、怨恨、厌世和绝望。认为得了这种病反正离死已不远了,对将来也不抱任何幻想,所以就放任自流、自暴自弃,回避困难,对戒毒也不抱希望,不能严格遵守所规所纪,自律意识差,意志力薄弱,经心理测试发现,

---

① 精神障碍包括:0.器质性精神障碍;1.精神活性物质或非成瘾物质所致精神障碍;2.精神分裂症(分裂症)和其他精神病性障碍;3.心境障碍(情感性精神障碍);4.癔症、应激相关障碍、神经症;5.心理因素相关生理障碍;6.人格障碍、习惯与冲动控制障碍、性心理障碍;7.精神发育迟滞与童年和少年期心理发育障碍;8.童年和少年期的多动障碍、品行障碍、情绪障碍;9.其他精神障碍和心理卫生情况。

② http://baike.baidu.com/view/156582.htm

该员存在一般的心理问题。同时该员多次联系亲人时都只字未提自己的病情,害怕自己家人受不了打击,因此心灰意冷,出现轻生念头,准备破罐子破摔。根据其实际情况从以下三方面入手:

一是从解决心理问题入手,运用心理康复方法对杨然的畸形心理进行矫正,消除其对HIV的恐惧,排除心理障碍,对其讲解关于HIV的知识,让其对民警产生信任,并积极配合矫治,摆脱自卑、怨恨、厌世和绝望,情绪低落等症状,增强心理调适能力和适应能力。二是通过思想教育和形势教育,增强对毒品危害和HIV的认识,在正面教育中进行暗示和鼓励,利用戒断成功的典型事例和感染HIV正常生活几十年的案例,使其认识到戒断毒品是可能的,只要平时生活规律,感染HIV也并不可怕,事在人为,关键是其有没有强烈的主观愿望,从而增强戒毒的信心。三是进行行为矫治,对其严格管理,增强法制意识,使其逐步用行为规范约束自己,加强行为自律,学会一技之长,增强社会责任感,提高社会适应能力。在日常矫治中发掘其闪光点,及时进行鼓励,使其感受到成就感,找到自信,树立生活信心,磨炼坚定的戒毒意志,增强克服困难的信心和勇气。通过三方面的教育矫治,杨然进步很大,戒毒效果成效显著,对违法犯罪认识深刻,法制观念显著增强,能严格遵守所规所纪,努力参加学习,努力矫正恶习,积极参加各种活动。在课堂教育中,主动帮助他人辅导功课;在矫治过程中由于其表率的遵守纪律,多次受到中队民警表扬,近期矫治表现良好。

民警思考:虽然艾滋病病人表面上看起来与常人无异,但他们的内心是异常的敏感和脆弱的。朋友的离弃甚至背叛、亲人的决裂、社会公众的歧视和排斥,使得他们对管理民警有着惯性的抵触和不信任。而我们如果总是以教育者的姿态自居,那么我们与他们的心理距离就比较远,我们的感化和教育往往到达不了他们的内心深处,难以引起共鸣。因此,如何以诚心感动对方,取得对方的信任,就成了个别教育能否成功的关键所在。

案例二:戒毒人员赵铭(化名),38岁,贵州人,因吸毒被判强制隔离戒毒2年。赵铭2012年2月入所,在一次新入所人员队列训练中,他表现散漫并中途要求休息。当时的执勤民警当即训斥了他。认为这是对民警的不尊重,也许是民警的言语刺激了他,他立即激动起来,大声喧哗,顶撞民警。此时主管民警与另一名民警闻讯赶到,将赵铭带走,才避免了事态的进一步恶化。在隔离了两天之后,主管民警找其个别谈话,当问他反省得怎样时,他不服气地说:"反正我在你们手上,你们爱怎么处理怎么处理好了,没什么好反省的。"民警笑着对他说:"谁说我们一定要处理你啊。"听了这话他显得有些不敢相信。民警接着告诉他每个人都有自己的性格、脾气和尊严,虽然你犯了过错,但你同样也是人,你们得了这种病,心急如焚更容易暴躁和激动,这些我可以理解。当说到这里时,赵铭的话匣一下子打开了,他向民警诉说了自己的悲惨经历,原来他被同乡骗吸,送到这里才被告知得了艾滋病,当时脑子一片空白,非常绝望,对什么都无所谓,脾气也暴躁很多。那天民警的训斥使他多日积蓄的情绪一下子爆发出来。听到这里民警觉得矫治有望,便就事论事,指出他的行为违反了所规队纪按理应当处罚,但是考虑到他一入所就被处理对今后的矫治不利,决定给他一次机会,如果他肯深刻反省,并在中队公开向民警道歉,此事将不予追究。赵铭听后对民警的深明大义甚为感动,表示愿意向民警道歉,并在今后好好矫治。如今,赵铭已成为中队的卫生员,每天主动打扫卫生,做的是最苦最累的活,由于他的任劳任怨,中队考虑其当组长。

民警思考:由于性格、情绪等原因,少数HIV劳教和戒毒人员会发生顶撞甚至产生对抗情绪。部分民警往往出于保全面子的需要而采取简单的方式。然而,这种做法往往收效甚微反而易使矛盾升级。由于关押的是艾滋病劳教和戒毒人员,其强烈的自卑感和绝望感,使得其极易受外界因素的干扰而产生易怒和冲动的情绪,如果我们民警平时不注意,采取简单粗暴的方式处理,非但解决不了问题,反而可能给自身的安全带来巨大威胁。因此,遇到这类情况应当采取积极有效的处理,最好的办法就是冷处理——对戒毒人员实行隔离。同时在教育过程中应注意细节,做到宽厚待人,以德服人。

　　案例三:张泉(化名),2011年10月因吸毒被强制隔离戒毒2年,此次已是他第二次强制隔离戒毒,该戒毒人员平时显得自由散漫,我行我素。中队民警找其谈心,总是问一句答一句,对自己的情况遮遮掩掩,避重就轻。表面上看似乎也服从分配,安排其做什么,他也基本能完成,但是他相对封闭自己。在思想上从没有真正认识自己吸毒所犯下的罪错,加之家人得知他因吸毒染上了HIV已经对其丧失了信心,不管不问,导致其对自己的矫治已没有了信心,认为反正自己是个没人关心的人,活得这么累干什么,因张泉对中队民警极不信任的态度,故在对其教育的过程中因不了解其经历及吸毒原因的过程,很难对症下药。这种情况下必须要找到突破口,才有可能做到真正掌握张的思想动态。一天下午,该戒毒人员情绪极不稳定,在习艺劳动时,心不在焉,注意力不集中,看到这些情况后,民警就把他叫到教育室了解情况,刚开始,张泉坚称没什么事。民警见他不愿多谈,就对他说:"你不想说,没关系,但你今天下午情绪不好,就不要参加习艺劳动了,不然的话,有可能操作不当会伤了自己。"听了这些话,张泉再也没法控制自己的情绪,眼泪不停地流,并向民警讲起了自己为什么会走上吸毒的道路,以及家人对他的失望。期间,民警没有因为过了下班时间,打断他的叙述,而是继续真诚地听其倾诉。使他在倾诉的过程中,尽情地释放情绪,从其倾诉也进一步了解该戒毒人员。民警与戒毒人员好比两条平行线,若之间没有架起桥梁,始终就没有交汇点,必须与戒毒人员搭起一座沟通的桥梁,否则只能隔界相望。

　　与此同时,民警利用休息时间通过搜索查找了很多关于关爱艾滋病人的宣传片,并把这些教育片在中队播放。其中有段视频讲述的是一名美国籍艾滋病感染者成功治愈的例子(2009年),通过这些专题教育,使张泉以及其他HIV戒毒人员对未来充满了希望。

　　民警思考:在戒毒场所,每个HIV戒毒人员都有自己不同的经历,因而出现不同的情绪也是人之常情,出现戒毒人员闹情绪的情况,我们部分民警往往定性为消极矫治,甚至对戒毒人员采取惩罚等措施。然而这样做非但解决不了问题,反而会使问题更加严重化。因此,遇到类似的情况,我们应当采取"一把钥匙开一把锁"的教育方法,要认真研究罪犯行为表现的缘由,进而采取有的放矢的措施,提高个别教育的针对性。

【案例评析】

　　从这三例HIV戒毒人员的成功矫治中,我们可以看出:HIV戒毒人员之所以特殊,是因为他们的成长史异常复杂,导致他们过早的接触并依赖上了毒品,而感染疾病后又面对整个社会的歧视,心中没有阳光。进入强制隔离戒毒所后,由于他们对自己的病情缺少应有的了解,很多人无法接受管教现实,存在绝望心理,在行为上放任自流、自暴自弃。该三个案例当中管理民警意识到了HIV戒毒人员的这些心理特点,首先在观念上把戒毒学员既当作"违法者",又当作"受害者"和"特殊病人"来对待;其次在矫治过程中充分运用了激励作用,运用生活激发、鼓励、表扬等正向激励手段,传递了民警对戒毒人员的理解之情、尊重之情、关心之情,打开了戒毒学员的心灵之窗。人人需要激励,HIV 戒毒人员也一样需要激励,激励有时候就是开启心智的钥匙。虽然艾滋病病人厌世、绝望,对未来的生活缺乏信心,但他们当中也不乏有才华、有手艺的人。如果能在教育过程中善于发掘"精神增长点",学会把握各种实际,变换各种形式进行"移情体验",并适时进行确认和激励,必然能帮助 HIV 劳教和戒毒人员重新拾起生活的勇气和信心。最后,尝试运用集体教育和个别教育的各种手段,将政策教育、现实矫治、前途鼓励结合起来,更多地给予人文关怀以及人性的力量,因此实现了戒毒学员的成功转化。

第六章　强制隔离戒毒人员心理咨询与治疗案例及评析

案例二十一　让迷失的心灵找回温情
——抑郁症戒毒人员心理咨询个案

【案例呈现】

一、基本情况

唐妙(化名),女,汉族,出生于 1978 年 3 月,福建省福清市人,小学文化。家中兄弟姐妹 6 个,父母健在,与家人关系不好。2009 年 8 月因吸食海洛因被决定强制隔离戒毒 2 年。

二、吸毒史

1998 年 7 月曾因吸毒被强制戒毒 3 个月。2002 年 8 月因吸毒被劳动教养 1 年。2004 年因吸毒被强制戒毒 4 个月。

三、一般性资料

(一)来访者主诉

近七个月来觉得心里很压抑、烦躁,很想找人吵架或打架,无缘无故就想发火,经常躲在厕所哭泣,整个人好像要爆炸一样。晚上失眠、多梦。近期都没有正常进食,看到米饭就想呕吐,没有一点食欲,只能吃一些稀饭和馒头。对自己一点想法都没有,很想就这样死掉算了。

(二)个人成长史

据该来访者口述,从小父母对自己的要求就非常苛刻,经常拿自己与他人对比,经常在自己面前表扬别人家的孩子,说她多少没用,并且在其十岁时,母亲因其不争气,还拿了一瓶敌敌畏让她喝下去死掉算了。所以从小她就觉得对父母没有亲切感,十分抵触,也很少回家,平时经常住在其奶奶或姑姑家。小学毕业后就跟着堂姐出来混社会。在认识了男友后,自己很快便吸毒上瘾了。从此便开始了买毒吸毒的生活。20 岁时第一次被强制戒毒。从戒毒所出来后,因为想换一种生活,便与男友到了珠海。因为去广东投靠的人是在福建时一起吸毒的朋友,所以非但没有戒毒,反而毒瘾越来越大,一直到后来看到这位朋友因毒瘾发作无法忍受，跳楼惨死，自己才清醒过来，觉得自己不能这样下去了，要不然真的完了。于是又回到了福清，开了福清第一家盲人按摩院，过了几个月的正常人的生活。但是随着钱包慢慢地鼓了起来，以前的毒友又来找她，加上自己的男友一直没有戒掉毒瘾，自己也觉得有一些心烦，又回到了吸毒的生活中。2005年，家里在台湾给她找了一个很有钱的老头，因为老头没有子女，自己又贪图他的钱财，总觉得将他骗好了，将来的财产肯定是给自己的，所以唐妙办了一张假的身份证过去与那个男人结了婚，从此便开始在台湾和大陆之间两头跑。但吸毒的事一直是瞒着丈夫的，而且还从丈夫那里骗来钱与男友一起吸毒。一个很偶然的机会，唐妙发现男友在外面有女人，与他大吵一架后只身一人去了宁波。后来因吸毒被送到省女子强制隔离戒毒所强制隔离戒毒了。

（三）心理测验

表 5-1　SCL-90 症状清单各因子测试分

因子得分	躯体	强迫	人际	抑郁	焦虑	敌对	恐怖	偏执	精神	生活
	2.63	2.5	2.45	2.9	2.7	1.8	1.5	2.3	1.9	1.8

通过量表显示唐妙呈阳性症状的因子项目数（≥2）是躯体、强迫、人际、抑郁、焦虑、偏执6个因子，也就是说其有强迫思维症状、感觉身体不适、人际关系紧张、精神抑郁、焦虑、并且性格偏执。

SDS 自评量表分值为 72 分，为中度与重度抑郁的临界点。

四、观察和他人反映

（一）咨询师观察

来访者唐妙人很瘦、很黑，神情萎靡，刚进咨询室时一直在哭泣，掐自己的手臂，表情十分痛苦、无奈。语言中表示有想轻生的念头，说自己很痛苦，让我救救她。

（二）民警反映

唐妙刚入所时情绪一度非常低落，因为担心她台湾的老公知道其吸毒而与自己分手，如果这样自己将得不到老公的财产，怕自己竹篮打水一场空。后来唐妙的父亲与老公过来接见过她，老公也表示会原谅她的，只要她能痛改前非，所以接见以后唐妙情绪好转。但今年春节以后，其情绪却再度低沉，与组员关系相处很不好，很多组员都表示这人有点莫名其妙，饭量也减少很多，尤其是米饭更是不想吃，还经常躲在厕所间哭泣。

（三）学员反映

最近不知道怎么回事，越来越任性，越来越孤僻了，脾气也很坏，总觉得大家都要让着她，好像我们欠她似的。平时提醒她所规队纪时，她也很抵触。

五、评估与判断

SCL-90 测试结果表明该来访者心理健康状态差，特别是抑郁、焦虑症状明显，有强迫自己的思维现象，情绪沮丧、悲观，行为偏执，食欲减退。SDS 自评量表显示该来访者为重度抑郁。综合分析所获得的临床资料，判定为抑郁症。

六、病因分析

1.生理原因：来访者唐妙 32 岁，有近 16 年的吸毒史。

2.社会原因:(1)因从小父母对其要求太高,性格非常叛逆;(2)因吸毒时间太长,而且长期过着居无定所的生活,故亲情观念淡漠;(3)相处了十几年的男友与自己分手,而且自己还自认为为其牺牲太多,受到打击太大。

3.认知原因:(1)认为是因为自己吸毒才将奶奶害死,家人肯定非常恨自己,无法原谅自己;(2)母亲是一个非常势利的人,将钱看得太重,无视自己的存在;(3)自己与丈夫结婚,自己就是唯一的法定继承人,丈夫的财产非自己莫属,如果这笔财产没有被继承,那么自己还不如死掉算了。

七、制定咨询目标和方案

（一）咨询目标

具体目标和近期目标:(1)改善情绪低落、焦虑不安的现状,改善睡眠,增强食欲。(2)改变错误认知,纠正错误评价。

最终目标和长期目标:在上述目标改善以后,进一步改变其错误认知,重建正确的认知模式,树立自信和热爱生活的态度,促进心理健康发展,以求完善人格。

（二）咨询方案

针对来访者系抑郁症,并且谈话时流露出的认知偏差、自我评价过低,对生活失去信心等情况,对此采用认知疗法。

八、具体咨询

第一阶段(2010年4月15日):建立良好的咨询关系,进行摄入性谈话

同组人员汇报,唐妙在厕所哭了很长时间,怎么劝她都不听,并且口口声声说自己不想活了之类的话。咨询师将唐妙带至心理咨询室。初次谈话唐妙比较抵触,不愿交流。出于对来访者的尊重,并且想建立良好的咨询关系,咨询师没有追问。

以下是咨询片段(咨询师简称咨、来访者简称唐):

咨:"为什么哭得这么伤心?"

唐:"我也不知道,我觉得人很难受,像要爆炸一样,很想打人。"(抓头发,掐手臂的动作。)

咨:"是不是有人欺负了你?"

唐:"没有,我只是对自己很失望。"

咨:"如果有人欺负,你就大胆的告诉我,我会去了解情况的。"

唐:"真的没有,我只是想大哭一场。"

咨:"这里人太多,要不我们去宣泄室吧。"

唐妙同意后去了宣泄室,半小时后从宣泄室出来。

咨:"感觉好点没?"

唐:"哭得很舒服,我现在想回去了。"

咨:"好的,那我们今天就谈到这吧,如果想找我,我随时欢迎你。"

当晚咨询师从唐妙所在小组的学员中了解到唐妙去了宣泄室后更气了,因为那些橡皮人根本打不倒的,打下去,它又起来了。还有学员反映,唐妙对其所在生产线的线长和自己小组的组长有意见,认为她们看不起她。

第二阶段:(2010年4月17日)

1. 与唐妙进行深入交谈,发现并指出其戒治生活、家庭、人际关系等问题上的非理性信念,让唐妙了解自己的问题,是这些非理性信念导致她现有的情绪困扰的。

2. 向唐妙介绍合理情绪的疗法。

3. 用厌恶疗法,当其情绪冲动时能够及时提醒她。

4. 作业布置:(1)要求唐妙主动协助组长进行小组事务的管理,从而能够站在他人的立场上考虑问题。(2)仔细回忆成长过程中,父母对自己的关爱,思考一下父母现在对自己的态度的产生原因。

再次约见唐妙,唐妙的情绪较前天稳定,从她的眼神中也看出想交流的愿望。言谈中唐妙流露出对自己所在生产线线长和所在小组组长有不满的情绪。

咨:"为什么对线长和组长有意见呢?"

唐:"我觉得她们都自以为自己了不起,拿着手中的权力来压人。做事情很不公平,而且说话都很狂妄。"

咨:"那么你给我讲讲她们到底做事有哪些不公平。"

唐:"线长分配工序总是照顾关系好的,而且仗着在警官面前得宠,跟我们讲话时总是趾高气扬的。组长也一样,讲话时总是有一种很压人的气势,真让人受不了。每次看到他们讲话时高高在上的样子,我就想从冲上去跟他们打架。"

咨:"我发现这段时间生产上你都能排在前五名,当然这首先得归功于自己努力的结果,但你的努力还是得到了一个公正的回报,并没有因为线长的不公平而让你的努力白费。你们组长也是,讲话虽然大大咧咧,但对组里的事情是非常负责的,你们小组在大队的活动中拿到的奖也最多,就像那次她组织你们练手语操,如果大家都像你一样不愿练习,那你们能拿到第一名吗?"

唐:(沉默无语。)

咨:"人无完人,不能对别人太苛刻,其他学员反应她们俩都还是不错的。能力强,警官是会对她多一点青睐,这也是人之常情,其实你的能力也是很强的,如果有机会,自己也要好好把握,让警官看看你的能力。"

唐:(点点头。)

咨:"你现在跟家人关系怎么样?"

唐:"不好,我爸妈本来就很讨厌我,现在在这里每次打电话回家都是要钱,所以我爸妈一接电话就骂我,他们让我在这里自生自灭。

我一直觉得妈妈是一个非常势利的人,给她钱时她喜笑颜开,如果向她借点钱,她又是另一幅面孔。"

咨:"你吸毒那么多年,是你给家里的钱多还是家人被你骗的钱多?"

唐:"是家人被我骗的钱多,这十几年我少说也吸掉了几十万。"

咨:"你们家也是普通的农民家庭,虽说这几十万不全是家里拿出来的,但可想而知,家里被你祸害的肯定不轻,你还想让父母用怎样的态度对你?换成你也会像你父母一样的。"

唐:(点头默认。)

谈话结束后咨询师征得唐妙的同意,安排她做了心理测试的相关量表,并就量表显示的结果向唐妙作了解释。

咨询师试图与唐妙的家人取得联系,起先他父母对咨询师的态度非常冷淡,表明早就当这个女儿已经死了,让咨询师不用再打电话过去,而且不等咨询师讲完就把电话挂了。但经过多次的沟通,其父态度有所转变,有一次咨询师问他:"唐妙是您最小的女儿,几个孩子中是不是最疼她?"唐妙的父亲哽咽着说:"当然了,所以我们对她的要求也最高,没想到这孩子会这么不懂事,竟然走上了这条不归路。"咨询师劝慰唐父:"孩子是自己生的,就算在外面碰得伤痕累累,最后能接纳她的只有父母。以后唐妙如果打电话回家,希望你们能够好好地跟她讲,不要再大声责骂她了,唐妙这边的工作我也会尽力去做好的。毕竟我们都是希望她能改好的,所以我们大家都要尽力。"与此同时咨询师多次找唐妙谈话,将父亲的意思转达给她。

第三阶段(共谈话5次)

1.唐妙回顾自己的成长史;

2.与唐妙一起讨论不合理信念的产生原因,并且共同分析这些不合理信念与产生情绪困扰之间的关系。

3.通过角色扮演等游戏,指导唐妙放弃或改变不合理信念,帮助其重建对事物的理性信念。

4.作业布置:要求唐妙写信回家,真诚地向父母亲道歉,请求原谅。请家人能够参加帮教活动。

4月28日今天唐妙见到咨询师非常高兴,主动要求与咨询师谈话。详细地与咨询师讲了自己的成长史,并且述说了自己为何会对父母产生那么大的意见。

唐:"是的。谢谢你!我昨天打电话回家了,出乎我的意料,我爸对我说话非常和蔼,第一次我打电话回家爸爸没有骂我,他说是你打电话给他的,做了他很多思想工作,所以他觉得他还是要尽最后一次做父亲的责任,他还是希望我能够改好。很多年了,爸爸没有对我这么客气地说过话,你能不能多帮我打打电话回家劝劝我爸爸,我到昨天才发现,我其实还是很在乎我爸爸的。"

咨:"你不要怪你父母,他们对你这样都是你自己不争气造成的,你现在想要他们转变对你的态度,首先你要让他们看到希望,看到你想重新做人的决心。"

唐:(点头应允。)

咨:"最近在组里跟组员有没有发生过争吵?"

唐:"没有,每次我想发火时就弹一下手上的橡皮筋提醒自己,克制自己不要发火,而且我也有协助组长做好小组的事情。"

咨:"克制自己的火气不是一天两天的事情,要经常性地提醒自己,慢慢的你会发现你也能变成一个有修养的人了。其实人与人相处最主要还是靠自己的,你只要像现在这样努力一段时间,别人会渐渐喜欢上你的。"

咨询师再次从唐妙组里的几位学员了解到唐妙这段时间在小组确实有进步,也能与别人好好讲话,没有以前那么讨厌了。而且她协助组长做事情,还挺公平的。近期她饭也吃得比以前多了,以前基本不吃饭,现在她用水泡饭,能够吃下半碗多。咨询师要求学员们也要以真诚的心去对她,不要计前嫌。

第四阶段(共谈话3次)

1.引导唐妙学会释放压抑情感,管理自己的情绪。

2.引导唐妙用真诚的心与人交流,并分享她的快乐。

3.请医生给予必要的药物治疗。

5月26日咨询师约见唐妙,再次要求其做了一份SCL-90症状自评量表与SDS自评量表,结果显示:

表 5-2　SCL-90 症状清单各因子测试分

因子	躯体	强迫	人际	抑郁	焦虑	敌对	恐怖	偏执	精神	生活
得分	1.83	2.5	1.22	1.92	1.50	1.17	1.43	1.00	1.30	1.86

通过量表显示唐妙呈阳性症状的因子项目数(≥ 2)只有强迫症状1个因子,也就是说其余各项因子得分都已正常。

SDS自评量表分值为56分,趋于正常。

九、咨询效果评估

(一)来访者自评

能够与小组的人相安无事的相处,因父母能够再次接纳自己,也不感到那么无助,进食情况好转,晚上睡眠正常。

(二)小组学员评价

唐妙近来能与我们有说有笑了,而且还主动教组里两个生产做得慢的学员一些技巧,不向以前那样蛮横无理了。

(三)大队民警反应

唐妙近期与他人沟通交流明显较以前增多,各方面基本上都能够达到所规队纪的要求

(四)咨询前后两次心理测试结果比较

症状明显减轻。

(五)咨询师评价

通过观察,唐妙目前能够有效控制自己的情绪,被不良情绪困扰的时间大大缩短。能够与不合理信念进行辩论,逐渐恢复到正常的戒治生活当中。

【案例评析】

抑郁症是吸毒成瘾者的高发心理障碍。这个个案成功矫治的背后,与其说是得益于咨询师运用认知治疗以及沟通技术,还不如说更多体现在以下三个方面,一是培养来访者对痛

苦反应的自我管理能力,让其在面对父母关系时能够辨清哪些是自己的责任,能够认清自己产生的不合理信念以及负性情绪。二是通过各种途径提高其人际交往的能力和社会支持度。通过治疗,让她反思与组长组员之间交往关系中错误的归因方式和以偏概全的思维模式,让其在反思中建构起正确的人际评价尺度;还通过联系她的家人获取家人对她戒毒的支持,帮助她矫治不良的心理及行为。调查显示,吸毒群体社会支持较正常人要缺乏许多,而社会支持的缺乏使个体在应付各种问题时更容易处在应激状态中,同时也容易采取社会不接受的行为来平衡自身的心理,如吸毒。三是源于对吸毒者应对压力和管理情绪方面能力的关注。针对来访者容易愤怒的心理特点,告诫她如何克制脾气的具体方法,使其学会应对和处理生活压力事件。因此,这个个案给我们一个启示,针对吸毒成瘾者的戒治不仅仅要注重心理障碍的治疗,还要注重培养积极的心理特征,引导她们学会如何避免启用错误的心理防御机制,学会应对各种压力和挑战。

案例二十二 改变"固着"的信念
——强迫性心理障碍戒毒人员的心理咨询个案

【案例呈现】

一、初诊时的基本情况

方平(化名),男,27岁,有6年吸毒史。因吸食冰毒于2009年2月被强制隔离戒毒2年。

自述情况:"我近段时间来时常有一种可怕的念头,就是想杀死自己的母亲和弟弟,虽然我不愿意这样想,但控制不住,我很苦恼,心里很紧张。其实我真的很爱我的母亲和弟弟,但不知为什么会出现这种可怕的念头。我对我的这种要害死他们的念头实在忍受不了。我在家中是老大,弟弟比我小四岁,小时候,我必须照顾弟弟,凡事得让着他,还常常为弟弟背黑锅。我们闹矛盾时,妈妈总是偏向弟弟,说我以大欺小。在没有弟弟在场时候,父母对我也比较好的,后来,我感到弟弟夺去了父母对我的爱,而且弟弟什么都比我好,他成绩优秀,考上了大学。我成绩一般,初中辍学,和社会上不良的青年交往,染上了毒品,其实我吸毒是想引起家人的重视,让他们多给我关心。那时确实很恨弟弟,经常还会出现想他出车祸或生病死了的想法,但我也知道这种想法是有罪的。后来进入劳教所后这样的想法有所缓和。在前一个星期,我给家里打电话,妈妈责骂了我一顿,说我不争气,家里的脸都给丢光了,什么都不如我弟弟,随后我又产生了这个念头。近期我陷入压抑、忧愁中,怀疑自己的神经出了毛病。"

在最初接受该个案时,根据方平自知力强,对自己症状深感痛苦、求治心切、主动咨询及积极配合等情况,首先排除了精神病的可能性。方平的行为表现及症状根据《ICD-10精神与行为障碍分类——临床描述与诊断要点》中"F42强迫性障碍"的诊断标准:"强迫思维是以刻板形式反复进入患者头脑中的观念、表象或冲动,它们几乎总是令人痛苦的。(1)必须被看作是患者自己的思维或冲动;(2)必须至少有一种思想或动作仍在被患者徒劳地加以抵制；（3）实施动作的想法应该是令人不愉快的；（4）想法、表象或冲动必须是令人不快地一再出现。"初步诊断为神经症状强迫性障碍。

二、咨询过程

个案自 2009 年 7 月至 2009 年 9 月，历时三个多月的时间，先后进行咨询近三十次。其中集中咨询两个半月（先后咨询近二十余次），以巩固咨询效果为目的的支持性持续咨询半个多月。矫治过程大致分为以下三个阶段：

第一阶段：建立咨访关系，了解诊断病情阶段

在最初三次的咨询中主要围绕病情诊断、建立咨询关系。通过初始访谈，了解病情发生发展过程。并向同宿舍的戒毒人员、中队民警和方平家庭了解他的各方面情况。方平成长于一个过于严厉的家庭教育环境，长期形成了追求完美、事无巨细的个性特点，这是最终导致方平焦虑、强迫的主要原因。

首先对方平作了心理疏导，向他讲述了心理、生理的一般知识，心理疾病的内外部病因和一般规律，帮助其树立起治愈"心病"的初步信心。再向他重点阐述所患疾病的本质、特点，运用森田疗法，要求他以顺其自然的态度面对自己的心理疾病，不要过多地注意症状或勉强克制症状，以免增加焦虑和紧张。同时指导他把在劳教所的劳动、学习和生活安排得紧凑而有规律。

咨询之前先进行心理测试（SCL-90），以获得科学数据，了解方平个性、性格各方面状态，围绕方平的成长史、问题的起因及发展过程，确定了咨询目标：矫治强迫思维、远离毒品，重新步入社会、走入生活。

第二阶段：正式咨询阶段

在整个咨询阶段过程中，又分为三个咨询层面进行

1. 咨询的第一个层面：认知上的改变，围绕澄清方平心理困惑及问题开展的咨询。重点采用了认知领悟疗法，与方平分析其患病根源是小时候的心理创伤，在他幼年产生那种幻想时，就伴随着强烈的自罪感和焦虑，随着年龄的增长，这些带着仇恨和犯罪感的幻想都被压抑到潜意识里而不自知，但却并没有真正消除，内心深处幼年期未得以满足的愿望和对弟弟的敌视心理并没有消失。母亲的责骂，勾起了他幼年的心理症结，使他产生了这种可怕念头，但其已经认识到了那种忌恨与怨恨是不正确的，这就从根本上已消除了犯罪的可能。并告诉他，古怪念头人人都会偶尔冒出来，但一般人都不会多想多虑；噩梦别人也常会有，而大多数人都不会对此介意，应设法排除自己的念头，应当告诉自己"我根本就不会有那种谋杀念头，所以我再也不会害怕自己产生那种念头。"通过再三向他描述，要求他根据描述，结合自身情况写出自己的感受和认识。以上步骤咨询用了两周时间。

两周后，方平已经有所领悟并认同于分析、阐述，但有时还出现可怕的念头。针对这种情况，指导他做行为实践锻炼。采用思维阻断疗法来抑制强迫症，第一阶段的咨询程序如下：

首先，指导方平进入放松状态。接着，要求他关注想象那个使自己烦恼的谋杀念头。然后，要求他在自己有清楚的谋杀想象和念头时，就竖起食指示意，一旦他竖起食指，我们就大喝"停止"，并用力拍击桌子，他也随之大声命令自己"停止"。休息两分钟之后重复上述步骤。

又过了两周后,开始进行第二阶段的咨询。第二阶段的咨询程序与第一阶段大致相同,只是在第二步骤时不再拍击桌子,仅仅发出大喝声。进行了三次这样的咨询后,明显发现咨询很有效果,于是进入第三阶段的咨询。在第三阶段中,不再大喝一声"停止",而仅要求他大声命令自己"停止"后不久,进入第四阶段的咨询,让他改用小声命令自己"停止",在最后的第五阶段中,要求他在发生强迫思维时,自己在心里默念"停止"。在上述每个阶段中准备进行了二十次阻断,两个月后,他的强迫思维症状逐渐好转。

2. 咨询的第二个层面:行为上的改变,围绕远离毒品,重返社会的治疗。针对焦虑、强迫性思维特点的认知及行为——情绪疗法,与他做合理的自我分析。

问题:每次在戒毒所打亲情电话或是会见听见母亲责骂,就非常恐慌,担心不管自己了。只要母亲打电话的声音不对劲,就感到焦虑,有压力,非常不舒服。一旦母亲声音和蔼,才感到好些。但一旦责骂,一切焦虑和烦恼又回来了,又产生可怕的念头。

诱因(A):每次打电话母亲责骂。

信念(B):(1)母亲只要没有不顺心的事就必然对我疼爱,只要声音不对劲,就必然是在生气。(2)我绝不能做错事,只要做一点错事,就不是好儿子,母亲就一定不理我。如果得不到母亲的关爱,我宁愿吸毒而死。(3)母亲对我的要求必定非常严格;她一旦不高兴,也必定是我吸毒惹的。

结果(C):在劳教所,每天紧张焦虑,什么都不想做,很难受。

辩论:在 B(1)(2)(3)中所列的观念符合逻辑吗?

(1)一个人只要声音不对劲,就必定是在生气,这对吗?

方平回答:好像不对,人在心情平静甚至有高兴的事时,也有可能声音不好听。人不可能有那么多烦恼,而只要不烦恼就表示关爱,就会很累。所以人们声音经常不会很好听。母亲与常人没有什么不同之处,而且有咽喉炎,所以声音也会有不对劲的时候。

(2)母亲责骂,就一定针对我吗?

方平答:不一定,母亲的生活中除了我,还有许多其他事情,比如工作、家事等。她即使责骂也不一定是因为我在劳教所做得不好,有可能是工作不顺心,家务繁重,或在外受了其他人的气,都有可能的。

(3)母亲责骂就是不想理我了,我就吸毒死了算吗?

方平答:不是的。应当想到人不可能不出错,如果我吸毒,母亲责骂,也是人之常情,这并不表明母亲不爱我了。

效果(D):通过协助方平自己与自己辩论,消除了紧张情绪。

要求方平与不合理的辩论反复做多次,达到以合理的信念代替不合理的信念。再做一次心理测试(SCL-90)结果多项指标有了明显好转。根据测试指标和他的各种表现,可确证:方平的强迫思维消除了,督促他把精力放在出所心理调适上,应当有目标、有计划地适应社会。

3. 咨询的第三个层面:环境的调整与改变,围绕方平的家庭开展咨询与沟通。

对方平的父母关于亲子关系的指导。(1)使家长对方平的戒毒改变要有信心,能以平和心态面对。(2)改变其父母以往的对方平严厉、求全责备的态度,宽容地接纳他。

通过上述咨询,方平基本达到了降低焦虑、缓解强迫症状,能在一定程度上控制自己的心态和与家人、同中队的其他戒毒人员和睦相处。

三、评估

咨询工作结束以后,各个途径的反馈意见表明本次对方平的咨询工作达到较好的效果。

（一）方平的自我评估

在咨询师的帮助下,在中队民警的教育管理下以及在家庭的支持下,重建戒毒信心,对自己的人生与未来充满信心,希望在戒毒所良好的环境中积极学习,掌握各种技能,可怕的念头消除了,心情也不再像以前那样焦虑。紧张、压抑,家人理解和接纳,感到现在的生活较为顺利,心情也比较愉快。遇到困难也知道用什么方法来帮助自己。

（二）管理民警评估

方平的精神状态有明显好转,能积极应对各种问题,特别是不再胡思乱想,也增强了对民警的信任和沟通,基本能按照所规队纪要求,履行好自己的责任和义务。

（三）心理咨询师评估

按照咨询的目标和方案对方平进行了为期两个多月的咨询,从咨询的整个过程和结果评估:方平能采取信任、配合的态度,在咨询师的帮助下,矫正认知,提高自我认知能力,增强了社会功能,初步重新建立认知结构,言行举止也基本符合社会规范,人格也逐步完善,心理健康水平得到提高。

（四）心理测试

通过(SCL-90)量表的前后对比,结果显示:方平躯体症状明显消除;强迫的思维和行为明显减少,焦虑、紧张情绪不明显;能够主动与人交往并参与集体活动。

表5-3　戒毒学员方平咨询前后SCL-90项目得分比较情况

项目	躯体	强迫	人际	抑郁	焦虑	敌对	恐怖	偏执	精神	生活	总分	总均	阳性	阳性均分
咨询前	2.00	3.43	1.56	3.08	3.10	1.67	1.14	2.17	2.50	1.80	207	2.30	78	2.70
咨询后	0.17	0.05	0.22	0.46	0.20	0.17	0.00	0.67	0.20	0.29	26	0.30	24	1.10

四、总结

吸毒者方平的强迫症基本围绕着降低焦虑和缓解强迫症状,减轻和放松精神压力,同时实施森田疗法、认知和行为疗法。强迫症的心理疾病一方面是自幼养成的性格特点,一方面是青春期的困惑,只有加强认识,并在心理咨询师的配合下采用恰当的咨询方法,才可能更快地消除忧虑,愉快坦然地面对人生。引导吸毒者改变生活方式,广泛交往,增加爱好,以生动活泼、富有情趣的生活来调剂刻板的学习和生活,才能有效远离毒品,适应社会。

【案例评析】

本案例提到了森田疗法、思维阻断法和认知领悟疗法等方法,用来治疗来访者的强迫性思维。其中森田疗法更多是应用其"顺其自然"的治疗理念,强调以顺其自然的态度面对戒毒学员的心理疾病,同时要求其把心思放到接受和服从强制隔离戒毒所的生活中去,从而形成规律的生活作息。当然,本案例没有展开森田疗法所倡导的具体的疗法,如绝对卧床期、轻微工作期、普通工作期和生活训练期等几个典型的治疗疗程均未作详细介绍。

思维阻断法运用步骤很清晰,完全按照五个常规程序展开。通过外部控制的手段,人为地抑制中断来访者的强迫思维,并且经过多次重复来阻止不良观念,取得了很不错的治疗效果。

认知法的运用则涉及了引导戒毒学员展开与自己内心不合理信念的辩论,通过逐步的辩驳、澄清,使他意识到自己内心深处错误的观念,从而消除了根植在自己原有信念系统中的错误信念,改变了其对父母原有的消极的看法。

从整个个案来看,治疗目标非常明确,治疗效果也很清晰。如果我们希望戒毒学员出所后能够保持积极思维,始终做到尽量避免由生活情境不顺利而引发这种条件反射式的、强迫性的思维模式的话,则应当在后续教育矫治中重视给予其更多的自我训练的技巧。根据实践证明,自我训练是帮助成瘾者戒断毒瘾的一种较好的心理矫治方法。我们需要挖掘其心理最深处的问题,尤其是寻找强迫症背后的人格障碍问题,帮助他开展自我反思和自我训练,从而把矫正工作的效果延续到戒毒学员今后的生活中去。

案例二十三　抚平不安的心灵
——焦虑症戒毒人员的心理咨询个案

【案例呈现】

一、基本情况

张晓(化名),女,1959 年出生,小学文化程度,已婚,因吸毒被决定强制隔离戒毒 2 年。

二、咨询原因

该学员自 2009 年入所以来,一直担心害怕丈夫与其离婚,家人对其置之不理,整日忧心忡忡,情绪低落。久而久之导致她言语动作较少,烦躁不安、唉声叹气、固执刻板,常推脱有病不能参加劳动,在一次车间劳动时,一名学员和她开玩笑,张晓竟勃然大怒,面部肌肉痉挛,想冲上去打那名学员,幸亏被旁人劝阻,未造成恶性事故。

三、心理表现

1. 忧心忡忡、精神紧张、劳动消极、情绪低落。
2. 易怒、人际关系差、自我否定感强。
3. 近三个月来,长期失眠、头痛、不明原因的胸闷、心慌。
4. 遇事多逃避、自卑。

四、心理测试

在选用艾森克人格问卷(EPQ)测验及焦虑自评量表(SAS),对学员进行心理测量后,我把所得的数据及行为观察相结合,进行了比较分析。

1.行为观察:从对该学员入所前的表现和违法事实的考察来看,该学员入所前长期无业后交友不慎沾染上毒品;从对该学员入所后的表现来看,其在日常生活中言辞激烈而犀利,稍有不顺心就发脾气,可见其情绪较异常。

2.背景分析:该学员出生于 20 世纪 50 年代,成长于 60 年代,在当时的社会环境下,使得她特别看重自我形象,在挫折面前,逐步形成悲观无助的畸形意识,情绪反应迟钝,容易发生自虐行为,乃至使用暴力。该学员的家庭背景也是促成其畸形意识的一个主因。该学员由于长期无业,父母无靠,加上个人性格缺陷,固执己见,家人在多次劝阻无效后也放弃了对她的"信心",听之任之,这就导致了张晓的自暴自弃,同时又十分担心丈夫和她离婚,家人彻底抛弃她。

3.测试显示:EPQ 测试结果显示为较典型的外向性格,情绪不稳定,精神质过高。焦虑自评量表(SAS)评分为 62 分,为中度焦虑。结合张晓平时表现情况,认定其患有焦虑性神经症,如不及时治疗,不仅危害身心健康,还可能导致神经衰弱,并有发生事故的可能。

五、诊断分析

(一)环境因素

对于该学员而言,对其心理造成影响的环境因素主要有两个:一是强制隔离戒毒所的矫治环境,由于该学员自由散漫的习惯在入所后受到了限制,这在很大程度上让其产生了挫折感,再加上自己常感觉身体状况不好,但中队民警对其身体不适的说法常报以怀疑的态度,这使该学员也形成了一种挫折感;二是心理环境,该学员的家庭关系不是很好,丈夫想要离婚,家人对其的怨恨等在很大程度上改变了其正常、平和的心理环境,致使其长期处于紧张、烦躁、抑郁、压抑的心理环境当中,备受煎熬。

(二)社会因素

一般来说,学员入所前后亲情支持系统的变化很大,该学员在入所前的亲情支持系统是完全的,健康的,也是其赖以生存的稳定后方。但入所后,由于受家庭经济条件的限制和其他一些家庭因素影响,该学员的丈夫曾有意无意间向她暗示过有离婚的想法,家人也由于其复吸毒品所造成的伤害不愿意跟她有过多的联系,因此,该学员所赖以生存的两大主要社会支持系统几乎丧失殆尽,这给她带来了心理上的强烈失落感,对所内严格的管理方式和集体生活感到很不适应。由于身体的不适和情绪上的低落,她不愿意参加生产劳动,但又想多拿奖分,多减期,故产生了心理矛盾。

(三)个性因素

该学员性格缺陷、言谈粗暴、喜独处,往往在遇到一些棘手的或者困难的事情的时候,无法也不能及时沟通、倾诉和寻求建议帮助的方式进行排解或释放,而是寻求不理性的方式发泄。而该学员性格中的消极因素,包括思维简单、消极思想等,非但不能引导其通过自己的反思和反省,找出解决问题和弥补过失的方法,反而在不断的负性结果的思考和猜想当中加重了自己的心理负担,造成长期处于紧张、焦虑、烦躁的心理状态。

六、咨询目标

长期目标:提高该学员应对挫折的能力,提升其心理健康水平和环境适应能力,让她能以一个健康、乐观的心理对今后的矫治生活和回归社会后的工作和生活。

短期目标:让该学员能正确认知自己的现状,学会忍耐和承受,学会自我安慰和放松的方法,改善其紧张和焦虑状态。

七、咨询过程

确定咨询手段：认知疗法是一种系统的治疗理论和技术，目前这种疗法广泛应用于治疗焦虑症、抑郁障碍、社交恐惧症等。是一种十分符合监管理念，以人为本、有的放矢开展心理治疗的有效方法。所谓认知疗法也就是说，咨询过程中不能忽视咨询对象的主观能动性，这类学员经过若干次曲折之后，对自己的心理劣质已有了朦胧的认识，只是不知如何去自我调控。要明确告知其咨询目标，适度讲解有关心理和生理机能的联系。根据上述分析结果制定了方案。

治疗第一阶段：运用倾听技术建立信任，沟通情感

咨询师先运用倾听手法，认真听她的倾诉，看问题出在哪里。在咨询师面前，该学员多次提到她所谓的"病情"、提到她的家人，感觉家人对她很歧视，诉说她有一种被抛弃的感觉。听完后，咨询师向她表达了所内、中队对她的关注，并明确指出只要符合规定能帮助的一定会尽全力帮助她，这样，一下子拉近了我们之间的情感距离。同时，针对她说的情况，咨询师便问她，假如你长期这样下去，不出工劳动、不服从管理，会是什么后果，你考虑过吗？张晓回答说，那是没有办法的事。从她的倾诉来分析，丈夫目前并无要与其离婚的迹象。但张晓因情绪极端不稳，已出现思维能力受限制现象，不能全面的分析问题。因此，咨询师重点帮助她分析了她们之间的婚姻问题，明确指出问题并不像她想象的那么糟。张晓见分析得有道理，便喜欢开口和咨询师交谈了。

治疗第二阶段：通过"精神分析法"治疗，改善其心理特质结构

引导张晓自由联想，回忆过去的生活：小时候家中兄弟姐妹多，父母对孩子们的照顾不好，父亲脾气大，在家中经常大吼大叫。因经济条件差读了 2 年书就辍学在家。到社会上以后，接触了一些不三不四的人，整天游手好闲，结婚后夫妻感情也接近破裂。咨询师帮助张晓分析认为，因小时的生活遭遇坎坷，对周围的人形成了偏见和敌意，内心缺乏安全感，常常担心遭到他人的批评和伤害，逐渐加剧了焦虑心理。进入所内后，严重的挫折感，加上对场所管理的片面认识，担心遇到不公正的待遇和她人的欺负，又因违纪受到处罚，对民警的恐惧感和不信任感增强，这样引发和加剧了焦虑心理。

治疗第三阶段：动用情感激励法和认知换位法

动用情感激励法和认知换位法可以帮助其消除"自我中心"意识，优化心理构成。

根据掌握的情况，通过引导其学会"内省"，采取换位思考的方法，改变张晓的不良认知。首先认识同丈夫之间相互对抗的危害，消除了二人的紧张关系。其次她讲解场所的性质是执法机关，场所担负教育矫治任务，及一名学员应遵守的相关纪律等，并着重强调民警对任何一名学员都是一视同仁的。最后，有意识地安排张晓在一些大队或中队举办的相关活动中参与座谈讨论，鼓励其谈认识、看法，逐步改变其认知方式，引导其自觉发挥智能方面的优势，转移其思维兴奋点，激励其自我培育良好的志趣。通过接受此法的矫治，该学员的心理结构发生了本质的变化。她能够逐步适应场所环境，基本消除敌意，偏见心理，增强安全感，也能出工参加劳动。通过努力，张晓悔恨自责的实际行动，终于消除了她与家人多年的隔阂，使其心里产生了一股加速戒治、报答政府、早日回归社会和孝敬父母、照顾丈夫孩子的激情动力。

八、咨询效果

经过四个月多的精心矫治,张晓心理素质和行为习惯发生了可喜的改变,接受复测时所呈现的心理特征相比过去有了根本的改变。该学员的一系列行为也印证了其思想认识水平的进步:能积极参加生产劳动,按时完成交办的劳动任务;在学习方面,她按要求认真参加学习讨论,做好记录;卫生上遵守管理规定,达到要求;会主动与同组学员聊天,在与民警的交流中矫治意识和心态都有明显进步,还能及时汇报反映他人的违纪情况,矫治积极性明显提高。

九、民警体会

通过矫治该个案,总结出以下几点体会:

一是对心理焦虑、易冲动的学员进行矫治时,切忌急功近利,为了使倾听能够正常进行,必须紧紧围绕主题,并注意做到:一是要有耐心。二是要适度诱导。对说话不多和沉默不语者要给予诱导,让她们讲出心里话;对滔滔不绝的学员要诱导她莫跑题。三是要注意暗示的正效应。民警的一言一行,一个动作,一个表情都可能会对正在倾诉的学员产生影响。因此,我们要尽量避免暗示可能产生的负面影响。

二是不能漠视其他因素的辅助配合作用,要充分调动和发挥其所在班组学员积极参与的热情,以拓宽信息反馈渠道,增大咨询的张力和合力。另外,环境的优化,也是咨询成功的催化剂。

三是要摒弃"戒治对象被动化"的认识,不能无视戒治对象自身的主观能动性。明确告知其咨询的目标,适度讲解有关心理机能的联系,充分运用恰当的情感反应和非语言的关注来提高学员主动、积极调动自身潜力来达到治疗的目的。

四是切莫把咨询与预防割裂开来,而要把预防当作咨询工作的一个重要组成部分。通过严密布控,一是便于全面掌握其心理活动的实际状况,增大咨询工作的针对性;二是可以在预防的同时,消除其心理劣质转化成具体行为后,对其心理上所造成的负面影响,将其自身情绪波动的负效应控制在最小限度内,促成咨询目标尽早实现。

【案例评析】

关于家庭支持系统变化带给戒毒学员压力的案例,原本就是极具挑战性。本案例中,咨询师不仅要就张晓和其丈夫之间的现实关系纽带进行了解,还要帮其建立一种正确的家庭"序位"观念,并且还要引导其提升应对压力的能力。这些都需要咨询师有一个相对丰富的人生阅历,也要求咨询师有多元价值取向。

本案例中咨询师重点就良好咨访关系的建立,积极采用了倾听技术;就改变内心不安全感,尝试运用了精神分析理论方法;就改变来访者的不合理观念,采用了引导和面质等技术。通过上述措施,帮助来访者缓解因场所适应和丈夫感情变化而产生的焦虑问题,并通过改善其心理特质结构,重新确立爱与安全感这一心理需求的归属,重新认识到自身在家庭关系中的责任与义务,使其明白自身努力与获取家庭幸福之间的关联,从而帮助戒毒学员张晓重新获得了接受教育矫治的心理动力。

第七章　强制隔离戒毒人员心理治疗特殊方法介入案例及评析

案例二十四　深度解构　叙说故事背后的故事
　　　　　　重度重写　展现消极背后的力量
　　　——运用叙事疗法干预自残戒毒人员的实例剖析

【案例呈现】

一、引言

在戒毒场所中,戒毒人员自伤自残的事件屡见不鲜,除现场及时运用各种干预技术防治自伤自残事件发生外,还要对其进行危机后干预,巩固现场干预的持续性,对自伤自残发生后的心理创伤进行深度和延续的心理修复和心理援助,最终帮助当事人摆脱困境,把危机转化为一次成长的体验。

二、危机状况

2010 年某日上午,某戒毒所某大队习艺车间跟往常一样,运转的机器发出嗡嗡的马达声,戒毒人员忙碌在自己各劳动岗位上,偶有和技术师傅进行简短交谈,一切波澜不惊。戒毒人员方某随意的一瞥打破了这种平静,这一瞥让方某大吃一惊,他立即放下手中的活,起身几步奔向前去,冲到值班警官跟前报告说:"报告!我看到王某(王志清,化名)正在用剪刀划自己的手臂。""啊,赶快救人"值班民警边说边冲向王志清,在骨干戒毒人员的配合下,趁王志清不备夺下了王志清手中的剪刀,并在现场安排和参与对王志清流血手臂的简单紧束,然后背起王志清往所部医院诊疗室匆匆地赶去;另一位民警立即按照《戒毒场所突发事件安全稳定防控预案》规定,一方面向值班领导汇报情况,另一方面电话通报所部医院诊疗室,告知其做好急救准备,简要说明现场基本情况。

三、心理危机干预

所心理咨询中心在接到这一情况的救助危机报告后,立即采取了危机干预措施,在干预过程中深感戒毒人员心理成长扶助的急迫需要,为了有针对性的从根本上处理好个案的危机根源,必须采取深度心理危机攻关,进行心理成长治疗。根据《戒毒场所突发事件安全稳定防控预案》，心理咨询师和大队领导、管理民警会商沟通，初步在大队民警和戒毒人员中了解掌握了危机矫治人员王志清基本情况资料。王志清伤得并不重，经过医院的救治已无大碍，在平复了他的情绪之后，我们把王志清请进了布置温馨的心理咨询室。

四、危机后干预

在对个案救助三天后，开始随访个案，开始运用叙事疗法对其进行个别辅导。每周一次，每次治疗时间为 1 小时，共计 3 次。

来访者自述：王志清，男，27 岁，汉族，未婚，高中学历，生长在浙江省某农村。家中有父母和两个姐姐，家里为供养其读书，两个姐姐很小就辍学，出外打工。性格内向，不善与人交往，读高中期间，成绩较好，但与同学相处互动不多；在家时，与家人相处和谐，喜欢家里气氛。初中开始，有一个"打嗝"的毛病，因担心"打嗝"问题造成别人排斥，使他在人群中更为闷闷不乐。高中毕业后，在一家企业打工，收入尚可。但因"打嗝"问题心中苦闷，偶然听人说"溜冰"可以让各种痛苦得到解脱，慢慢沾染上冰毒，2010 年某月被送强制隔离戒毒。自残事件发生前两天，再次在点名期间打嗝，引起同组几位戒毒人员的哄笑。由此觉得很丢脸，情绪低落，于事后两天在习艺劳动时，趁人不备，割伤手臂，看着手臂出血了，隐隐作痛，心里反而觉得很舒服，心情没那么压抑了。

心理测验结果：

SDS 总粗分 52 分，标准分 65 分——中度抑郁；

SAS 总粗分 49 分，标准分 61 分——中度焦虑；

90 症状总分：248 分；

阳性项目数 53 项均分：3.98 分；

部分因子分：抑郁 3.53 分，焦虑 3.08 分，恐怖 2.53 分，人际关系敏感 3.13 分，偏执 2.5 分；

结果提示来访者有明显的抑郁、焦虑情绪、人际关系敏感，且以抑郁为主。

首次治疗：问题外化

1. 叙事疗法简介

叙事疗法鼓励当事人将问题与自己分离，采用"对话"的形式与当事人一起将问题进行客观化和具体化，去想象和建构问题是一个人或一个物，外化出来并为其命名，从而更清晰地察觉其实质和影响力，以下是首次治疗的部分内容。

> 治疗师："你主要的问题是什么？"
>
> 来访者："我经常不由自主的'打嗝'，让我很苦恼。"
>
> 治疗师："哦，'打嗝'，我们来给取一个名字吧，叫'捣蛋鬼'好吗？"
>
> 来访者："好的。"
>
> 治疗师："那这'捣蛋鬼'是怎么影响你的呢？"
>
> 来访者："'捣蛋鬼'带我给许多困扰，总觉得它让大家排斥我，以前读书的时候，"捣蛋鬼"总让我无法专心读书，专心干事，整个心情糟透了。我去过许多医院，但没有改善。我妈和我姐也到处打听解决的方法，但没有结果。我的个性内向害羞，又容易紧张，不善于表达。我有时候越紧张它越捣蛋。只要有人在我旁边，我'捣蛋鬼'就来。所以我特别害怕在

公共场合别人点到我的名字。"

治疗师:"人多就害怕?"

来访者:"是的,我觉得压力好大,自从有了'捣蛋鬼',我甚至有过想结束生命的念头。因为对我而言,实在很痛苦。每天都要面对它,真的很烦。但是我不能死,我家里还有父母和两个姐姐,他们为我付出太多了。当压力太大了,我就割伤手臂,看着血渗出来,心里突然觉得很轻松。"

2."打嗝"问题带来的影响

从个案对"捣蛋鬼"的叙述中发现问题所影响的生活层面与其所造成的作用在程度上是不同的。主要有情绪反应、自我概念、戒治生活、家庭生活和行动五个方面的影响。

情绪反应:个案由于问题"捣蛋鬼"的影响,在情绪方面反映出无奈、紧张并感到相当困扰与痛苦,甚至是绝望。来访者:对我而言,实在很痛苦,每天都要面对它,让我好无奈,真是生不如死。我总是很紧张,无法克制自己的情绪。也许"捣蛋鬼"大多是因为太紧张而引起的。

自我概念:问题对个案在自我概念方面的影响是怨天尤人,认为自己是不好的,不快乐的,是让人讨厌的。上天为什么不公平,家境不太好,本来读书就很不容易。又让我得这种毛病。我很希望与别人一样,但是"捣蛋鬼"让我乐不起来,好讨厌自己。

戒治生活:问题对于个案的戒治生活造成很大的影响,特别是在人际关系上,他显得退缩,不自信,认为别人在排斥自己;即使对较亲近的朋友,他也不太相信他们真正能接受他的毛病,怀疑他们只是碍于情面不说而已。因此,个案在戒毒所的生活很烦闷、不愉快,情绪受到很大的影响。

家庭生活:个案在家里受到问题的影响较为弱小,感觉在家里自在而愉快。来访者:我在家中就很快乐,很自在,所以特别喜欢放假时候,那就可以整日待在家里了。

治疗师:为什么呢? 不都是面对人吗?

来访者:家里人都是熟悉的,有安全感,而且他们都认为无所谓,所以我在家会认为没有什么影响,就很轻松的生活。

行动:个案曾经为"捣蛋鬼"积极地四处求医,但成效不大,让他感觉相当挫折。

来访者:为了医好"捣蛋鬼"我去过不少地方,吃过各种的药,我也曾上网查找,家里的人也帮我四处问解决的办法,但情况还是一样。我进来之前,我姐问到一个老中医,可以针灸治疗。因为一直吃药不好,所以想去试一下针灸看是否有效,后来因为进来了,就没去。

第二次咨询:寻找例外

个案被影响的层面程度不同,在其充满问题的故事中,可能忽视了其他对问题"捣蛋鬼"故事发展的可能性和选择性,因此,去寻找不被问题占据的层面和例外经验,比较与主要问题故事的差异,发展出替代故事发展的可能性与多元性,发现出面对问题的新契机。

1.寻找故事中的差异部分

对比个案问题故事中的差异部分,可以帮助个案萌发对问题不同的思考。

(1)朋友/父亲

询问个案家里的人是否有同样情况

治疗师：爸爸也有这个毛病？他如何看待呢？

来访者：他无所谓，认为可以接受，没有关系，但我的一个网友也有这种情况，却为此很痛苦，认为医不好就去自杀。其实只要我的毛病能好了，我每天就会很快乐，不用像现在这样痛苦。

（2）个别戒毒人员的哄笑/好友的劝慰与不介意

来访者：现在同组的几个人，上课或点名时，只要我一出现就会想笑，虽都强忍着，但我看得出来。这让我很难受。

治疗师：他们都是这样吗？

来访者：那倒不是，虽然我和其他戒毒人员来往不是太多，大多数还是没有矛盾。而且几个要好的，时常都叫我宽心，不要太在意"捣蛋鬼"，但我总不能释怀。

治疗师：那几个爱笑的戒毒人员和你关系怎样？

来访者：没有什么交情，平时也不怎么说话。

（3）在学校的紧张/家中的自在

来访者：以前我在家里会很轻松，完全不在意"捣蛋鬼"的存在，但又不能一直待在家中，还要上班。所以我最快乐的时候是下班回家。上班时，我总是很紧张。我也曾想放弃上班，就待在家里，但是我的家境不好，全家人已经为了我读书付出了许多，我现在好不容易毕业了，我不去上班的话，就没钱，那怎样去回报我的家人，所以一直忍耐着，哪怕在厂里再不舒服。

（4）求医挫折/持续的求医

来访者："捣蛋鬼"时常会出现，而且每天都这样很苦恼，吃药和去看医生很多次，都还没好。我经常为了"捣蛋鬼"去看医生，就是想把"捣蛋鬼"给医好。最近我姐问到一个用针灸的中医，出去后想去试试，看有新的进展没有。

2.寻找例外经验

个案因问题"捣蛋鬼"而备受困扰，但上述叙说的相关差异，又显示出他有忽略掉的能力和有利资源。从与其对话中，发现他有不少对问题产生影响甚至是控制的部分，由此引导他去努力跨出狭小的思维天地，思考与体验当面对问题时本身并非完全处于无奈、任其摆布的情况，而也有对问题产生影响及控制的情况，而这些情况正是个案信心和能力的来源。

（1）网友/父亲

比较朋友与父亲的反应，从别人撑过来的正向力量中，找寻自己也可能有的反应。如父亲如何应对？朋友如何痛苦地熬到今天？

（2）个别同学的哄笑/好友的劝慰与不介意

个案的病并未遭所有戒毒人员排斥，哄笑的戒毒人员与自己交情甚浅，其"笑"的行为不一定就与"捣蛋鬼"有关；好友的劝慰显现朋友不因"捣蛋鬼"的问题而影响到彼此交情，协助个案思考自己拥有哪些不错特质，让朋友在个案有"捣蛋鬼"的困扰下仍与他做朋友。

（3）在学校的紧张/家中的自在

个案提到在家里较为轻松，由此引导其去思考是发生了何事使自己放松，并将此经验与学校中的紧张进行对比，开启不同经验的可能性。

（4）求医挫折/持续的求医

个案面对求医挫折的抗击，愿意持续寻医的原因思考，去挖掘个案行动能力的部分。

第三次咨询：替代故事

通过与个案一起分析问题故事和寻找例外经验，使其意识到问题故事存在可改变性，借着发现以前被遗漏和被忽略的事实和环节，找到重写生命故事来替代故事的可能性，对过去问题进行全新角度的内涵诠释，建构起"主动进取的自我"。

（1）朋友/父亲

个案对比父亲、朋友与自己对待"捣蛋鬼"的看法，发现其实"捣蛋鬼"并不真是那样严重，关键是对其的态度，父亲不在乎"捣蛋鬼"，所以活得不是负担，朋友虽说痛苦要自杀，可也撑到了现在，说明"捣蛋鬼"并非不能对抗，自己也许是庸人自扰，只要改变思考角度，可提高抵抗力量。

（2）个别戒毒人员的哄笑/好友的劝慰与不介意

个案认识到自己对"捣蛋鬼"的过分关注，让自己草木皆兵，造成对同组戒毒人员的反应的过分敏感和对好友关心的不信任。自己一直乐于助人，经常帮助一些遇到困难的戒毒人员，大家经常交流对生活的感想，交情很好，所以对自己"捣蛋鬼"的宽容和劝慰应该是发自内心的，自己身上存在不少他们真正欣赏的东西，不能再怀疑朋友们的真诚。选择相信朋友的话，会使压力减轻，能放松心情。

（3）在戒治场所的紧张/家中的自在

在戒治场所的紧张是自己过分注意的情绪反应，心跳加快，肌肉僵硬，进入了恶性循环；而在家里，觉得环境安全，喜欢呆着，所以就放松。结果是越怕"捣蛋鬼"，越要来，不紧张，反而没事。上课时去尽量专心于老师讲什么，点名时注意其他戒毒人员的口令，结果就放松许多，在戒治场所出现"捣蛋鬼"的频率也低了。也许继续努力，转移注意力，放松效果会更好。所以"捣蛋鬼"实际上是能被控制的。

（4）求医挫折/持续的求医

多次求医，中西医都有，大家的观点不一样，有的认为是饮食上有问题，如喝可乐和吃含淀粉的东西太多，有的认为完全是情绪上的问题。个案想两方面都有，结合起来，从两方面注意来改进应该更好。个案改变了饮食结构，不再买可乐、薯片等零食吃了，也开始接受所里的中医的针灸了，"捣蛋鬼"的次数有减少，进展良好。

个案通过对问题故事知、情、行各方面内涵进行再叙述、再建构，为自己找到了喜好故事的持续发展及发展的深层动机和强大动力。

再次心理测验结果：

SDS 总粗分 41 分，标准分 51 分；

SAS 总粗分 36 分，标准分 45 分；

90 症状总分：152 分，阳性项目数 38 项均分：1.68 分；

部分因子分：抑郁 2.17 分 ，焦虑 1.78 分，人际关系敏感 2.09 分，偏执 2.11 分。

上述结果提示来访者的抑郁、焦虑情绪得到较大程度的改善。

通过对个案一个月的个别辅导，其问题的行为表现及心态都有所改善，关注焦点转移，原来内化很深的自我负面评价开始松动，找到自己所拥有的资源和力量，开启了另一个自己可以着力的地方。

【案例评析】

叙事心理治疗作为一种后现代的咨询技术和治疗模式,充分体现了"多元化"、"去中心"、"反权威"的后现代主义思潮,它强调接受个体的多样性,并尊重这种多样性,是一种"以人为中心的治疗"。叙事心理治疗改变了传统心理治疗中"人就是问题",秉持"治疗就是针对来访者病症"的理念。该个案运用了叙事疗法当中最常见的外化对话技术。叙事疗法理论认为:人们很多时候把问题归因于他们自己或别人的内部属性,而外化对话技术可以通过把问题对象化而改变这种内化的理解。外化对话能让人们体验到自己不是问题,问题成为了问题本身。就是这个个案当中提到的那样,把"打嗝"拟人化为"捣蛋鬼"这个脱离开我们自己身体的东西。

外化对话技术把问题与来访者分开之后,接下来就是引导让其思考如果抛开这个问题,自己对其他人行为的解释,如运用"改写对话"技术理解其他戒毒学员的"嘲笑",从中发现自己的生活体验原来可以与之前存在差异。进一步引导其察觉父亲在同一问题上完全不同的体验,再进一步赋予他自身许多品质是吸引好朋友的价值所在(重塑对话技术)。通过问题剥离自我的全新角度去思考和察觉自己不受问题控制的生活经验与力量,然后再对照生活中经验的差异和例外部分,重新编排生命故事。这个个案来访者有较强的领悟能力,对语言的敏感度较高,这也促成了咨询效果的取得。正如写作者本人认为的那样,叙事疗法强调倾听与讲述,不做专业的解释与行为指导。叙事疗法的疗程较长,成效是循序渐进的,不适合用于自伤自残危机干预的即时干预,但对于其中后期深度的心理康复却是一个有益的尝试。

如果继续治疗下去,咨询师可以尝试用对话引出来访者关于"打嗝"痛苦体验背后的对于价值和生活希望的认同感。既然有痛苦,就表明痛苦背后有其在乎的东西,有可能是与小时候渴望获取认同感有关;也可以鼓励来访者说出生活经历中重要的事件来剖析其内心的想法;也可以换一个角度,引出其关注的另一个主题对话。当然,咨询师只是起到引导的作用,不能提供一种"固定的"、"应该的"思维模式,而是要引导来访者自己体会问题解决的多元性和可能性,转变单一地把问题内化式的理解方式,从而使其选择替代现有行为、态度和使用环境的方法,从而体验生命的意义感,最终度过危机,重新做人。

案例二十五 价值澄清 重建自我
——团体辅导活动下的戒毒人员矫正实例

【案例呈现】

一、团辅目的

在与戒毒学员的接触中我们发现吸毒低龄化的趋势愈演愈烈。在强制隔离戒毒所,有许多20岁上下的年轻人被强制隔离戒毒,这让管理民警感到十分惋惜。在日常的交谈中管理民警发现这部分的群体对于自己想要什么以及什么对于自己是重要的并没有一个清晰的认识,也就是说这一群体的自我价值和人生态度处于一种迷惘的状态。因此开展一次以澄清价值观为主题的团体辅导活动,引导年轻的戒毒学员思考自己的价值观念、体验和澄清自己的人生态度显得很有必要。

二、成员基本情况

主要包括社会经历、染毒情况和场所内的现实表现。

1. 程某:1990 年 9 月出生,贵州遵义人,初中文化,成绩中上。初中毕业后去广东叔叔的厂里帮忙。半年后回老家玩,在朋友的带领下开始接触毒品。入所后表现积极,行为养成良好,习艺劳动态度认真,现担任卫生员。

2. 王某:1988 年 8 月出生,安徽安庆人。高中毕业后参军 2 年。由于家庭条件较好,退伍后在家中玩,期间出于好奇心在朋友带领下接触毒品。入所后表现积极,行为养成良好,习艺劳动态度认真,曾担任门岗一职。

3. 吴某 1:1994 年 10 月出生,贵州人,小学四年级辍学。在家待了 3 年,后在大龄朋友的怂恿下来杭从事盗窃活动。期间看同伙吸毒,同伙告诫其不要吸毒,而其出于好奇开始吸毒。入所后表现一般,行为养成欠佳,习艺劳动态度尚可。

4. 黄某 1:1990 年 8 月出生,浙江余姚人,初中文化,成绩中上。毕业后在家乡边打工边玩了 2 年,期间在朋友带领下开始吸毒。入所后表现渐入佳境,行为养成有较大改观,习艺劳动态度积极。

5. 吴某 2:1992 年 12 月出生,四川人,初中文化,成绩中等。毕业后在家乡玩了 3 年多,期间在朋友带领下接触毒品。入所后表现积极,行为养成良好,习艺劳动态度认真,现担任自管会成员。

6. 黄某 2:1985 年 10 月出生,四川人。由于成绩差不愿读书,读到初二时辍学。其后的 5 年在家中无所事事,由于亲戚中有吸毒的同龄人,而在其带领下开始染上毒瘾,同时开始以贩养吸,3 年前在杭州吸毒被抓并被送往浙江省戒毒所接受强制隔离戒毒。解戒一年的时间内并无沾毒,一年后毒友找上门,又接触毒品。入所后表现积极,行为养成良好,习艺劳动态度认真。

7. 张某:1988 年 12 月出生,湖南人,高中读了半年即辍学。其后三年辗转于海宁、宁波等地帮朋友看场子。后到温州和朋友合伙开场子,由于场子开不好而在朋友唆使下开始吸毒。入所后表现积极,行为养成良好,习艺劳动态度认真,现担任自管会成员。

8. 黄某 3:1985 年 10 月出生,湖州安吉人,高中毕业后入伍。2 年后退伍回到家乡做黄沙生意,期间开始赌博,并在赌友的唆使下开始吸毒。由于赌博、吸毒造成生意亏损,2 年后到表哥工地上管工地,期间一直无法摆脱毒品。入所后表现积极,行为养成良好,习艺劳动态度有较大改观,现担任小组组长。

三、团辅方案

表 6-1 "价值大拍卖"团辅方案

流程	活动	时间和道具
相互熟悉	1.成员依次自我介绍,内容包括:姓名、籍贯和爱好。 2.自愿两人结组深入了解。 3.深入了解后,向所有成员介绍对方情况至八个人全部熟悉。	时间:约 10 分钟
价值拍卖	价值大拍卖: 活动规则:每个戒毒学员有 5000 元(道具钱),他们可以随意竞拍出示的东西。每样东西都有底价(见下表1),每次出价以 500 元为单位,价高者得到东西,有出价 5000 元的,立即成交。 注:具体过程可参考下表 2	时间:约 20 分钟 道具:足够的道具钱、一个拍卖槌、写有拍卖物品的硬板纸片
大讨论	结合领导者的提问(参考表 2),对拍卖作回顾,同时引导戒毒学员思考和澄清自己的价值观和人生态度。	时间:约 30 分钟

四、团辅效果

在而后的交谈中,大部分成员都表示自己过去并没有认真想过自己想要什么以及什么对于自己是重要的,往往是受周边朋友的影响。通过本次团体辅导,成员基本上对于自己的价值观、人生观有了一定的思考,对于自己想要什么以及什么对于自己是重要的在心中有了比较清晰的答案。

下面以张某为例,看团辅前后的一些变化。团辅前,张某虽然在行为养成和习艺上表现都很积极,但是在和民警的交流中常常表露出对未来并没有太多的憧憬,无论是对戒期内 2年的打算还是对解戒后未来的打算都没有太多的想法。问其为何表现还能这么好,张某只是回答表现好就不会吃苦,完全是一种被动的趋利避害的本能。鉴于此,我们将张某作为成员之一参加此次"价值大拍卖"的团辅。在过程中,张某因第一次参加团体辅导显得比较兴奋,积极投入到活动中,在拍卖环节中面对各种竞品表现得不知所措,最后只能高价拍得最后一样竞品"大学毕业证书"。在而后的讨论和发言中,张某表示自己什么都想要,又什么都没那么想要。在社会上认为金钱权力是最重要的,可是在拍卖中觉得相比长命百岁、健康、爱情等竞品,金钱权力又不是那么重要,觉得自己以前的想法比较简单和幼稚。民警认为张某虽没有明确什么对于自己是重要的,但是这个过程让其对这个命题有所思考,已经达到预期效果。团辅后,张某在家人、民警的帮助下,结合自己的思考和感悟,对于什么对于自己是重要的有了一个比较清晰的认识,也帮助他形成了正确的戒毒矫治态度和人生态度。此后的一段时间,张某的亲哥哥以及张某的女友一直每月坚持来探视,给了张某很大的鼓舞。张某曾向民警表示自己能有这样对自己"坐牢"都不离不弃的哥哥和女朋友感到很幸福,他觉得家人对于自己才是最重要的,而不是社会上那些狐朋狗友。同时民警也做了许多教育工作,对张某传授毒品的基本知识,让其认识到自己"借毒品消愁"的做法是多么愚昧和无知。帮助张某规划戒毒之路,让其对于戒除毒瘾充满信心。点燃张某对未来的憧憬,让其充分利用戒毒的机遇来充实自己。在以后的时间里张某在习艺上表现更积极,经常超额完成劳动定额,并成功竞选自管会,让自己能够在管理能力上有所进步。

五、民警感悟

张某如今已是戒毒学员中的"矫治积极分子",我们认为这次"价值大拍卖"团辅对其起到了很好的"引子"作用,引导其对于"什么对于自己最重要"这一命题的思考。人生有价值的东西很多,我们每个人可能都需要财富、美食,即使是选择这些也没有错。但是通过活动,我们发现有些东西可能比财富、金钱更重要,比如健康、友情。学员在选择时需要把握各种价值的平衡,也要明白现实生活中我们要通过努力而不是像拍卖这么轻而易举就获得我们最想要的东西。

当然,我们不能以此夸大本次团辅的作用,在矫治实践中我们可以看到,在戒毒过程中家人不离不弃的关心以及民警在各方面的教育,伴随他自己一直以来对这一命题的思考,才让张某有了一个比较清晰的答案。团体辅导只是众多心理矫治手段或者教育手段中的一种,而且由于对象的限制我们一般只对一个主题做单次团辅而不做多次的系列的团辅。所以我们更需要做好团辅后的跟进式的教育工作,让团辅的效果不只停留在团辅后的那一刻,而是能进一步发挥这个引导作用,使参与者真正受益。

表 1　底价

1. 爱情 500 元	9. 财富 1000 元
2. 友情 500 元	10. 欢乐 500 元
3. 健康 1000 元	11. 长命百岁 500 元
4. 美貌 500 元	12. 诚实 500 元
5. 礼貌 1000 元	13. 享受一次美餐 500 元
6. 威望 500 元	14. 分辨是非的能力 1000 元
7. 自由 500 元	15. 大学毕业证书 1000 元
8. 爱心 500 元	

表 2　拍卖流程

1. 领导者引发动机
(1)领导者问:"有谁不喜欢金钱?"(预期学员会一致说没有,而且反应是热烈的。)
(2)领导者继续问:"若你有 5000 元,你希望得到什么?"(让一两位戒毒学员回答)
2. 给每个戒毒学员每人 5000 元(道具钱),介绍拍卖游戏的方法和拍卖的东西。
3. 举行拍卖会
(1)由领导者主持拍卖。
(2)按游戏方法进行,到所有拍卖东西卖出为止,然后请学员认真考虑买回来的东西。
4. 领导者提问讨论
(1)你是否后悔得到你所买的东西? 为什么?
(2)在拍卖过程中,你的心情如何?
(3)有没有学员什么都没有买? 为什么不买?
(4)假如现在已经是人生的尽头,请看看你手上所有的是什么东西?
(5)它们对你来说是否仍有意义?
(6)你是否后悔刚才为自己争取的东西太少?
(7)你争取回来的东西是否是你最想得到的东西?
(8)金钱是否一定会带来幸福和欢乐?

【案例评析】

团体心理辅导是在团体情境中提供心理帮助与指导的一种心理帮助的形式。它是通过团体内人际交互作用,促使个体在互动中通过观察、学习、体验,认识自我、探讨自我、接纳自我,调整和改善与他人的关系,学习新的态度与行为方式,以发展良好的生活适应的助人过程。[①] 实践充分证明:团体心理辅导对帮助个体改变和促进自我成长有明显效能,其所得到的感悟、帮助和变化是在个体心理辅导中难以获得的。而在戒毒场所,通过团体心理辅导活动,要注重发挥矫治作用,其目的是通过它,调整认知结构、提高认知水平;重建归属感和责任感,正确认识自我、接纳自我和重塑自我,激发对学习、习艺劳动的热情,培养良好心态;矫治不良心理和行为,培养坚强意志品质和正向心理承受能力。这就提出了更高的要求。咨询师不仅要注重整个活动的流程,还要细心观察活动中每个组员的行为和表情,从中引出很多思考。以前述个案为例,需要拓展的几个方面是:第一,团辅目的可以设置为不同层次,第一个层次是帮助组员体验和澄清自己的价值观和人生态度;第二个层次是纠正某些特殊的价值观。要预估到某些组员可能会表达与社会规范不吻合的价值观,比如认为"人生金钱是最重要的",或者"诚实一文不值"之类的。要在理解尊重其想法的基础上,引导他们不能只考虑标新立异,个人价值观的选择不能突破社会道德规范的底线。第三个层次则是通过活动,引导组员学会珍惜,学会取舍。珍惜目前已有的东西,怀着感恩之心去看待。对于追求的东西要明白自己最需要的是其中哪一两样,要学会权衡,学会选择。不管选择什么,不像拍卖这么轻而易举,要学会在自己的生活中通过对自己、对他人、对社会都有益的方式去获取它。

本方案的亮点在于以张某团辅前后的表现变化来作为活动效果的证明,而且还借助团辅这个活动,及时与管理民警配合全面跟进对张某的矫治,积极发挥亲友的帮教作用,进一步帮其理清自己的价值观和人生态度,巩固了团辅效果。

面对吸毒群体青少年占主体的严峻现实,我们可以发现这一群体存在一些普遍的心理特点。如自我意识强烈、自我中心突出,性情浮躁功利,动机冲突复杂,认知水平偏低,责任意识弱、思想茫然,部分还伴有情感淡漠、理解事物偏激等。而这背后最实质性的因素就是价值观、人生观的扭曲。从现实来看,希望通过一次"价值观"大拍卖而达到前述的团辅目标也是不现实的。活动必须要增加一个环节——组员的体验与分享,以此作为观察每个人内心真正想法的机会。在此基础上,反过来引证团辅效果.也作为修正团辅方案的重要参考。当然,还可以把团体辅导的结果作为管教工作的一个重要参考,在做好保密原则的前提下,以不动声色的形式在平时管教工作中渗透"价值澄清"的治疗作用。对于有些组员来说,观念的改变可能需要借助自身实践之后的感悟。正如咨询师在个案中提到的那样,我们可以把团辅作为一个"引子",引导戒毒学员展开思考,正视自我,才能最终明白自我,重建自我。

① 卢祖琴:《团体心理辅导教练技术》,《心理矫治高级技术培训班内部资料》。

案例二十六　学会自我控制　学会抗压拒绝
——戒毒康复人员教育矫治个案

【案例呈现】

一、基本情况

邵楠(化名),男,1974年6月出生,小学文化程度,汉族,浙江省金华市人。吸食新型毒品甲基苯丙胺(冰毒)成瘾5年,2011年6月14日自愿到省十里坪戒毒康复中心接受戒毒康复,签订自愿戒毒康复协议期一年,自2011年6月14日起至2012年6月13日止。

二、存在问题

(一)脾气暴,行为激惹

常发脾气,有时无缘无故发火,伴砸东西、与他人吵架。事后又感到非常后悔,会主动承认错误,表示下不为例,但突发性情绪自己难以控制。如6月21日与他人聊天谈到民警警衔几年升一次时,引发争执,脸涨通红,一怒之下竟把刚买不久的手机砸碎,事后又非常后悔,主动向他人道歉。

(二)难接近,性格孤僻

喜欢独来独往,吃饭、劳动、业余活动等都喜欢一个人,闲时也躲在寝室不出门,或者喜欢一个人坐在操场篮球架边发呆,暴躁脾气中带安静,有时独自一人倚窗望外流眼泪。

(三)失自信,自卑自责

走路常低着头。民警与他聊天,邵习惯动作就是低头玩手指甲,不敢与民警进行眼神交流。谈及过去,无限回忆,谈及将来,低头不语。谈话中能感觉到对吸毒的悔恨,对家人的愧疚,对自己的深深自责。

(四)体质弱,毒残可见

坳黑、虚胖、无力。便不畅,觉不深,食不振,眼无神。上下楼气喘,6月天在空调房大汗淋漓,衬衣湿透。嘴角、腿部等多处可见表皮溃烂,眼圈、双唇发黑。血压165/98mmHg,心率120～130次/分,心悸、四肢伴颤抖症状。未见精神异常症状。

三、原因分析

(一)业顺染毒,助长暴躁脾气

邵楠用自己的努力,从身无分文到创立公司,资产几千万,自信曾极度爆棚,目空一切,喜欢别人都服从他的号令,更容不下别人与他争执,导致脾气暴躁,易对他人发火。长期使用新型毒品,邵也滋生易激惹、疑心重等心理行为症状。

(二)浮沉之间,爱恨两茫茫

从一名千万富翁再到身无分文,期间经历多次打击,包括多次戒毒失败。邵楠曾叫家人把他反锁在房间里戒毒,曾到广州、太原、武汉等地戒毒多次,也曾跑到五台山想出家戒毒,但都以失败告终。多次戒毒失败对其打击特别大,也让其丧失自信。而打击最大的莫过于结发妻子因不堪忍受他的堕落而带着孩子离去,导致了他家破、业亡、子散。邵楠对民警说,他曾经是全镇人的骄傲,是许多大人教育孩子的榜样,可现在连家都不敢回,不敢看家乡人的目光,仿佛别人议论的都是他,自己也特没自信。

(三)灰色习性,性情孤僻自私

邵楠长期躲在宾馆吸毒,极少与外界联系,长期的灰色习性使他强化了性情孤僻、喜欢独处、不善于与他人分享的一面。由于时时担心被公安机关抓获,他疑心很重,用他自己的话说就是感觉背后总有一双眼睛在看他,只有一个人靠在角落才有安全感,不信任他人,对他人的事不感兴趣。

(四)重度成瘾,毒品摧残致人老

邵楠吸食毒品 5 年有余,毒品滥用无节制,每天达 5~6 次,每次半克,长期处于醒了溜、溜了睡的状态,过不了正常生活,身体虚弱。入住时邵血压高,瞳孔扩大,震颤大汗,心律失常,疲劳嗜睡,肌肉疼痛,满脸是冰毒"黑"。

四、对策

(一)进行心理干预与治疗

抽调专门民警,运用 SCL-90 测试、明尼苏达多相人格测验、心理理疗、沙盘治疗、音乐放松仪调适、个性宣泄、团体辅导等多种的心理治疗手段,矫治与改善邵楠脾气暴躁、易激惹、失自信、自私等心理症状。

(二)制定生活习惯培养计划培养良好的生活习惯

由民警为其量身定做生活习惯培养计划书,分作息、生活、个人事务、卫生、行为等部分,民警每天督促按时起床、打扫卫生、按时就餐、按时就寝、按时用餐、洗衣洗澡。特别是吃早餐问题,邵楠根本没有这个概念,但民警督促不管怎么样必须按时到食堂吃早餐,哪怕是不吃也得按时到食堂。后来,邵楠说:"很多年没吃过早餐了,现在我一天不吃早餐就饿得慌。"

(三)制定身体康复计划开展体能康复

身体康复训练分为耐力训练计划与有氧康复训练计划两部分,参照年龄比邵楠大 5 岁人群的"及格"标准制定指标,分开始期、改善期、达标期三个阶段,为期三个月,每天早晨和下午由民警带领开展。

(四)开展同伴教育和家庭帮教规劝

每周确定一主题开展同伴教育。让邵楠在戒毒康复人员互相帮助、互相监督、指正鼓励的氛围下,增强责任意识和归属感,矫正自私心理。密切联系邵楠的兄弟姐妹来戒毒康复中心进行帮教规劝,让他重拾生活信心、感受亲情、安心戒毒康复。

(五)积极帮助找回自信

民警推荐邵楠担任戒毒康复中心的社会自愿戒毒康复人员自我管理委员会主任,由他组织社会自愿戒毒人员开会,开展自我管理、自我监督和自我教育活动。通过体验自我管理委员会的管理带来的改善与进步,让邵楠找回了自信。戒毒康复中心还专门安排了民警带他开荒除草,建立"开心农场",并告诉他"欲除杂念,先除杂草",帮助邵楠调整人生观、正确定位自我角色,真正开始新生活。

（六）想方设法帮助融入社会

民警有意识地带领邵楠到社会上参加各种活动,组织戒毒康复人员到养老院、福利院、孤寡老人家等地献爱心,激起他们心底从善的一面;有意识地带邵楠到毒品考验室接受毒品考验,用生物反馈仪分析拒毒能力,不断督促激励他勇于面对毒品、面对过去、面对将来;借助"十步抗复吸训练法"对邵楠开展抗复吸训练,提高邵的抗复吸实用技能。

五、转变过程

（一）技术指标的变化

入住心理测试邵楠的 SCL-90 测试中躯体化得分 2.13、中度;强迫状态得分 2.58、中度;人际关系敏感项得分为 3.89 分、重度;敌对项得分为 3.65 分、重度;偏执项得分为 2.83、中度。在明尼苏达多项人格测验中,心理变态、偏执、精神衰弱、精神分裂、轻躁症等得分均大于两个标准差。通过一系列的心理治疗及干预,在后期测验中邵楠的 SCL－90 测试中躯体化得分 1.42、参考诊断为无;强迫状态得分 2.10、轻度;人际关系敏感项得分为 1.67 分、轻度;敌对项得分为 1.17 分、无;偏执项得分为 1.50、轻度。在明尼苏达多项人格测验中,心理变态 63.81 分,大于一个标准差;抑郁 69.80 分,大于两个标准差;癔症 74.12 分,大于两个标准差,其余的偏执 50.41 分、精神衰弱 48.92 分、精神分裂 47.03 分、轻躁症 52.89 分等都属于正常参考范围。

（二）体能指标的变化

入住初期邵楠体弱多病,测试成绩 100 米 35 秒,1000 米是走下来的,俯卧撑 5 个,跳绳一分钟 13 下,引体向上 1 个等。为帮助他恢复体质,管理民警先陪着他走路,从慢走到快走,从慢跑到快跑,渐渐地邵楠也能跟上其他康复学员的训练了,为了提高他锻炼的积极性,管理民警就和他比赛做俯卧撑,从最初的 5 个到 10 个、20 个、45 个,邵楠一天天在进步,到后来邵楠主动来挑战民警做俯卧撑,民警从他欣喜的脸上看出了他惊人的变化。在临近解除的一次体能测试中,邵楠 100 米成绩跑出了 21 秒,1000 米成绩跑出了 5 分 15 秒,跳绳成绩为一分钟 56 下,引体向上 8 个。

（三）认知状况的变化

入住初期,邵楠喜欢独处,不喜欢与他人多交往,通过同伴教育和其他教育活动,邵楠喜欢上和人拉家常,能听得进别人对他的批评,认识到错误的时候会主动向人承认错误,与他人相处关系明显融洽许多。特别是亲情的感召力,使邵楠转变很大,虽然老婆孩子离他而去,但是兄弟姐妹还在支持他,让他一下子有了归属感,用他自己的话说:"我突然明白,原来还是有人没有抛弃我的,曾经我自己都想把自己抛弃了,现在我明白我戒毒不光光是为了我自己,也为了我的家人,特别是我母亲那张从未被屈辱过的脸,我也不能给我母亲带去屈辱。"

（四）行为习惯的变化

在"开心农场"成立之初,邵楠以自己从没干过农活为由消极劳动,但通过管理民警的开导后,邵楠的思想有了很大的转变,特别是通过努力,把一片荒地变成一片菜地时,他的行为方式有了很大的改变,有事没事总爱往菜地里跑,也从不睡懒觉了,宿舍也被他打扫得干干净净,看到路边垃圾等都会主动捡起来,特别是他饲养的"康复鸡"、"康复鸭",一推出就被戒毒康复人员抢购一空。他对民警说,以前总喜欢指挥别人,现在什么事都自己动手,在动手中感到快乐,脚踏实地的感觉真好。

（五）心理状态的变化

戒毒康复中心有一间毒品考验室,专门用来强化戒毒康复人员对毒品的防毒拒毒能力。民警清楚地记得,第一次让邵楠单独进毒品考验室的时候,他是跑着出来的,他对民警说:"受不了,看到这些毒品我就头皮发麻,心跳加快,全身汗毛都竖起来了,太可怕了。"经过戒毒康复中心的长期辅导和相关治疗,现在的邵楠能很坦然地到毒品考验室了。一起戒毒的康复人员就这样评价他,以前的邵楠走路总是低着头,现在的他走路总是抬着头,他显得更自信了。

六、民警体会

邵楠个案其实仅是社会自愿戒毒康复人员教育矫治工作的一个普通例子。通过对邵楠的戒毒康复管理,我们可以得到以下启示:

1. 要远离毒品,但不能远离吸毒戒毒人员,更不能歧视他们,要给他们更多的关爱和帮助,为他们告别毒品、融入社会创造良好戒毒康复环境。

2. 对戒毒康复人员要从小入手、从微入手,制定小目标,规划大方向,以阶段性的完成小目标为着手点,以多个小目标的完成构建彻底戒毒回归社会的大方向。

3. 重视康复过程,而非戒毒过程,戒毒只是整个治疗和康复过程中的一个部分,戒毒之后必然要有康复措施跟上,过分强调吸毒违法性,戒毒强制性,忽视帮助戒毒人员融入社会和恢复正常生活,会使吸毒人员产生被社会遗弃感觉,甚至会抵制戒毒,致使戒毒工作收效甚微,复吸率居高不下。

社会自愿戒毒康复人员是"原生态"的戒毒人员,在刚性的约束措施少,仅有柔性矫治措施的事实面前,戒毒工作需要民警有更多的善心、真心、诚心;需要民警善于把握规律性、提高教育矫治技能,重点的、系统的做好康复工作;需要民警满腔热情做工作,走入"但问耕耘,不问收获"的大爱境界。

【案例评析】

戒毒康复是集生理脱瘾、心理矫治、劳动康复、职业培训等于一体的戒毒工作新模式,坚持以人为本、综合矫治的原则,促进戒毒康复人员就业和回归社会。本案例来自于司法行政部门所属的戒毒康复场所,并且是在强制隔离戒毒所旁边开辟专门区域建立的。它的管理模式可以概括为:协议总揽、民警主导、自我管理、适当管束、和谐有序。本个案体现了这个特点,通过签定协议,戒毒者自愿参与戒毒康复。戒毒康复场所设立戒毒康复区、心理矫治区和职业培训区,并配备相关设施,为戒毒者开展各种康复措施(如"抗复吸十步训练法(TS)")①提供了场地、设施保障。这反映了这种带有协议形式的康复模式,有利于戒毒人员的身心康

---

① "抗复吸十步训练法(TS)"是广西劳教局根据广西劳教人员的自身特点及戒毒劳教所的管教要求,参考了联合国禁毒署迈克博士结合当前世界各国成功的戒毒方法和中国的国情总结出来的戒毒康复训练方法,并引入行为学、心理学、医学等理论,整编出来的针对即将解教的戒毒劳教人员预防复吸所采取的一套认知和行为训练方法——"抗复吸十步训练法(TS)"。训练法的内容是:第一步:认识毒瘾,毒害识别法。第二步:改变现状,立志戒毒法。第三步:列出清单,个性修复法。第四步:谈个人清单,寻求他人帮助法。第五步:忏悔道歉,伤害他人补偿法。第六步:制定计划,改变生活方式法。第七步:提高警觉,毒瘾复发感知法。第八步:巧妙避开,高危状况避免法。第九步:果断避开,毒品拒绝法。第十步:后续照管,团体互助法。训练强调学员之间、辅导员与学员之间的相互交流,主要是在辅导员的指导下,组织学员进行讨论和开展防复吸技能训练。

复。国外戒毒治疗工作的经验也表明:单纯的生理脱毒只能实现戒毒者对毒品依赖的短期戒除,更为重要的是开展心理康复和回归社会的康复治疗。而对吸毒行为的惩罚方面,许多国家赞成把自愿戒毒或到政府指定机构戒毒作为刑罚替代的手段。我国戒毒条例当中也强调了国家鼓励吸毒成瘾人员自行戒除毒瘾。

从案例来看,经过一年的康复训练,该戒毒人员在毒品拒绝能力、认知状况、行为习惯等方面都得到较大改善,心理障碍得到明显缓解。这跟戒毒康复场所开展的系列戒治工作有关,比如开展了拒毒能力训练、心理康复训练、体能康复训练。强制隔离戒毒所教育矫治工作也必须发挥管理严格、有效管控的优势,在教育矫治工作中推行更多有效性的心理治疗和心理训练,才能达到戒治的目标。如案例当中提到的毒品拒绝技巧训练,经研究发现,可以有效减少复吸风险。当然,案例当中提到的心理治疗方法如果能结合个体情况就具体的训练方法展开阐述,可能更为有价值。下面提供一个实际操作例子,以作参考:

拒绝毒品技巧的具体训练方法有多种,其中有代表性的就是告知戒毒人员拒绝的方式并进行实际演练。如,告知戒毒学员拒绝毒品提供者的形式有三种:(1)被动式,如"我父亲不让我吸毒";(2)攻击式,如"你再来找我,我就不客气了";(3)果断式,如"我戒毒了,以后也不再吸了,请不要再提毒品的事情"。采取角色扮演的形式,让戒毒学员三人一组,一人扮演毒品提供者,一人扮演拒绝者,一人观察,然后由拒绝者选择拒绝的方式,之后互换角色继续进行角色扮演,最后分享。

因此,强制隔离戒毒教育矫治工作如何突破体制的约束,吸取戒毒康复工作的优势,从而创新教育矫治模式,是后续场所教育矫治工作者应当重点思考的内容。

案例二十七　　让音乐滋养心灵之花
——运用音乐疗法解决戒毒人员社交焦虑的团体咨询案例

【案例呈现】

关于如何解决戒毒人员心理问题,涌现了大量的治疗方法,其中音乐疗法作为一种新兴的深具潜力的治疗方法脱颖而出,成为了一道亮丽的风景。音乐疗法作为戒毒场所心理教育和心理辅导的有效手段,对于预防和治疗戒毒人员的心理问题,调整不良情绪,培养健康情感,消除人际障碍等具有非常重要的作用。

一、音乐治疗的原理

传统的心理治疗是以语言为媒介,强调人的理性作用,它主张通过纠正来访者头脑中不合理的认知观念来达到改变不良情绪的目的,即"认知决定情绪"。但是心理治疗实践中经常发生的现象却是求助者能够明白这个道理,但就是不能控制自己的情绪。美国心理学家汤姆金斯提出了"情绪的动机理论",他认为情绪在人的生存和发展过程中起着至关重要的作用,情绪是人的第一动机系统,它决定着人的认知方向和人格发展方向,在这种情况下音乐治疗就显得较为有效。因为音乐治疗是以音乐为媒介,直接作用于情绪,通过改变情绪来改变人的精神状态,进而改变人的思想认识,或引起人的身心变化,它强调"情绪决定认知"。

音乐疗法的实施,基于以下基本原理:(1)同质原理。所用的乐曲能够与来访者的情绪、精神节律相同步,则能令来访者接受,并发挥其有效的作用。根据同质原理,在人们兴奋、焦虑、愤怒等不同情况下,灵活运用音乐乐曲,使兴奋的人感到镇静,焦虑的人感到有所发泄,愤怒的人感到怒火逐渐熄灭。(2)精神发泄的效果。应用同质音乐,通过来访者自己的发泄唤起自身的自我治愈力发挥作用。对不良情绪进行发泄,起到的是"净化"心灵的作用。(3)弛缓效果。旋律丰富的乐曲可使人们养心安神,让紧张状态松弛下来,有缓和人们身心紧张的作用。(4)通过参加者演奏乐器(或参加合唱)使其恢复自信和平衡感,通过合奏训练使其建立团体意识,培养集体观念,并乐于参加集体活动。

二、音乐治疗的基本方法

音乐治疗的方法虽然很多,但是大致可以分为三种:接受式、再创造式和即兴演奏式。接受式音乐治疗的方法是通过聆听音乐的过程来达到治疗的目的,包括歌曲讨论、音乐同步、音乐引导想象、投射式音乐聆听、音乐肌肉放松训练、音乐处方法等;再创造式音乐治疗的方法是通过主动参与演唱、演奏现有的音乐作品,根据治疗的需要对现有的作品进行改变的各种音乐活动(包括演唱、演奏、创作等)来达到治疗的目的,包括工娱疗法、参与性音乐疗法等;即兴演奏式音乐治疗方法是通过在特定的乐器上随心所欲地即兴演奏音乐的活动来达到治疗的目的,包括音乐心理剧、即兴创作评估、奥尔夫的即兴创作法等。

三、咨询目标与准备

(一)咨询目标

帮助戒毒人员缓解社交焦虑,建立和谐的人际关系。戒毒人员突出表现为情绪化严重、冲动、攻击性比较强,人际关系比较紧张,组员之间不能和谐共处,相互指责,团体意识较差。

(二)准备工作

在戒毒人员中采取自愿报名的方式招募成员共 10 人,均达到初中以上文化程度。其中人际交往消极的戒毒人员占 60%,人际交往积极的戒毒人员的占 40%,消极的求助者过多会使小组死气沉沉,活动难以开展;积极求助者过多会使消极求助者更加退缩,失去安全感。这种小组称之为"异质小组"。治疗之前,采用 SCL-90 对 10 名戒毒人员进行测试。对测试结果进行统计显示,人际敏感、抑郁、焦虑、敌对分数较高。

咨询师向戒毒人员集中讲解音乐疗法的原理、过程和结果,并引导他们初次体验。小组成员的座位安排形成一个圆圈,使每一个成员,包括咨询师都有一个平等的位置。

四、治疗过程

整个治疗分三个阶段。每次治疗都以《美丽心情》开始,《阳光总在风雨后》结束,中间由节奏练习、音乐律动、乐器演奏和音乐冥想等四部分活动框架构成。

第 1 阶段:开始阶段

从《你好歌》开始介绍每一个成员,大家自我介绍,相互熟悉。在咨询师的引导下,每个人依次唱着"我叫某某某,你的名字是什么?"身体配合音乐的节奏,做出介绍自己,亲近他人的动作。通过"热身",戒毒人员们很快进入了状态,欢笑声、问候声响成一片,大家从开始的陌生、有距离感到相互熟识。然后讲解团体音乐治疗的方法、目的,与求助者共同制定团体公约,要求他们写下小组公约,签上自己名字,并要求每个求助者用一句话概括自己入组的目标。

第2阶段:音乐活动参与阶段

此阶段主要包括节奏练习、音乐律动、乐器演奏以及音乐冥想等四部分活动。

1.节奏练习

咨询师要求戒毒人员做简单的节奏练习,考虑到有些戒毒人员的节奏感不强,咨询师先从富有规律性的语言入手,即顺口溜儿或歌谣,如"吃葡萄不吐葡萄皮,不吃葡萄倒吐葡萄皮"等,让戒毒人员学习理解并识别基本节奏,并跟随音乐,放松身体,加强身体的感知力,鼓励戒毒人员在团体内相互学习,促进与人交往,建立相互信任与接纳的团体氛围。接着咨询师通过播放《幸福拍手歌》,要求每个成员在歌曲中按歌词内容做相应动作或按音乐的旋律打出节奏,或由某位求助者单独做出歌词内容的动作,其他人模仿,目的在于促进互动意识以及模仿能力,激发个体参与集体活动的主动性。在节奏练习的基础上进行演唱歌曲。歌唱可以激发对自我及他人的意识,可以促进个体和团体的整体感觉,齐唱可以使个体融入集体当中,消除孤独感。《美丽心情》用在每次治疗的开始,作为团体训练的准备活动。歌唱时要求求助者之间微笑、握手、保持一种愉快的心情,促进个体对自我以及他人的意识。

2.音乐律动

即根据乐曲即兴表演,咨询师选取了节奏感强的乐曲《NOBODY》,要求戒毒人员根据旋律做出相应的动作,每个人一次表演,这一活动调动了戒毒人员的热情参与,很多人从拘谨到随意,能够按照音乐的节拍进行动作创意,每个人的表演都赢得了大家热烈的掌声。在这一环节结束后戒毒人员们感到自己与他人的相处更加融洽了,感到"原来与他人相处并不难,只要我们主动伸出手,就能赢得别人的接纳,自己走出一小步,就走入群体一大步"。

3.乐器演奏

咨询师让戒毒人员用简单的乐器即兴演奏乐曲《喜洋洋》,一方面它可以为成员提供沟通机会,激发互动,从而消除社交焦虑并提高人际交往技巧;另一方面通过乐器演奏可以使身体和情绪都得到满足,并使他们全身心地参与其中,感受音乐的魅力。咨询师把小组成员分成不同的音区,使用数种乐器,随着乐曲的节奏进行分奏或合奏,共同完成乐曲的演奏。戒毒人员自己选取了不同的乐器,有沙锤、三角铁、手鼓等,两个人员为一个乐组,每个小组的节拍各不相同,根据分配的乐章进行演奏。开始前进行分组节奏训练,每组成员出现了不合拍的现象,忽快忽慢,经过双方相互交流,最终取得了一致。然后进行全体合奏,在合奏中,出现了更多问题,合奏的一塌糊涂,咨询师引导成员就这一问题进行了交流,开始成员相互埋怨,指责他人没有掌握节奏,忽快忽慢,导致"音乐成了噪音"。咨询师启发大家思考问题:每个人手中都有乐器,大家为什么不能合拍? 别人的问题我们可以发现,那我们自己有没有问题? 在咨询师的引导下,大家达成了这样的共识:每一个成员控制自己的节奏,与大家合拍;每一种乐器需要在合适的时间出现,才能展示出优美的音色;大家要步调一致,齐心协力,才能合奏出优美的音乐。

4.音乐冥想

事先由咨询师对音乐作品进行讲解,使戒毒人员深刻理解"音乐处方"中的曲目与自己情绪的关系,并根据语言的提示展开想象。这里运用的音乐是古曲《平湖秋月》、门德尔松的

《仲夏夜之梦》、莫扎特的《G 大调弦乐小夜曲》,在优美音乐的衬托下,进入音乐冥想阶段,咨询师给予求助者引导语:"放松你的身体,抛开你的烦恼"、"每个人,在一生中都会遇到疾病、痛苦、挫折和失败。让我们打开记忆的闸门,拉开回忆的序幕,让过去的往事浮现在我们的眼前……",成员们进行音乐冥想,在语言的提示下,想象以前的成长经历,结合治疗师的引导总结自己的优点以及成功的事例,鼓励自己,给自己信心和力量。

最后音乐治疗师可以在治疗结束后播放《阳光总在风雨后》鼓励大家增强信心,用饱满的激情迎接每一天。

在整个集体音乐治疗的过程中,即兴乐器演奏占较大比重,即兴演奏是表达、释放情绪的最佳方式。因此对社交焦虑戒毒人员情绪的调整主要通过情绪的释放和情绪控制训练两方面,也就是随着求助者情绪的发展进行即兴的演奏,来达到情绪的释放和最终能够控制情绪的目的。

第 3 阶段:总结阶段

在戒毒人员的社会交往中,许多社交问题都与缺乏正确的自我意识、自信心不足有关。在团体活动的训练中安排一系列互动活动,来帮助求助者进行自我探索,深化自我认识,了解自己的优点,从而建立新的自我认同模式和对他人的接纳态度。

五、治疗效果

旋律流畅的音乐缓缓流淌,在音乐创设的优美意境中戒毒人员的心灵得到了净化,参加活动的戒毒人员都表现出极大的参与兴趣和积极的体验态度,经过数次治疗,再次运用 SCL-90 量表对 10 名戒毒人员进行测试,统计结果显示,先前分数较高的人际敏感、抑郁、焦虑、敌对等因子分有了明显降低。

六、总结

团体音乐治疗提供了一个相对典型的社会现实环境,在自由、宽容的氛围中进行活动,借助于音乐形式,使人际交往消极的求助者在情感上与和他具有同样问题的求助者产生共鸣,认识到别人也有跟自己相同的问题,自己支持别人,也将得到别人的支持,这样会使求助者感到踏实、温暖、有归属感。同时,通过在团体中人际交往的观察、体验、分析,求助者能够体会自己平常在社会环境中与人相处容易出现的问题,从而进行自我反省,通过相互学习、交换经验,可以增加相互间的尊重和了解,并建立起相互理解、相互信任的良好的人际关系。比如音乐节奏训练要求参与者密切的配合,任何合作上的失误都会马上出现不和谐的音符,而且音乐本身具有一种强大的力量让所有参与者自觉地进行合作,在共同的参与过程中,戒毒人员的认知得到改变,逐渐让其体会到建立良好人际关系的重要性,并进一步把这种合作能力泛化和转移到日常生活中,最终成为他们的一种自觉行为。戒毒人员们在参加完音乐节奏训练后都有共同的感受:虽然分为不同的音区,每个人手持的乐器也不相同,但是大家必须要合拍,克服有可能破坏音乐和谐的任何自我冲动和个性表现行为,才能合奏出悦耳的乐曲。戒毒人员在参与音乐活动的过程中学习了与他人合作、相处的能力和技巧,同时也为自己创造了一个和谐的人际交往环境。

【案例评析】

实践证明:自上世纪 40 年代开始,人们已逐步将音乐作为一种医疗手段,施用于某些疾病的康复治疗当中。80 年代开始,在精神病康复领域也出现了音乐治疗的探索。本个案采取的是一种综合性的音乐活动,既有聆听又有主动参与,如包括简单乐器操作训练(乐器即兴演奏),还有在歌曲中自我介绍、音乐知识学习(节奏练习)、音乐律动、乐曲赏析、音乐冥想等多样形式,构成一个综合性的音乐活动。从个案实施来看,音乐疗法对于缓解戒毒学员不良情绪有帮助。但是需要持久的治疗疗程。在具体实施中,如何选择音乐或歌曲是一个亟待解决的问题。每一首乐曲因创作的时代不同,含有不同的时代意义,在音乐治疗活动中可能需要治疗师能够赋予歌曲以意义,帮助戒毒学员领悟音乐的美妙感觉,让其体会到乐曲内包含的积极向上的精神风貌。我国学者实验研究表明:艺术疗法在对药物滥用者心理康复治疗中起到了良好的效果,可以有效降低戒毒者的脱失率,减少他们的焦虑、抑郁症状[①]。据了解,全国各省现在许多戒毒所都在积极尝试音乐疗法,如湖南第一劳教(戒毒)所在合作探索音乐治疗的形式。江苏省女子强制隔离戒毒所引入艺术疗法对强戒学员进行系统戒治。因此,这个个案是一个有意义的探索性的个案,它带给我们的启示不仅仅在操作实施环节上,更重要的是一种戒治理念上的转变。

案例二十八　让心理之树茁壮成长
——运用多种治疗手段促使戒毒人员心理成长的个案

【案例呈现】

吸毒人员入所后,通过一段时间的生理脱瘾及康复治疗,其急性戒断症状或稽延性症状会逐渐减轻甚至基本消失,在生理上控制了毒瘾,心理上也获得某种程度的恢复。但由于吸毒能够给人带来极大的欣快感和舒适感,其情感体验非常强烈,在大脑里形成了深刻的烙印。同时戒毒人员在吸毒后,往往被家庭厌弃,或婚姻破裂,或异性朋友分手,这些交友、婚姻、经济及将来就业等各个方面的阻力,都会引发和加剧吸毒人员的情绪波动,刺激他们对毒品的渴求,当他们承受社会、家庭及周围环境的负性评价累积到一定程度时,其情绪、性格就有可能从无奈、自卑、逃避、封闭的心理转化为对社会、家庭的不满、仇视、报复等心理,逐渐发展成为反社会型人格障碍。可以说大部分吸毒人员在吸毒前,就已有一定的人格缺陷或者人格障碍,其人格特征表现为非积极进取,缺乏激情、缺乏社会交往和逃避现实。他们吸毒后,因社会、家庭对吸毒人员的负面评价的影响,使他们遇事缺乏理智,爱走极端,很难接受民警的教育,有时甚至强烈抵制。这些所有的戒毒人员的特殊心理问题,如敌意、攻击性、叛逆性、没责任、嬉戏性、冲动性、偏执等,一定会给戒毒场所带来诸多的安全隐患。因此讨论如何提高强制隔离戒毒人员自我心理成长,切实提高教育矫治质量,显得非常重要。以

---

① 赵子慧:《艺术情感治疗法在药物滥用者心理康复中的应用及效果》,《中国药物滥用防治杂志》2005 年第 11 卷第 4 期,第 207—209 页。

下是某强制隔离戒毒所一例比较成功促成强制隔离戒毒人员自我心理成长的心理咨询个案,透过这个个案,可以印证戒毒人员自我心理成长的重要性。

一、个人陈述

李静琪(化名),29岁,中专学历,身高约1.68米。出生在湖南湘西,下有一个相差三岁的弟弟。自诉有一个幸福温馨的家庭和快乐的童年,从小学三年级开始到初中,都是品学兼优的班长,曾经是老师眼里的佼佼者,父母眼中的好儿子。初中毕业后就考了电脑财会中专。1998年中专毕业后来到了浙江宁波。在2000年的时候与工厂里的女同事谈恋爱,并同居了6年。在2006年夏天结识了一位黑道大哥张××。在大哥张××的"赏识"下,在一次"兄弟聚会"中,为展示自己的"忠肝义胆",拿起了绝不该拿起的烟枪,尝试了这改变一生命运的第一口。2007年7月被公安机关强制戒毒6个月。

2008年1月李某解除了强制戒毒后所遇到的处境,从他的自述中可以反映出来:2008年1月我期满出所回家,仅仅相隔半年回到这座熟悉的城市,却让我感到"物是人非"!别说出人头地,就是要生存下去,一切都还得靠自己从头再来。应聘工作期间,对于自己能胜任的工作,不是前景差就是薪水少;待遇高的岗位,偏偏又需要一张自己缺少的大学文凭,屡试屡败,便信心全无。我四处找朋友、托关系,昔日与我称兄道弟的成功伙伴,一听到我说借钱,不是纷纷找借口推搪,便是唯恐避我不及。也许,在他们的眼里我只是一个不值得信任的"白粉仔",在他们的心里借钱给一个吸毒者,无异于把钱扔进大海,我已成为他们眼中的另类人物。我想戒,也戒过,因为我不相信这东西就那么难戒!然而我错了。一次次地买来戒毒药物在家里戒毒,也一次次地在连续戒了两三天之后又无法坚持,全身骨头酸痛,浑身犹如千万只蚂蚁在爬,眼泪、鼻涕、哈欠接踵而来……戒断后的痛苦令我痛不欲生,原有的意志、好友的忠言、亲人的泪水,在此时都变得不堪一击,一次次的自戒似乎成了加深自己对毒品渴求的药引子,悔恨难当,也无力自拔。此时我终于明白,理智筑成的防线在毒品面前竟显得那么的脆弱,那么的无力;悸动的心,在毒品侵蚀下,如大海漂荡的一叶孤舟,四处游弋而不知所终。就这样,我一次又一次地折磨着自己,严重透支着脆弱的生命。那时那刻,让我感觉唯有在吸毒的"朋友"面前才能找到平等,只有在他们的面前我的自尊才不会遭践踏,似乎也只有白粉才能减轻我的烦恼,于是,我再次拜倒在"白魔"的裙下。生活的轨迹,又回到我与"白魔"之间暗无天日的缠绵悱恻中。我开始重新审视自己的过错,反躬自问。昨天的一切,恍如一场噩梦,那血与泪交织的画面,一幕幕地在我的脑海里重现,假如一开始我在"义气"与理智之间,能把心中的砝码果断地偏向理智;假如再开始我能及时给自己敲响警钟,远离毒品……然而,假如始终只是假如,时光不可能倒流,那些如烟花般绚丽的美好已逝去,这铭心刻骨的伤痛也许将伴随我走过一生,可我终究还得活下去,为了爱我的人和我爱的人,我更要走好今后人生的每一步。生命的意义不在于它的长短,而在于它的过程,我固然无法留住岁月的脚步,但我不能放弃自己的理想与追求,要想彻底地摆脱毒品,重新拥抱美好的明天,就要勇于接受"烈火的洗礼",重获涅槃新生。

二、咨询过程

第一阶段:主要是建立咨询关系

首次咨询,他对我比较信任,希望通过心理咨询能够帮助他解轻内心的痛苦。当时我运用倾听技巧,强调尊重、共感、鼓励等咨询态度,注重非言语线索来建立咨询关系。这主要是给李静琪一个倾诉机会。李静琪把自己近段时间的心理感受,已往的部分经历充分地表达出来,使其负性情绪宣泄出来。在咨询过程中,我尽量让李静琪感受到自己被尊重、接纳、信任和被理解,这些利于建立良好的咨询关系。

咨询师:"有发生在小时候你记忆中最深刻的引以为荣的事情吗?"

咨询者:"有,是小学三年级全乡统考,取得第一名的好成绩。"

咨询师:"当时你父母的态度?"

咨询者:"感到骄傲,并以我为荣。"

咨询师:"接下来有没有取得更好的学习成绩?"

咨询者:"有,小学毕业会考,我以优异的成绩考入本县省重点中学。"

咨询师:"你觉得自己成功的因素是什么?"

咨询者:"老师的器重、父母的教诲以及自己的努力。"

咨询师:"有没有被父母打骂过? 什么时候? 在什么情况下被打?"

咨询者:"有。小学的时候。由于自己倔强的性格不听父母的话而被打。"

咨询师:"当时是你父亲打你还是母亲?"

咨询者:"父亲。"

咨询师:"在你的印象中,你父母亲的形象?"

咨询者:"父亲对子女的管教特严厉。母亲则很慈爱。"

咨询师:"你父亲的性格怎么样?"

咨询者:"在家里很严肃。在外面则表现得很开朗。在当地比较有威信。"

咨询师:"你第一次谈恋爱是在什么时候?"

咨询者:"读中专的时候,18岁。"

咨询师:"那时候与异性相处主要是什么样的心态?"

咨询者:"纯粹的单一同学情,一起看电影、逛街、游公园,没有过多的想法。"

咨询师:"第一次与异性睡觉是在什么时候?"

咨询者:"中专假期中。"

咨询师:"在什么情况下发生了这种事情?"

咨询者:"受社会青年的影响,在校外社会青年的家里与同班女同学共睡了一个礼拜之后才发生性关系。"

咨询师:"是什么原因导致你们分手的?"

咨询者:"毕业后的去向问题产生分歧,时间磨平了一切。与感情无关。"

咨询师:"之后有没有再找其他的女性朋友?"

咨询者:"有,但总是无法产生感情基础,相处不久后便不了了之。严格地说应该是在1998年来浙江打工后的第2年,与工厂里的女同事谈恋爱,并同居了6年。"

咨询师:"你们现在还有来往吗?"

咨询者:"没有来往。分手了。"

咨询师:"是什么原因导致你们的分手?"

咨询者:"自从我吸毒后,她便逐渐疏远了我,1年后与别的男人结婚了……"

慢慢地我从摄入性谈话过程中了解到,李静琪请求帮助的原因是明显的负性情绪,使自己缺乏重新生活的勇气,情绪低落,逃避现实,自我估价下降,感觉无能。自身意志薄弱,意志消沉、自暴自弃,对自己、他人及任何事情都失去信心和信任。自我感觉心理负担较重,压抑、苦闷。感到民警与其他强制隔离戒毒人员都不理解自己,也不愿与家人联系。对前途和人生目标感到迷茫。在李静琪的成长过程中,可以看出父亲的教育方式比较强硬,使得亲子之爱明显不足;再加上其母亲管教的放任,使得李静琪的一些基本的心理需要长期缺失。特别是在中学阶段,(青春期)李静琪曾尝试以对抗和逆反的方式来引起家长、老师、同学的注意、认同与尊重,从而补偿自己的心理需要,然而这些过激的方式适得其反,不但没有满足其爱和归属这种基本的生理、心理需要,反而让其体验到了更多的困扰和痛苦,最终陷入了自己所营造的恶性循环的怪圈。为了给他以支持和调节,在他语言宣泄的同时,我让他到"生物反馈治疗室"作心理放松练习。具体做法是采用放松训练(腹式深呼吸)与音乐疗法(情绪放松音乐)相结合,让他在轻松的环境中体会肌肉紧张与放松的不同感觉,并逐步学会在自己紧张的时候用最短的时间放松自己的肌肉,从而学会控制自己的情绪。放松训练有意识、有系统地训练肌肉动作逐步达到松弛,并使训练者呼吸缓慢。音乐疗法是利用音乐促进健康,特别是作为消除身心障碍的辅助手段,通过音乐可抒发感情,促进内心体验的流露和情感的相互交流。近代试验研究证明,音乐对人体呼吸、心率和血压产生明显效应,并影响内分泌活动。到第一次咨询结束时,要求李静琪下个星期来,做一个沙盘音乐咨询,进一步了解李静琪的内心需求和潜意识表现。

第二阶段:帮助分析问题,探寻根源,改变认知和情绪

"现在请你做一次已经学会的自我心理放松练习,十分钟后请你在沙盘上放上你自己想放的任何物品,物品的位置,数量没有限制,物品的大小、形状、属性等任意选择,构建出你自己内心希望表达的画面…"下面是我和李静琪在沙盘音乐咨询过程中的部分对话记录和第一次咨询是经本人同意的沙盘咨询图片。

咨询师:"还有你希望放的东西吗?"

咨询者:"没有了,差不多就是这样。"

咨询师:"那你能告诉我,你第一个物品就是这座房子吗?"

咨询者:"是的。"

咨询师:"你为什么喜欢选这个样式的房子呢?"

咨询者:"因为这样的房子代表我的愿望。"

咨询师:"你的意思说,你出去以后想要拥有这样的房子,是吗?"

咨询者:"我希望出去以后拥有这样的家庭。"

咨询师:"哦,那这房子代表的是你的家庭?"

咨询者:"是的,这是我的愿望。"

咨询师:"然后你是放了这棵树和人物?"

咨询者:"是的。"

咨询师:"那你能告诉我这棵树还有这三个人,分别有着什么含义吗?"

咨询者:"放这棵树我是希望有一点绿色。第一个人是一个智者,他对面的两个人代表着我自己和我的女朋友。"

咨询师："接下来我还发现你放了一只老鹰在这个地方,你想表达的是什么内容呢?"

咨询者："这个老鹰是我的一个心愿。"

咨询师："哦,你的意思是说,你非常渴望像老鹰一样飞翔是吗?"

咨询者："是的,我向往自由。"

咨询师："那你为什么在这边上又放了两个人?"

咨询者："这两个人所组成的画面,我希望是我和我女朋友将来的生活情景。"

咨询师："最后你是否放了这些水果和蔬菜?"

咨询者："是的,我希望能有自己的土地去种自己喜欢吃的东西。"

咨询师："那你有没有发现你还缺了什么?"

咨询者："看不出来。"

咨询师："如果我现在让你再放几样东西你希望放什么?"

咨询者："那就放这两个吧。(彩虹和汽车)"

咨询师："哦,你不觉得还缺了什么吗?(摇摇头)"

咨询者："不知道"

咨询师："生命能离开水吗?(启发)"

咨询者："不能。"

咨询师："可是我在你这里,看不到水。我认为水代表生命源泉,是一种能量。"

咨询者："哦,没想到。"

咨询师："还有,你不觉得你的绿色少了点吗? 只有一棵树。"

咨询者："是的,是少了点。"

咨询师："哪你希望有什么改变吗?"

咨询者："在房子前面增加点草坪吧!"

咨询师："还有呢?"

咨询者："在这增加一条河吧!"

咨询师："这样你是否感觉画面更完美一点?"

咨询者："是的。"

咨询师："其实,你的画面确实做得很好,只是不够完美而已。如果,你能让河流宽一点、深一点,可能会更好。之所以会出现上面所说的瑕疵,是因为你的动力不足。希望你能从这次游戏中有所收获。"

约好两个星期后做第三次咨询。

第三次咨询,李静琪准时来到我的咨询室。

咨询师："你能把上一次的画面再摆一次吗?"

咨询者："可以。"

咨询师："你有没有发现,这一次的画面和上一次的有很多不同的地方?"

咨询者："哦,是的,做了一些改动。"

咨询师:"这些改动其实是你潜意识的表现,也是你心理成长的过程。如果,让你继续摆一次,你愿意在原来的基础上作修改还是从头再来?"

咨询者:"我愿意在原来基础上做一些调整。"

咨询师:"好,那你做你自己想要的调整吧,做好以后告诉我一声。"

(这一次,改变最多的是绿色和河流,并且在河流上增加了水中的生物、渔夫和船以及一座桥)

咨询师:"做好了么?"

咨询者:"好了。"

咨询师:"不想再改动了吗?"

咨询者:"是的。"

咨询师:"那有没有想其实每个人都有一个习惯性的思维和惰性?好的习惯会成就一个人的事业,坏的习惯会毁了人的一生。惰性也是潜意识中本我的表现。"

(在这次咨询前我刚好上心理健康教育课,给他们讲过自我、本我、超我、潜意识和意识等内容。最好把上课的内容和平时生活结合起来,在生活中体会心理学知识的"魔力",把咨询的内容也具体化、现象化、生活化。只要当一个人学会了用心理学的角度去看问题、思考问题、解决问题的时候,我们心理咨询的目的就达到了)

咨询师:"还有你发现了没有,你的画面比较靠上,下面基本上是空白?你以后想过这个问题吗?"

咨询者:"没有。"

咨询师:"从图的布局结构看,靠上的位置代表的是你的幻想和对未来的思考成分较多,你对现实的把握和考虑的很少。我们最需要思考应该是现在,过去已经成为了历史。只有把握现在、从今天做起才有可能改变自己明天的轨迹。(见右图)"

第三阶段:巩固咨询效果,促进心理健康阶段

在第二次、第三次咨询过程中,我都对李静琪进行了作业布置,要求他把每次的咨询过程和结果,作一次记录。每次咨询前看他有没有按照要求完成作业,并且及时进行评估,(只看完成的)并给予表扬和鼓励,告诉他我感觉到了他的变化,希望他继续努力。并帮助他一起制定下一步相应的学习及训练计划,提高他的自我反省的能力。除了进行一对一的咨询辅导外,我还安排他参加所部和大队组织的各项活动,比如参加了"改变我的人际关系"团体辅导训练。音乐团体治疗,目的是提高他对"自我"的认识水平,发掘个人潜能。同时,采取多种治疗方法逐步达到促其人格完善的目的,使其以健康的心理状态与人交往,勇敢面对未来的社会生活(不断强化给予鼓励)。在最后一次结束前(还有一周"出所"),我们向他传递目前社会上的公益戒毒机构(志愿者协会)、公益戒毒组织(NA)及心理援助系统等等信息,以便他获得社会支持,帮助他解决各种困难,令他早日摆脱毒品,融入社会。

第四阶段:效果评估

中队民警的反映:咨询后该学员学会遵规守纪,服从管教,努力学习。一年以来,曾获得

"全省劳教系统戒毒人员计算机操作比赛"第一名、两次获得所部"嘉奖"、"建国六十周年专题黑板报竞赛"二等奖、"迎国庆六十周年庆典活动征文"二等奖、"一封家书征文"二等奖、"艺术节书画竞赛"三等奖、荣获"2009年度优秀报道员"称号……

家人及本人评估：自信、开朗。自述每月撰写的稿件都陆续被"两报"刊登，更重要的是，在这里找回了久违的自信，懂得了如何驾驭自己去从容面对今后的人生，拨开了白色的迷雾。

咨询师的评估：目前为心理健康状态。

三、个案咨询体会和探讨

在给强制隔离戒毒人员这特殊群体咨询过程中，不能仅仅局限于某种咨询理论和技术，要因人、因事、因场所而异，既可以"鸡尾酒"调和糅合综合运用，也可以采用"乾坤大挪移"兼收并蓄，各个击破。知识、技术、理论没有固定框架，只有合适的就是最好的。对强制隔离戒毒人员吸毒原因用"潜意识"的精神分析理论他们可能更愿意接受和认可（特别是做个人心理成长咨询时此方法更有效）。在沙盘咨询、治疗环节，我认为让强制隔离戒毒人员重摆上一次的沙盘场有三个好处，其一，可以即时联接前一次场景，打开心扉，缩短沟通时间。其二，可以观察当事人的情绪体验，评估前一次咨询效果。其三，可以积蓄当事人的能动性和挖掘其潜能，强化情绪体验巩固疗效。本文只是希望通过个案分析，探讨心理辅导方法，分析咨询和辅导这一新兴的教育形式在生活中的应用及产生的效果，探讨怎样利用辅导和咨询来促进强制隔离戒毒人员在学习、生活过程中的积极性，同时又能提高强制隔离戒毒人员的教育矫治质量。

【案例评析】

这是一个成功的矫治个案。该个案是以促进戒毒学员心理成长为目标的心理咨询和心理辅导活动。在这个活动中，至少涉及以下几个内容：（1）有效倾听、给予尊重，获取来访者的信任；（2）了解来访者的心理需求；（3）促其释放负面情绪；（4）放松心理，认识自己内心真正的需求；（5）消除思维惯性，改变惰性生活习惯；（6）建立社会连接，改变对社会不信任状态；（7）化解心理障碍，重塑自我。心理治疗方法则包含了心理咨询、沙盘疗法、音乐疗法，涉及建立沟通的技术、沟通中的交流技术、沟通中的影响技术、分析判断技术（关键性问题）、作业技术，穿插进行放松训练等，充分运用了有效沟通技术，抓住了来访者心理需求这个主线，消除了其潜意识里持续性产生负面作用的那些因素。沙盘疗法通过来访者自己搭建自己的想象世界，用沙子、水和沙具构成各种沙盘意象，用来反映内心深处中意识与无意识之间的沟通与对话。咨询师通过放松训练和引导技术，让来访者以整个身心直接体会自己的内心冲突，敞开人的潜意识，既释放了紧张和被抑制的情感，又意识到自己的不足（关注未来大于现实），从而促进来访者的成长。

如果在治疗中能够增加内省的环节，让其反思自己内心需求所建立的错误代偿方式（吸毒等），则更能有效促进其重新认识自己，我们相信，这或许已经成为咨询师探索实践的方式方法，才促进了这个戒毒学员全新的转变。

第八章　戒毒人员回归社会后典型个案及评析

案例二十九　从瘾君子变成"果蔬大王"①

【案例呈现】

一、基本情况

沈国军,男,1965 年出生,浙江奉化人,初中学历,2005 年入所时未婚,曾做过出租车司机,开过饭店。

二、成长经历

沈国军虽然文化程度不高,但是曾当过出租车司机,开过饭店,生活条件比较丰裕,所以在当地村子里是个小有名气的能人。

三、吸毒史和戒毒史

1996 年,因饭店经营不善,他在生意上亏了不少钱,心里一度失落。在一次朋友聚会中,沈国军经不起朋友的"盛情"劝说,吸上了毒品,从此一发不可收拾,家产耗尽,老婆也离他而去,在接下来的 7 年里,他先后 4 次被送往奉化、衢州、杭州等地的戒毒所戒毒。在奉化市司法局归正人员名册中,已经是"三进三出",也算得上是一个重点对象了。2005 年,是沈国军最后一次进戒毒所。

四、入所表现

沈国军刚到戒毒所的时候一直沉默寡言,对任何事情都提不起兴趣,整个人好似一具行尸走肉,中队里的管理民警将之列为重点人员。

五、所内教育情况

大队教导员发现沈国军的情况后非常关心,多次抽时间找他谈心。但不管教导员说什

---

① 摘自《浙江法制报》2012 年 2 月 23 日 第 11 版有关内容,有所删改。目前搜集到典型成功个案均限于多年前劳教戒毒成功个案。

么,作为"经验丰富"的"老劳教",沈国军一开始根本不听。但教导员没有放弃对他的矫正,教导员向中队的分管民警强调,对待像沈国军这样"多进宫"的戒毒人员,一定要有耐心,他说"只要工夫深,铁杵也能磨成针"。

经过半年多的思想教育,沈国军开始醒悟了,认识到自己不能就这样过一辈子,而应该把后半辈子活得更加精彩。于是,他积极配合管理民警的教育矫治工作。2006 年 12 月,沈国军提前解教回家。那天,教导员特意把沈国军送到了大门口,并握着他的手语重心长地说:"出去之后,一定要换个环境,找一个正经的事做,不要再回来了啊。"

六、解教后情况

回到奉化后,沈国军手拿解教通知书到奉化市司法局报到,在当地司法所,所长在和沈国军谈话中语重心长地说:"做人要有一点骨气,不能老是跌倒在一个地方,只要你下决心改过,政府会不舍不弃一如既往给予你关心和帮助,并在安置政策上尽可能给你创造有利条件。"在政府的关心和朋友的资助下,沈国军先开了一家棋牌房,生意不错。可没过多久,那群"朋友"知道沈国军已经从戒毒所出来并做起了生意,又有着比较稳定丰厚的收入,于是经常隔三岔五找上门来,沈国军想起离开戒毒所时民警的劝告,再加上自己几次戒毒复吸的经历,他明白如果再和"朋友"混在一起,只会让他重新走到老路上来。为了能彻底戒除毒瘾,沈国军毅然关闭了一年可以赚上 10 来万元的棋牌房,离开了奉化市区回到久别多年的老家××村。承包了一些土地,开始搞果蔬种植。

七、后续跟踪

淳朴的村民知道沈国军曾吸毒,非但没有看不起他,还鼓励他重新振作,村党支部书记主动和沈国军结成帮扶对子。沈国军提出要搞果蔬基地,搞基地需要成片的土地,这个难题并不好解决,但书记还是挨家挨户游说村民,并率先拿出自家的 2 亩地让沈国军创业。在村民们的配合和支持下,沈国军租到了近 90 个农户的 200 亩土地,开启了新的创业之路。为了让他安心创业,村里还把村委会办公楼的两个房间腾出来,供他居住和工作。

创业第一年,由于技术不过关,沈国军的果蔬基地亏损近 30 万元。沈国军撑不住了,甚至想再次用毒品麻痹自己,好在亲友盯紧了他,加上自己意志坚强,才没做傻事。这时,在戴建平的建议下,沈国军找到了奉化市农林局局长。局长对沈国军的举动十分支持,每周派技术人员来基地指导工作,还特意安排沈国军去宁波农科院参加农业技术培训。

"没有他们,我的这个基地很难办下去。我特别感谢王局长,他一直鼓励我,经常来基地帮助解决我的实际困难,给我派技术员,联系客户,解决资金难题。他对我说,我们是朋友,有什么困难就来找我。但你要记住,千万不要再去碰那个东西了。"沈国军回忆起当时的境况,饱含深情地说。

经过 2 年的打拼,沈国军种植的农产品终于打开了销路。他为自己的农产品冠上了具有特殊意义的品牌——"凌晨",在奉化市场打出了名号。他说,"凌晨"预示着太阳的升起,就像他的人生和事业。

2010 年初,奉化农技总站收到来自宁波市世博接轨办的消息,将在该市选择几种适合盆栽、稍耐阴的农作物,尚田草莓、奉化芋艿头、彩椒、樱桃番茄均入选其中。又是经过王局长的推荐,沈国军的果蔬基地担负起了为上海世博会宁波滕头馆种植"盆栽樱桃小番茄"的重任。盆栽面积达到 30 亩,采用了最先进的有机废弃物生物发酵施肥技术。当年 5 月中旬,沈国军培植的"盆栽樱桃小番茄"终于在上海世博会园区滕头馆生态田里亮相,受到了众多游客的热捧,并被形象地称为"世博樱桃小番茄"。

"6·26"国际禁毒日,对于沈国军来说,是一个很值得纪念的日子。因为在 2009 年的"6·26"这天,经过 3 年的相识相知与相爱后,沈国军与奉化姑娘方某某这对有情人终于走进了婚姻殿堂。

在当晚的婚礼上,沈国军当着乡亲们的面,宣读了早就准备好的"军令状":"本人沈国军,从 6 年前开始戒掉毒品以来,从未染指毒品……本人在此立下军令状,请大家放心,我会远离毒品,把蔬果专业合作社经营得有模有样,成为奉化有一定知名度的特色农业种植基地。"沈国军表示,之所以要选择这个警示日作为自己的婚礼日,就是为了一表自己与毒品决裂的决心。

他的妻子深信,一个曾经做错事的男人如果有了新的人生目标,并有了妻子的关心,必定不会走回头路。

从 2010 年开始,沈国军以成功戒毒者的身份多次走进戒毒所,给所里的戒毒人员现身说法,鼓励他们要有信心战胜毒魔。

"每次戒毒时都信心百倍,可当我走出戒毒所回到家里,以前的'毒友'就会找上门来,我不知道该怎么办?""出去后,如何得到家人谅解?面对常人异样的眼光,又该怎么做?"……面对戒毒人员一个个残酷的问题,我一一作了回答,并告诉他们做人一定要有目标,对未来要有希望,这是成功的先决条件。环境固然重要,但最重要的还是自己的意志力。要想彻底戒毒,就必须与"毒友"划清界限断绝来往。"毒品本身没有错,错的是吸毒的人。要正确认识自己的错误,把心态放好,这个过程可能会很艰辛,但是走出来后,前面就是天堂。"①

八、民警感悟

五年不到的时间,沈国军完成了从一个在毒海几经沉浮的吸毒浪子到创出"凌晨"品牌,并且亮相上海世博会的农业科普示范户的华丽转身。我们看到的是一个从不幸到幸运,从腐朽到神奇的一个过程:在他的人生道路上,曾经迷失过、堕落过、尊严尽失,通过他自己的努力,痛定思痛,在迷茫的道路上找到了前进的方向,经历了浴火重生,用自己自救的经历向身边的人们证明了自己存在的价值,赢得了人们的尊重和钦佩。人们在沈国军身上看到了一种洗净铅华后的淡然和一种褪尽尘埃后的轻松,就如沈国军自己所说的那样,"当你真正远离了毒品,内心会获得真正的平静,身体能体会到真正的轻松……"现在的他,自信、阳光、坦诚,在经历过人生巨变的他的身上,蕴藏着一颗强大的内心,拥有战胜人生路上困难险阻的力量。

【案例评析】

这是一个难得的连续跟踪的戒毒个案。沈国军坎坷的戒毒经历折射出戒毒工作的艰巨。我们不能期待戒毒场所能够包办一切问题,能够上每一个戒毒学员出所后彻底告别毒瘾,但是当戒毒学员在所期间,我们应当尽可能运用一切教育力量参与对戒毒学员的矫治措

---

① 参考浙江在线有关报道修改。

施,这个帮助不囿于所内进行的一系列道德法律、禁毒戒毒教育、行为养成教育、职业技能教育、心理能力恢复训练等,更重要的是关注回归社会教育,包括适应性教育、安置就业衔接教育、个案跟踪反馈等。吸毒成瘾者心理能力的恢复不是靠简单的说教来实现,更多地需要关注关键问题,一个问题是如何激发起戒毒者的戒毒动机、培育他们坚定的戒毒意志品质;另一个则是介入戒毒学员回归社会后实际生活状况改善工作,如出所衔接工作、就业安置工作、药物维持性治疗衔接工作等。就这个个案而言,如果没有政府劳动人事部门、司法行政部门、乡村干部和亲友的及时支援,没有沈国军自身坚定的戒毒信念的支持,沈国军的人生不可能奏出这么精彩的乐章。如果将吸毒者看成一个个跌倒在人生路上,爬起来后又一次陷入迷途的人,那么在他们的内心都还存在着希望,他们希望拥有可以化腐朽为神奇的力量,可以让他们自己生命再次怒放的力量。某些学者的研究数据也能给我们以帮助戒毒人员戒毒的强大信心,如以郝伟对长沙市芙蓉区的调查为例,通过严格的面对面的调查,现有记录在案有吸毒史人员 662 人,其中 393 人调查时未再吸毒,操守保持率为 57.4%,平均操守保持时间 3.79 年,最长操守保持时间为 16.6 年。[①] 虽然这不是强制隔离戒毒所出所后的数据,但以浙江省的教育矫治实践来看,如果以戒毒人员减少复发的频度和严重性、戒毒人员的身心恢复作为考量指标的话,强制隔离戒毒人员在所内的戒毒效果是可以得到多方印证的。现在在所人员普遍出现了生活、行为状况的改善,并且在体质恢复、心理状况改善方面都呈现出良好的转变趋向。相信随着更为完整、系统化的戒毒治疗工作的推进,一定能够在出所人员减少吸毒频次以及单位时间内保持操守率方面实现突破。因此,我们相信随着戒毒人员跟踪回访工作的跟进,我们会发掘更多的趋向正常生活状态的戒毒个例。

案例三十　从吸毒者到村长的蜕变
——一个成功的戒毒案例

【案例呈现】

一、基本情况

　　周天逸(化名),温州瑞安人,1970 年出生,1993 年 23 岁的他在江苏常熟做服装批发生意,当时已是一个小有名气的温州小老板,1995 年交友不慎的周天逸走上了"吞云吐雾"之路,生意如日中天的服装批发店不得不关门停业。此后,他到上海自愿戒毒过 20 天,被强制戒毒过 4 个半月,1998 年被家人送到温州劳教所劳教戒毒 2 年。2000 年,走出劳教所大门的周某在亲人和朋友的帮助下浪子回头,彻底告别了毒品,重新开始生活,2005 年通过竞选当上了瑞安某村的村委会主任,在当地小有威望。如今,摆脱毒魔的周某对未来充满希望。

　　①　郝伟:《我国吸毒现状、相关问题与对策》,《中国药物依赖性杂志》2004 年第 3 期:第 227—230 页。

二、社会交友情况及家庭情况

周天逸，家庭条件较好，像大多数温州商人一样，二十出头的他就开始走南闯北做生意，借着改革开放的春风，25岁得他已经小有资产，正当春风得意的时候，认识了在外做生意的老乡。

有一次周跟朋友到外面去玩，发现许多人围在一起吸毒。当时还不知海洛因是何物的他好奇地问朋友在干吗，"在吸毒"有人回答，周并不知道毒品有什么样的危害，只听大家讲这都是有钱、有地位的人玩的，没钱人是玩不起的。正是在这种追求时尚和好奇的心理驱使下周天逸从此走上了"吞云吐雾"之路，从此，毒品让他跌进了深渊。

三、吸毒史

由于沉溺于毒品，周天逸再也没有心思打理自己的生意，批发店也不得不关门停业，整天想到的就是吸毒，一年就要花掉100多万，原来积累的财产也很快被他吸光了。沉溺在毒品的日子里他东躲西藏，每次看见警车、听见警笛声就心惊肉跳，赶紧关灯闭户，害怕被警察抓住，几乎没睡过一个安稳觉。"我最恨那些贩毒的人，他们引我上钩，不但榨干许多人的钱而且要了许多人的命。"周天逸说跟他吸毒的那批人现在很多都死在了毒品上。钱花光了就去骗，亲戚朋友都不放过，弄得人格都没有。

四、戒毒史

周天逸后来觉得人再这样下去就彻底完蛋了，于是到上海进行了自愿戒毒，但是出来后在白色烟雾前，所有的信念都崩溃了。一个人吸毒成瘾后要真正戒除毒瘾实在很难，本来自己下定决心不再吸了，可外界的力量却胁迫他吸，真是防不胜防啊，又被强制戒毒四个半月，在反复戒毒吸毒中，1998年被家人带到温州劳教所劳教戒毒2年。

五、矫治情况

在戒毒的2年时间里，经过劳动教育，在警官们的教育感化下，认识到了吸毒的严重危害性，也看到了很多人吸毒的后果，同时家人并没有放弃周天逸，这更加坚定了他的信心，2000年走出劳教所大门后就再也没有碰过毒品。

六、家人社会支持系统

(一)认识女友，人生蜕变

周天逸走出劳教所的大门后，就跟原来那些一起吸毒的朋友彻底断绝了关系，安心在父亲开的厂里打工，每个月拿着一千来块的工资，通过上班，周天逸进一步明白了金钱的来之不易。同时，认识了一起上班的比他小8岁的王某，王某并没有嫌弃他曾经吸毒过，而是给他信任和鼓励，两人坠入了爱河。但是马上村里就有人风言风语，说周天逸曾经劳教过，吸毒又容易复吸，话语传到王某家里，王某家人就极力反对。但王某对其很有信心，两人冲破重重困难，终于走到一起，一年后生了孩子，这更加坚定了周天逸的信心。

(二)亲朋信任，事业小成

婚后，周天逸跟老婆每天起早贪黑，只能自我维持生活，日子虽然过得很拮据，但两人很甜蜜。两人又去开店,生活慢慢好起来了,后来又去卖水泥,由于勤于经营,生意如日中天。这时候一些亲朋好友看到周天逸的蜕变后,就鼓励周天逸去竞选村委会主任,周天逸就去找村里威望高的老干部商量,亲朋好友的鼓励给了周天逸很大的信心,周天逸顺利当上村委会主任。当上村委会主任后,周天逸感到身上的担子重了,就把大部分精力投入到村里的工作。现在,周天逸所在的村发展得很不错,新农村建设也开展得如火如荼,周天逸在当地的威望也高了,对未来也充满希望。

七、经验总结

通过周天逸的故事,笔者总结出要彻底戒除毒瘾,主要有以下几点:

第一,认识毒品的危害性。通过在劳教所的劳动和教育,周天逸明白了毒品的严重危害性,懂得吸毒最终的归宿将是家破人亡。自己也是尝到了苦头,吸掉了辛辛苦苦赚的钱不说,弄得人不人、鬼不鬼的,整天提心吊胆地过日子,对毒品也是从开始的好奇到最终的厌恶。

第二,懂得了劳动的意义。在劳教所的劳动改造,开始的时候是很抵触的,因为在外面游手好闲惯了,后来经过警官的教育,认识慢慢转变过来。从最初的消极变为后来的主动。也懂得一个道理,惟有自己辛勤的付出才有收获,在劳动中体会到生活的意义。为出去以后能安心工作奠定了很好的基础。

第三,系统的针对性训练。通过在劳教期间所经过的各种训练,如:拒绝毒友引诱训练、应对人生困境的训练、抗拒心瘾训练,很好地锻炼了自己的身心意志,也增强了戒除毒瘾的信心,同时警官的关心和信任,也使其本人寻找到尊重性支持系统。

第四,亲情感化的重要性。亲情感化是最好的"催化剂",如果遭到家人抛弃,他们很可能会自暴自弃;如果家人对其仍有信心并加以鼓励,对于戒毒人员回归社会非常有帮助。周天逸正是由于家人的不抛弃、不放弃,才会重新燃起生活的希望。

第五,良好的环境控制。环境对一个人的生活、成长将会产生重要的影响,良好的环境对吸毒者非常关键,如果解教出去的吸毒人员还是跟以前的毒友在一起,很容易抵挡不住诱惑,开始复吸。周天逸就是彻底跟以前一起吸毒的人员断绝关系,才会走上正常的生活轨迹。

第六,抱定必须戒除的信念。信念是一个人重要的支撑,周天逸的成功在于有必须戒除的信念。其中亲朋好友对他的信任和鼓励起到了很重要的作用,感觉到自己如果不彻底戒除毒品会对不起他们,女友的出现是人生的一个转折点,尤其是结婚生子后把更多的精力投入到家庭之中去。

第七,要有精神寄托。具体来说,就是一个人要有事干,而且最好一天到晚忙得没有时间去想它(指毒品),周天逸出去以后就到厂里打工,结婚后又自己创业,后来当上村委会主任,整天忙的就是工作,工作和家人成了他的精神寄托,就没时间去想毒品了。

八、民警体会

对于周天逸的戒毒成功,结合我们的工作,笔者认为要减少复吸毒人员的数量,贯彻落实首要标准,关键是做好以下工作:

（一）加强教育，使吸毒人员明白毒品对自己、家人和社会的危害

通过课堂化教育和个别谈话，讲授毒品的基本知识以及危害性，通过生动的实例让他们明白吸毒的必然结果将是家破人亡。

（二）运用心理疗法，改变吸毒人员错误的认知

吸毒人员长期的吸毒导致人格缺失，但部分人员都有心理问题，毒瘾好戒心瘾难除，我们要更加广泛地运用心理学知识，对他们加强心理治疗，改变他们错误的认知。

（三）强化职业技术培训，使学员出去后有一技之长

很多复吸毒人员是解教以后没事可做，从而在无聊空虚中又走上老路。我们要加强技能培训，使他们有一技之长，不至于出去以后找不到工作，很多工作我们已经在做，今后要在技能培训的宽度和广度上再下工夫。

（四）发挥亲情帮教的作用

亲情的帮助对吸毒人员是重大的，家人的不放弃将是他们戒除毒品很大的信念，家人的鼓励将是他们很大的动力。

（五）加强跟社会的无缝链接

要使解教人员出去后很好地适应，做好解教后的安置工作，加强环境控制，不至于出现解教人员出去后无事可做的"真空期"。

【案例评析】

这个个案是前几年劳教戒毒解教之后成功转变的个案。从本案例给我们的启示是，毒品戒治仍然是个世界性难题，如果没有系统的环境支持，单靠戒毒者自身，是极难克服心瘾的。有学者研究指出，影响复吸的原因有9大因素，分别是：①戒毒动机及决心；②心理渴求；③错误认知；④情绪状态；⑤稽延性戒断症状；⑥同伴的压力；⑦外在应激事件；⑧经济状态；⑨家庭社会环境因素。所以，我们无法很准确地评判戒毒成功者保持操守的原因，有多大程度上归功于强制隔离戒毒工作，但我们可以通过重点关注以上几个方面的变化，制定科学的指标去反映戒毒者在戒毒整个流程中上述因素的改善情况。有学者指出，评价戒毒工作不应该局限于复吸这一个因素，而是全方位的，评价的尺度包括毒品的使用情况、医疗与躯体健康状态、社会心理功能水平、工作情况、违法犯罪活动、复吸频度与严重性等。[1] 个别因素我们无法控制的，如经济状态、家庭变化，也须更多注重各部门合作落实帮困措施的到位。就司法行政系统的强制隔离戒毒场所而言，对内需探索如何确立自己的有特色的治疗模式，对外则要关注如何做好前期衔接（戒毒人员身心状况评估）和后续接管（向社区、家庭和社会的延伸）工作。唯有如此，方能最大程度发挥戒治作用。

① 杨玲，李明军等著：《毒品吸戒问题研究——来自心理学的探索》，科学出版社2010年版，第250页。

案例三十一　我的人生我做主
——一个吸毒者的心灵拯救案例

【案例呈现】

案例中的戒毒人员朱开易已于2004年夏顺利回归社会,成为了一名生理和心理都很健康的守法公民,消除了对毒品的迷恋,懂得了用法律来约束自己的言行。通过他自己的努力,目前已获得了北京大学的函授文凭,当上了个体经营老板,自己拥有了一个幸福的家庭,承担起了对社会对家庭的责任心。

对戒毒人员朱开易的心理矫治工作,是一次理论与实践相结合的尝试,也取得了许多在心理矫治工作上的宝贵经验。

一、矫正情况还原

(一)基本情况

朱开易(化名),出生于农村,其女友有吸毒史,朱开易无业。生活的家庭环境和个人所处的社会环境,给该员造成了吸毒的客观因素。加之在接受治疗矫治之前,朱开易又属社会闲散人员,接触到社会上有不良习惯的人较多,耳濡目染,渐渐地走上了吸毒的道路。朱开易在自身思想上一直抱以贪图享受、好逸恶劳的人生观,对生活从不抱太大希望,对家庭也不承担责任,且法律观念十分淡薄。这一系列的主客观因素直接导致了朱某一次次地吸毒又一次次地戒毒,反反复复地在吸毒和戒毒之间徘徊。

(二)强制戒毒

朱开易2002年再一次复吸毒品,被送进强制戒毒所接受3个月的强制戒毒。生理上的脱毒在强制戒毒所时按常规药物进行治疗,过程比较顺利。在对其宣布劳教戒毒时,他生理上已经完全脱毒,也逐渐恢复身体健康和各种生理功能。接下来心理矫治将是必须长期坚持的一项工作。

(三)调查分析

2002年8月,朱开易被移送到劳教所接受劳教戒毒以后,民警们首先对其复吸毒的客观原因和心理因素作了认真的调查分析。该员属于复合型的吸毒人员,认为其可称为客观因素提供条件,主观思想因素直接导致的吸毒人员。这样的吸毒人员在心理矫治上是十分不容易的。他长期在吸毒人群中生活,其思想已经彻底地被毒品打垮,人生观和价值观已被扭曲。

(四)启发诱导

民警首先就将其断除和隔离了外界不良联系,让其无法再次沾到毒品。并按照"以人为本、科学矫治"的工作方针,细致、耐心地对其进行思想上的开导,列举许多美好的事与物,许多通过戒毒获得成功的成功人士的事例,对其进行启发,希望他能明白世上美好的东西还很多,值得追求的还很多。成功的人是怎样成功的,自己也可以像别人那样做一个成功之人。

心理矫治过程开始之初,戒毒人员朱开易或许是出于对未听说过的事与人感兴趣的原因,他听得很认真,不时还随着附和几句。

(五)亲情感化

通过一段时间反复进行心理诱导后,朱开易渐渐地变现出厌倦情绪,并伴有抵触端倪。民警认识到,如果在这个时候,放松对其心理矫治工作的话,将会前功尽弃,必将导致其再次回到复吸道路。出现这种情况以后,民警立即对其加强了思想教育,而且增加了谈话的次数和内容。谈话中发现,每每说及他的家人和女友时,朱开易就会不由自主地展现出黯然神伤的表情。这就足以证明,家庭和女友对他还是有影响力的,在他心理上应该还有一定的分量。民警针对他家庭的特殊情况,抓住"亲情"这一重点要素进行心理矫治。给他描述了许多和睦美好的家庭生活,以及亲人之间应该怎样相处相待,才会过得更好。特别是对于父母,自己应该毫无理由地承担起做一个儿子的责任,要为老人的晚年着想。告诉他一个人要勇敢地面对困难,承担责任。通过亲情感化法的运用,渐渐地打开了戒毒人员朱开易的心灵之门,让其能进一步接受心理矫治。戒毒人员朱开易在"亲情"感化法的作用下,恢复了对家人的信任,开始了和家人的沟通联系,这是良好的开始。

(六)人生观教育

在朱开易开始与家人恢复书信往来后,民警及时帮助其在思想上树立正确人生观的教育。民警对其仔细地阐述了人生观的含义。使其认识到,一个人,从来到这个世界开始,人生的目标就是既定的,人生的路上,无论遇到各种各样的幸福或困苦,都要有一个平和的心态去面对;在大是大非以及个人命运上都应该体现人生的价值观念。这些道理逐人对他讲解,以求达到树立正确的人生观的目的,让其端正生活的态度。对待生活和生命不再消极,让其知道一个人活着就应该对自己负责,对社会负责,对家庭负责。

(七)习艺劳动矫治

在平时的交流谈话中,民警发现朱开易在人生价值取向上扭曲很严重。第一,好逸恶劳思想严重。总是想有朝一日,可以不通过劳动而获得巨大的财富。第二,自私自利心理严重。对待别的戒毒人员总是斤斤计较,不能宽容待人,自己的东西不愿与他人分享,不是自己的东西老是盘算着如何将其据为己有。民警运用了实际行为与理论讲解并用方法进行矫治,让其投入习艺劳动,促其养成爱劳动的习惯,并能掌握一技之长,在劳教戒毒过程中穿插着给其讲一些劳动创造世界和美好幸福人生的道理。把历史上贪图享乐、好逸恶劳的人物悲剧告诉朱开易,希望他能摒弃"好逸恶劳"的恶习。针对他"自私自利"的心理,采取常规化的集体生活作息行为训练,严格要求他遵守规范,和睦地与他人相处,宽容大度。并且耐心地对其说明在这里的集体生活和回到社会后的生活其实是一样,同样有生活上的规则,不能非法占有别人所拥有的东西,不与人和睦相处将会导致很多不好的结果。通过这样的矫治方法,以求促使朱开易养成遵规守纪、和睦大度地与人交往的效果。

(八)憎恨毒品教育

在心理矫治工作上,对毒品的正确认识,以及法制观念的增强也是十分重要的。戒毒人员朱开易在以往复吸生活中,他一直认为毒品是消除烦恼,能使人尽情享受的"神仙药"。民警认为必须将这样的认识转变过来。民警为朱开易介绍了一些有关禁毒、戒毒和毒品危害的书刊,让他了解各种各样的毒品对人体的伤害情况,使其从心理上对毒品产生恐惧和厌恶。另一方面,民警还对其加强法律、法规的学习教育,让他了解到吸毒和贩毒、种毒、运毒一样,都是违反国家法律、法规的行为,对社会产生严重的负面影响,希望其成为一个懂法、守法的公民。

二、民警体会

面对全世界禁毒、戒毒工作的严峻形势,不但要坚决地打击毒品违法犯罪,而且还要加强完善戒毒矫治工作。人的思想就是一个人的灵魂,思想指导人的行为,所以对吸毒人员的心理矫治永远是工作的重中之重,我们一定要坚持"以人为本、科学矫治"理念,有效地运用心理矫治实践所取得的经验,把一个个扭曲的灵魂扶回正途,让所有吸毒人员从心理上彻底的、真正的珍爱生命,拒绝毒品!

【案例评析】

从这个个案取得成功的实践来看,朱某在场所内完成了一次人生观、价值观的洗礼,这也是他出所后远离毒品、重新做人的根本。有关研究表明,吸毒人群普遍存在价值观错位问题。本个案就是找准了核心问题,通过实施行为矫正、完善亲情联结和思想教育等重要措施,使戒毒人员在场所接受矫治期间发生了质的改变。需要注意的是,戒毒人员的价值观、人生观的纠正是一个长远目标,不一定适合于所有戒毒人员。而且心理矫治是教育矫治工作的一个环节,它指向的是心理层面的问题,不能将两者混淆。

案例三十二　吸毒恨——一则多次戒毒失败个案的启发

【案例呈现】

一、基本情况

付某,男,1980年10月出生,汉族,未婚,初中毕业,浙江乐清人。其父亲远在青海打工,母亲独自一人在家操持家务,姐姐弟弟均已成家。2001年被强制戒毒6个月;2002年因复吸毒品被温州市劳动教养管理委员会决定劳动教养2年;2005年因复吸毒品被温州市劳动教养管理委员会决定劳动教养两年半;2009年因复吸毒品被决定强制隔离戒毒2年,在省属某强制隔离戒毒所执行强制隔离戒毒。2012年7月,付某再次因为复吸被决定强制隔离戒毒2年,在同一强制隔离戒毒所接受教育矫治。

二、反复吸毒原因分析

(一)家庭关系不和

付某自幼时,父母关系就一直不好,时常争吵打架,其父脾气暴躁,平时又沉默寡言,对付某缺乏正常的教育和关爱,付某犯错后会报以一顿毒打。母亲对付某则比较宠爱,平时不舍得打骂,心情好的时候会满足他一切合理与不合理的要求。渐渐地,付某养成了不服父母约束、固执和任性的性格。家庭教育的简单粗暴,与父母之间缺乏必要的情感交流,付某自小在这样的家庭环境中长大,心灵上难免会蒙上阴影,对其日后成长带来较大负面影响。

（二）人生观扭曲

付某潜在的贪图享乐意识使他放松了对自己的要求,追求刺激的感官享受。加之家庭教育缺位,使其对自己各种行为处于放纵状态,以各种叛逆的行为宣泄自己对家庭的不满。小小年纪抽烟、喝酒,以至于最后沾染上了毒品。在戒毒所内经过教育矫治,能够克服毒瘾。但出所之后,一旦接触到现实环境,又恢复到对毒品的依赖状态。

（三）管制措施缺乏

缺少家庭温暖的付某,为填补感情上的空缺,在社会上结识了与他遭遇相识的"哥们",此时的他缺少应有的辨别能力,在"哥们"一再劝说下,试了"第一口",然后,就与"白粉"再也分不开了。2011年解除强制隔离戒毒出所后,家庭当中仍然没有改变这种状况。其父还是远在外省打工,母亲没有能力管教他。付某因为没有固定职业,整日无所事事。后来,不知不觉又和先前吸毒的朋友混在了一起。

三、教育矫治对策

针对这个重点人员,所内民警也进行了具体分析。付某先后三次在该所执行劳动教养和强制隔离戒毒（另两次在其他所）,已经是所里"出了名"的难矫治人员。付某的"出名"是因为他的暴脾气,对抗管教、打架斗殴、消极抗工,曾因违纪三次送严管队。这次强制隔离戒毒,该员入队不久就因对抗管教送严管中队接受封闭管理。

2009年至2011年他首次接受强制隔离戒毒期间行为对抗现象已经基本消除,但根本的心理根源问题没有解决,还有重点是他的家庭关系没有得到改善。

此次教育矫治必须根据这些特点展开。计划重点在于找出付某种种不良表现的根源,并且确定了矫治的具体程序,第一步是缓和、化解付某与中队管理民警的对抗情绪,疏导其"无所谓"和自暴自弃的消极心理。第二步是联系其家人,争取家庭支持系统的介入。第三步是针对付某情绪不稳定、遇事容易紧张、焦虑、易发脾气的特点,制定一套用温情进行感化教育的计划,着重对其进行情感的重塑。

四、案例最新进展情况

两个月后,付某解除了严管归队。主管民警和其谈话多次,发现付某有一次提到,像他这个年纪的同龄人,大多已成家立业,他的弟弟的儿子都已经三岁了,所以感到压力很大。民警分析实际上他对家庭还是有愧疚之心的,这种愧疚之心就是教育矫治的契机。

现大队设法与其父亲取得了联系,详细说明了付某的情况和想法,要求其父亲与付见一次面,以缓解从小就有的父子情感隔阂。2012年10月,父亲来所会见,付某在会见时表达着自己的悔意和对父母亲的关切,会见时付某几度哽咽,并不时擦拭眼角的泪水。这次会见,消解了父子两人之间的隔阂,也强化了付某对家庭责任感的意识。此后,付某与父亲之间保持着通信,这给他带来了极大的信心和希望,家人的关怀始终是最坚强的力量。

至此之后,付某在中队沉静了很多,常常是若有所思的样子。而付某父亲在那次长长的通话之后也来了信,朴实的字里行间透着父亲的关切爱护之心。付某在《心桥》中这样写道:"时间过得很快,又是一个周末,在心情平静的时候就会想家,想家的感觉很热烈。20号意外收到父亲的来信,得知这次复吸给家里带来太多的痛苦,母亲终日以泪洗面,父亲也压抑着内心的痛苦为了生计抛开家中的一切,背井离乡到青海打工……这几天我总是想自己以前太自私太不懂事,应该静下心来好好反思自己的行为……"

据民警反映,付某现在开始有了很大的变化。开始认真学习教育,接受习艺劳动矫治。

五、民警体会

付某多次的戒毒失败表明,这是一个较为棘手的个案。目前付某虽然在行为、认知上得到了很大的改善,但是后续矫治措施应当要关注其出所后的社会接管问题,必须采取各种有效措施避免再次矫治失败。

【案例评析】

全国吸毒人员信息库显示,截至 2011 年年底,全国累计登记吸毒人员 179.4 万名。其中 58.7 万人滥用合成毒品,占全国吸毒人员总数的 32.7%。青少年在吸毒者中的比例居高不下。在吸毒者中 80% 以上是青少年,他们已成为最易受到毒品侵害的"高危人群"。同时,吸毒犯罪在违法犯罪中的比例也比较高。据部分城市调查统计,吸毒犯罪在所破获的违法犯罪活动中所占比例高达 70% 以上。结合这个个案,导致其反复吸毒的原因是多方面的。其中,家庭教育方式偏差(父亲暴力型、母亲溺爱型),是他吸毒的重要原因。在后续矫治当中,针对家庭的结构的治疗问题应当成为一个重点内容。笔者曾经接触过一个实际个案,先后七次因吸毒被劳教戒毒或强制戒毒。戒毒失败的原因也和家庭社会支持系统丧失、自身价值观错位有密切关系。

戒毒失败的个案在现实生活中非常多见,引发违法犯罪行为的更是举不胜举。针对前述这个多次戒毒失败的个案,我们庆幸的是,该戒毒学员尚处在有效管控当中,并且矫治工作还取得了一点进展,抓住了该学员教育矫治的一个契机(即对父母的孝心)。但是面对其他多次"进宫"人员,有些是由于药物滥用而导致大脑功能病变,有些因长期服用成瘾药物而导致心理各方面功能的变化以及社会生活方式的变化。教育矫治工作面临的挑战和困难一定更为复杂。因此,戒毒学员的教育矫治措施的重点还是要从单纯的所内教育转到加强所内和所外综合矫治工作的衔接与合作。只有进一步加强社会综合矫治的作用,发挥社会多方力量进行多渠道、多维度的系统治疗,才能使与案例主人公相似的戒毒人员出所后不再面临相同的高危状况,才能保证矫治效果的延续。

个案也给我们另一个启示,吸毒行为的发生跟早年成长经历密切相关。无论是在强制隔离戒毒所,还是其他戒毒机构,在矫治环节都应当尽可能争取家庭帮教资源。有条件的地方可以借鉴香港等地戒毒机构的做法,让家长定期来矫治机构参与心理康复以及家庭教育课程中。

第九章　多学科治疗视角下的强制隔离戒毒人员综合矫正案例及评析

案例三十三　教育工作中的"147"
——重点难矫治戒毒人员成功矫治个案

【案例呈现】

一、基本情况

苏海龙(化名),男,1988 年 5 月 6 日出生,初中文化,布依族,家住贵州省贵阳市某区,2011 年 3 月 31 日因吸毒被某市公安局决定强制隔离戒毒 2 年(2011.4.7—2013.4.6),同年 6 月 15 日送至某强制隔离戒毒所接受强制隔离戒毒。

二、思想情绪低落,极端想法突出

苏海龙入所后不久就有同组学员向队部反映该员多次在聊天的时候流露出自杀的念头,甚至询问他人怎样才能死得快。入所队通过几天观察,发现他平时情绪低落,找其谈话时也不愿与民警沟通,为安全起见将其调入集训中队。

调入集训中队后,分管民警采取了外松内紧的包夹措施,严密观察其一言一行。值班骨干和包夹学员陆续反映该员平时沉默寡言、情绪低落,说的仅有的几句话也是"想死"、"不想活了"等,暴露出强烈的自伤、自残、自杀的念头。6 月 29 日民警在安全检查中,从他身上搜查出一封遗书。上面写着"我愿意以另一种方式结束我这潦草的生命,只为快点走出这沧桑迷茫与绝望"。"如果真的发生意外一命呜呼,对我来说或许也是一种解脱"等话语,流露出强烈的消极、绝望、厌世的心态,中队将其确定为重点人员。此后民警多次以唠家常的方式找其谈话,试图靠近他,了解他的真实心理和想法。但他始终不愿意与别人沟通,谈话时保持高度警惕,表现出对民警的极度不信任,甚至是敌意。

但从苏海龙的口述中民警也初步了解到一些情况:他是贵州人,家住省城郊区,家庭条件不错,父亲在区人武部上班,母亲承包园林绿化,自己则在母亲的工地上班,女友是本地的大学生,准备过完年后结婚。2011 年刚过完春节,苏海龙携女友坐火车从贵州到浙江某市游玩,刚下火车时就被某市市公安机关抽样尿检,结果呈阳性。苏海龙承认自己在老家吸过毒,但对公安机关认定其注射吸毒的事实不服,认为某市公安机关在审讯时存在殴打的刑讯逼供行为,所以不服从强制隔离戒毒决定。女友也因他吸毒被抓而不理他,没有来探视过他,再也联系不到。他认为女友无情无义,同时也无法面对家人,不想和家人联系,所以痛恨公安机关和女友,不想活了。

三、深入排摸分析,找准思想症结

针对苏海龙的自述,主管民警和中队其他民警一起对他进行了多次教育开导,但他依然精神萎靡不振,情绪不稳定,自伤、自残、自杀的念头一直存在,常规的教育开导起不到任何作用。期间也多次采取绝食的方法,态度十分消极。同时,民警通过仔细分析初步掌握的情况,发现他的自诉还有很多疑问需要调查求证。一是他与女友已经到了谈婚论嫁的地步,为什么连探视都不来,并且手机关机,再也无法联系?二是他从被抓到现在已有近三个月时间,按他自述的家庭背景,家人应该早就掌握这一情况了,但到现在却还不知道他吸毒被抓的事实,真的是他无法面对家人吗?三是在他被抓到送入强制隔离戒毒所之间的三个月时间里,某市公安机关和金华戒毒所在对他的执法过程中究竟有没有存在过错,导致他如此痛恨公安机关,甚至延伸到对我所民警。所以民警在对其加强包夹监控的同时,在外围开展了大量的调查取证,准备在摸清苏海龙真实心理想法后,再进行针对性的教育。

然而,民警通过外围调查得到的情况竟与苏海龙的自诉有很大的出入。首先,通过多方搜寻联系到了苏海龙的父亲,掌握了他的真实家庭情况:他父亲是贵州老家一个铝厂上三班倒的普通工人,母亲在家务农,家庭条件中下水平;苏海龙自身没有正当职业,自幼就弃学混迹于社会,曾因打架被少教四年,与家人的关系不怎么好;他女友也不是什么大学生,二人从贵州出来后就与家人失去联系。其次,从公安机关了解到,苏海龙被抓后就一直采取各种方式对抗管教,在金华戒毒所曾经采取用头撞墙、吞针、把挂盐水的针头扎入体内等方式自伤自残近 10 次,民警对其谈话教育也没有任何效果,只有采取束缚措施管理达一个月。

他为什么要编造虚假的家庭情况?他到底是什么样的人?为什么要实施如此严重的不计后果的自伤自残行为?他要达到什么样的目的?一系列问题摆在面前,如果解决不好,他将会成为一颗严重影响场所安全稳定的"不定时炸弹",不知道什么时候会爆炸,必须排除这颗"不定时炸弹"。

针对苏海龙的情况,民警在没有挑明真相的前提下,多次找他谈话,在谈话时通过细微观察,进一步了解他的性格,捕捉他在言语漏洞中的蛛丝马迹,并做好记录分析。首先,他是一个有一定社会阅历的人,自幼混迹于社会,有犯罪前科,恶习较深。其次,他从小家庭教育失当,与他人不能建立其良好的沟通,导致他逐渐形成内向、冲动、偏激,做事不计后果的性格。再次,他承认自己吸毒,是第一次而且时间不长,对戒毒生活有一定的恐惧心理。最后,他改造过,有一定的反改造经验,善于伪装自己。

最后得出结论,导致他实施这一系列行为的症结主要有三点:一是,自身性格上的缺陷;二是,对戒毒的恐惧;三是,对公安机关、女友的痛恨,导致他对生活失去信心,最终通过极端的办法、不计后果的自伤自残行为来达到逃避戒毒、逃避现实的目的,最终在这条不归路上越走越远,迷失自我。

四、把握转化契机,走出心理阴霾

找准苏海龙的思想症结后,接下来要解决的就是如何让他从自伤自残的怪圈中走出来,安心接受戒毒矫治。就在这时,民警通过严密的观察有了新的发现,2011 年 7 月 2 日,在队列训练过程中,他突然手捂肚子蹲倒在地,头冒虚汗。民警立即带其到所部医院检查,结果发现他体内胸腹部有三枚针形金属异物,通过询问得知这三枚针是他在入所前用订书针插入体内的。

民警认为这是个开展教育转化的良好契机,首先,是时机向他挑明民警们掌握的真实情况,给他以心理上的震慑,不让他在自己编织的谎言中越走越远,摆脱走极端的不良情绪。其次,劝说他的家人来所,开展帮教工作,让他知道父母并没有抛弃他,而是"恨铁不成钢"的心情。最后,通过安排看病过程中的真心关爱,拉近与他的心理距离,建立真诚沟通的渠道。

7 月 4 日,当苏海龙的父母站在他面前的时候,他不敢相信自己的眼睛,惊呆在原地,恍若隔世,一刻钟过后他将头深深地埋下。在会见过程中,苏海龙跪倒在父母面前真心地说了一声"对不起"。同时,民警也借机对他也进行了制度、认知、情感上的教育,让他能正确面对现实,从不正常的思想惯性中走出来。会见结束回中队后,苏海龙主动找民警进行了一次长谈,从自己的人生经历——家庭经历、改造经历、社会经历——道来,最后,他长长地舒了一口气说道:"憋在心里十几年的话了,今天终于说出来了,就像放下了一块始终压在心里的石头。更没有想到我的父母会来看我,谢谢这里的民警。"民警对他说,"如果逃避能解决问题的话,那世上就没有问题了,我们能做的是帮助你找到解决问题的方法,而真正解决问题还是要靠你自己的努力。"听了民警的话,苏海龙用力点了点头。

五、科学教育矫治,帮助自我新生

苏海龙打开心扉,开始接受强制隔离戒毒后,民警采取了针对性的科学矫治措施,促其彻底戒除恶习,走上新生之路。

(一)利用亲情帮教

在苏海龙父母回贵州后,为了彻底打消他认为被家人抛弃的念头,民警定期安排他给家里打亲情电话,让他懂得父母的良苦用心,让他定期向家人做思想汇报,让家人放心他在这里接受戒毒矫治。

(二)戒毒宣传教育

为了让其了解当前科学戒毒的目的和现实意义,让其消除对强制戒毒和对戒毒场所的恐惧,对其开展了《禁毒法》、《浙江省禁毒条例》的学习,针对他吸毒时间不长、毒瘾不大的特点,多次教育开导,让其树立正确的矫治观念,增强戒毒的信心。

(三)开展心理矫治

在组织对其开展中队、大队、所部三级心理咨询的基础上,邀请某市第三人民医院的心理医生为其做心理测试和心理辅导。经该院医生测试认为苏海龙患有轻度的抑郁症,医生结合他的情况为他做了针对性较强的心理辅导,帮助其减少、摆脱不良情绪的影响,改变原有消极、偏激的人生观、世界观,回归正常的戒毒生活。

(四)真心关爱感化

在其体内的三枚异物经所医院医生对其会诊,决定送其前往杭州某医院住院治疗。经医院拍片、CT 检查结果显示这三枚针在体内的位置:一枚插在胸腔壁上,一枚已插入肝脏,一枚在十二指肠、胆管、胰腺附近。期间,主管民警多次前往该医院关心了解病情,向医生咨询开刀取针的可行性和难度、最佳取针时间、不取针的后果等,并一一向其说明。经过一个月的反复论证,经苏海龙本人签字同意,最后决定先保守治疗暂不取针。这一个多月的关心帮助让他充分地感受到了民警对他的真情,政府对他的关爱,化解他内心深处对民警和政府的不理解、不信任。

（五）引导发挥特长

8月份,苏海龙从医院出院回到中队,他在思想认识有了很大转变,情绪也相对比较稳定,在平时的谈话中表示自己以前改造过,掌握了平车技术,也喜欢写点东西。中队积极引导他发挥特长,投身所里组织的各项矫治活动,重新唤起他对生活的热情。在接下来的教育沟通中,他表现出不再恐惧戒毒矫治,能与他人建立起良好的沟通,处理好人际关系,并且表达了对今后生活的向往。

（六）持之以恒

自归队以来苏海龙表现出了前所未有的矫治激情,但民警并没有放松对他的日常观察和谈话教育,从中发现他仍然暴露出性格偏激,情绪化较重的迹象,具体表现为一下情绪高涨,但在没有达到目的后又情绪十分低落,甚至通过绝食的方式来表达自己能安心戒毒,急切地想去常规中队的想法,不正常的心理和行为习惯没有得到彻底的摆脱。但民警并没有因为他的反复而放弃他,反而认为这是转化前的阵痛,于是民警鼓励他可以利用他想写会写的特长,可以每周定期写,或是遇到思想困难即时写的方式表达自己的想法,过一段时间后自己拿出来回看,从中发现自己的变化,变填鸭式教育为主动性教育,让他自己感受自己的变化,更好地摆脱不良情绪和行为习惯,形成更为稳定、健康的心理。

六、彻底改头换面,成为矫治标兵

通过两个月的反复考验,苏海龙已经形成了较为稳定健康的心理,自控能力有了很大提高,解决困难的能力也日渐成熟。10月份,苏海龙解除集训封闭管理后,投入了正常的戒毒生活。期间,民警坚持定期对他进行回访,解答一些他在日常戒治生活中碰到的问题困难,分享他取得的成绩,鼓励他坚持不懈地走好戒毒新生之路,而他也彻底地改头换面:习艺劳动中除第一个月取得三等奖以外,其后都以第一名的好成绩在中队名列前茅。除此之外,他还积极参加所部及大中队举行的各项文体活动,都取得一等奖或第一名的好成绩。在2012年的"6·26"禁毒征文中他写了篇题为"无惧诱惑、远离毒品"的文章,其中写到"现在的我,在矫治生活中的各方面都取得了不错的成绩,可能有人会认为我在炫耀一些微不足道的事。是的,我就是在炫耀,我要让那些曾经帮助过我,关心过我的领导及民警们看到,我没有辜负他们对我的期望,我没有让他们为我付出的心血白费!我现在一直都很努力,不停地努力着。""但好在经过多次与自己心灵深处那个堕落的灵魂交流之后,我现在终于可以鼓足勇气正面回答这个问题。如果可以的话,我还想让更多的人听到我的回答:为了自己的身心健康和美好未来,为了给那些曾经关心我帮助我的人们一个满意的交代,为了社会的和谐与家人的幸福,我能说出那最铿锵的誓言——无惧诱惑,远离毒品!",字里行间流露出他自信、感恩和对戒毒的坚定决心。如今苏海龙不但完成了华丽的转身,而且成为了矫治标兵。

七、民警体会

2012年春节,民警收到了他寄来的一张明信片,虽然只有几行祝福之类的话语,却带给民警莫大的欣慰感和成就感。

我最喜欢的一项体育运动叫斯诺克台球，这项运动的最高境界是打出满分 147 分，而要打出这一分数，就需要运动员有扎实的基本功、缜密的统筹计划能力、敏锐的洞察能力、机智的应变能力和一颗想打出 147 分的心，这和我们的教育转化工作有着很多异曲同工之处。

【案例评析】

通过本案例的介绍，我们感觉到针对戒毒学员的个别教育是一个长期而复杂的过程，不可能一蹴而就，因为矫治对象特有的性格脾气、人格缺陷也不是一两天就形成的，所以在个别教育过程中，丰富的谈话教育技巧是基础，找准思想症结是关键，解决好思想认识问题是根本。要善于观察、善于分析、善于统筹协作，还要有敢打硬仗、持久战的心态。本个案找到了矫治对象的思想心理"症结"，综合运用了医学干预、教育帮扶、心理治疗和社会家庭支持等方法，用极大的耐心和超强的恒心，才使矫治对象的问题像剥笋一样一层层剔除。这给我们在强制隔离戒毒人员的教育矫治工作一个信心，只要找准戒毒学员的问题所在，把准需求这个脉搏，动用各种资源施行教育，就一定能在戒毒人员的教育矫治的舞台上做出更好的成绩。

案例三十四　坚持五个训练，落实某个转变，实现成功戒毒

【案例呈现】

一、基本情况

戴强（化名），男，1983 年出生，小学文化，浙江永嘉籍，汉族，2001 年因故意伤害罪被判刑 2 年，2003 年刑满释放，之后又染上毒瘾，2005 年 3 月 8 日因吸毒被决定劳动教养 2 年，2011 年 1 月 27 日因吸食冰毒被决定强制隔离戒毒 2 年，同年 3 月投入某强制隔离戒毒所执行强制隔离戒毒，从 5 月 3 日开始在该所某大队某中队接受戒毒矫治。

戴强出生于永嘉楠溪江边上的一个小山村，家境贫寒。父亲现年 75 岁，50 多岁时因为脑中风，近 20 年间一直卧病在床，母亲也已是六旬老人，其姐姐已经出嫁，在永嘉县城组成了一个家庭，家境一般。这样一个家庭环境，使戴强从小疏于家庭教育，导致他思想消极极端，性格孤僻自傲，惰性极强，不误正业。他还未小学毕业，就与社会闲杂人员一起参与了打架斗殴等违法犯罪事件，频繁进出于当地公安派出所。成年后，他一直租住在永嘉县城，做"地头保镖"，与社会上的"哥儿们"混吃混喝，牟取不正当收入。

二、前期现实表现

戴强在转入队之后，民警发现其在矫治过程中，态度消极，情绪低落，缺乏责任感，有畏难情绪，身份意识极其淡薄，自认为"老改造"、社会上的"土霸王"，不把年轻民警放在眼里，一直采取消极的态度对抗民警的教育矫治工作，思想顽固，冥顽不化。民警多次对其谈话沟通，思想教育，但是效果不佳。

2011 年 7 月 6 日中午出工后,戴强在习艺车间与其他学员发生打架,试图用劳动工具伤害对方,被当班民警及时制止,在民警对其进行批评教育时,戴强不服从管理,顶撞民警,在习艺车间故意大声喧哗,企图用自伤自残形式对抗管教,此行为已经严重影响到了场所的安全稳定和教育矫治质量,当日被送到集训封闭管理中队进行封闭集训管理。

封闭集训管理之后,经大中队讨论,由于其在原中队表现差影响坏,回到中队对其来说会有思想压力,为了更好地帮他营造戒治环境,决定让他转入另一中队戒治学习,让他重拾信心,但是中队民警在个别谈话期间发现戴强的思想上仍然存在消极情绪,心里始终有阴影,并且无意间坦露:"大大小小的罚分也罚满了,被提前解除的希望也没了","在戒毒(劳教)所,什么苦都吃了,现在什么都不怕了,反正我是一个破罐子了,什么都无所谓了,大不了又被封闭管理"。与此同时,他还借口脚走不动,逃避习艺劳动,拒绝参加教育矫治活动,带有严重的涉诉倾向,经过五大一中队民警对该员的动态研判,一致决定将戴强列入中队教育矫治工作的重点对象。

三、探寻症结

马克思主义哲学告诉我们,因果联系是客观事物发展过程中原因与结果之间的联系,即有果必有因。通过中队每周举行的动态分析会,每位民警对戴强的一系列对抗管教行为,用全面的、联系的观点分析了以下几个原因:

1. 在思想上,戴强出生在经济相对落后的永嘉山区,从小父母疏于管教,自我意识强烈,性格倔强暴烈,不计后果,经常因一言不合就与人大打出手。他缺乏冷静思考和独立判断的能力,偏执的认知使其完全丧失了对事物本质和对正确方向的辨别力,因此,很难听见民警思想沟通教育,冥顽不化。

2. 在性格上,戴强在短短十年间,曾有两次改造经历,使其在人格上产生了偏差,思想扭曲,在社会上霸道的生活,使其难在短时间改掉长期形成的恶习,常常把他在监狱劳改场所的"风光事迹"挂在嘴边,对民警的教育矫治工作常怀玩世不恭的态度。

3. 在情感上,戴强常年在外居住,很少与家人交流沟通,几次改造经历,在他眼里所谓的亲情、爱情、友情都是过往云烟,没有任何真善美可言。

4. 在生理上,戴强吸食新型毒品已有十余年,毒品不仅使其身体上产生了较严重的药物依赖症状,而且还对他的生理机能造成了慢性的损伤,从而导致其一系列心理问题的产生。

5. 在身体上,戴强十三年前曾发生过一次意外,膝盖骨发生骨折,现在膝盖部发生移位,肌肉萎缩严重,认为自己无路可走,因此产生自伤自残倾向。

四、对症下药

针对戴强的思想、性格、情感、生理等特征,中队及时成立重点人员教育矫治工作小组,制定了较为周密的教育转化方案,方案如下:

1. 首先从解决心理问题入手,运用心理康复方法,利用心桥周记互动平台,对其进行心理矫正,消除其对毒品的内心渴望,排除心理障碍,使其对民警产生信任,积极配合矫治,摆脱自卑抑郁、情绪低落等症状,增强心理调节能力和生活适应能力。

2. 进行行为矫治,对其严格管理,增强法制意识,使其逐步用行为规范约束自己,加强行为自律,增强社会责任感,提高社会适应能力。

3.在日常矫治中发掘其闪光点,及时进行鼓励,使其感受到成就感,找到自信,树立生活信心。磨炼坚定的戒毒意志,增强克服困难的信心和勇气。

4.组织力量对其进行必要的人文关怀,借助亲情帮教,戒毒学员包夹等方式,缓和管理和矫治之间的氛围,让他对未来充满信心,对社会充满期待。

5.组织力量对其进行必要的生活帮助,通过联号包夹互助制度,安排同乡进行生活上的帮助,中队及时掌握该员生活情况,适当加以补助,同时,联系医疗专家对其病症及时进行会诊治疗,提出治疗方案,让他对治好疾病充满希望。

五、矫治措施

中队采用"以柔克刚"的方法,在确保场所安全的前提下,给他提供了一个相对宽松的学习、生活环境,这样既避免了正面冲突,又消除了戴强的抵触情绪,化解了矛盾,增进了其对民警的理解和信任,解决了教育矫治工作中的困难。具体措施总结如下:

(一)坚持五个训练

1.加强身体康复训练。入所期间中队民警及时掌握其病情,其腿部疼痛难忍,并多次发作,建议其赴所医院治疗,后经所医院检查发现其右膝胫骨头塌陷致关节变形,所医院建议在龙游县人民医院就诊,经医院确诊为外伤所致关节变形。后中队民警多次带其去龙游县人民医院、省某定点医院就诊,一定程度上缓解了病痛,但是病情没有得到根本性改变,中队经过队务会讨论并且得到上级部门同意,尝试为其呈报另行处理。与此同时,中队民警不间断的帮助其寻找上级专科医院,通过远程视频门诊等方式,使戴强获得了更加专业的治疗。在所期间帮助制定身体锻炼计划,着重进行体能恢复。还让他平时加强锻炼,以提高体质。

2.加强心理康复训练。心理康复训练着重三个环节,一个是心理功能重建,采用团体治疗、积极想象、认知治疗多种办法唤起戒毒动机,并增加对治疗的信心。二是促其自我反省,使其正确认识自己。采用各种方法让他反思自己的思维方式(成瘾思维),一个人活着就应该对自己负责,对社会负责,对家庭负责。而吸毒会导致惯性思维方式和生活方式,产生的危害和后果不是自己一个人就可以承担的,所以戒毒首先就是要承担起自己的责任。三是促其学会自我调控行为。通过学习情绪管理和压力管理,学会调控自己的情绪,并进行痛苦的自我管理。中队心理专员对戴强进行了心理测试,测试结果显示,其存在严重的心理问题,中队及时和所心理治疗中心医生进行沟通,要求对其定期进行心理辅助治疗,通过电话帮教和书信形式,提高了他的心理健康意识,掌握了一定的自我心理调节方法,一定程度上缓解了他的心理压力。

3.拒毒能力训练,采用系统脱敏法让其反复进入毒友诱惑等不良环境,同时接受到强度刺激。使其明白一旦接触毒品,就可能身心俱伤。还有帮助其正确应对渴求,转移自己的生活兴趣。中队民警在戴强消除情绪之后,及时联系家人,利用亲情帮教法。最初由于其犯下的过错,家人对其彻底失望,不管民警怎样写信、打电话,家人就是不管不问。中队民警还是对其不离不弃,要用利用亲情的力量让其恢复自信,因此中队民警多次给戴强姐姐打电话,耐心做思想工作,使其最终愿意来所接见。亲情的力量,增强了戴强矫治的决心。中队民警还联系当地公安,组织力量登门看望其年迈的双亲。得知消息后,戴强陷入了沉思,但是这沉思不是孤立,而是悔悟,是反省。

4.就业技能训练。采用习艺劳动矫治、职业技能教育等,帮助其树立其正确的劳动观,摒弃"好逸恶劳"的恶习。

5.社会适应训练。包括进行人际交往技能训练和问题解决技能训练。让其明白人是社会的人,一个人必须学会沟通,才能更好地立足。中队民警充分利用好联号互助制度,安排同籍学员进行包夹帮助,在严格管理的同时进行人文关怀,及时掌握戴强的生活需要,进行及时补助。

（二）继续推行有效措施,巩固矫治效果

2012 年下半年,在戴强解除强制隔离戒毒前,所内积极联系当地有关部门,帮他找到邻村的一个看管鱼塘的工作。并联系他的姐姐及其他亲人,监督他出所后社交情况。2013 年 1 月戴强出所后,安心工作,状况良好。总结各方面措施,戴强矫正效果稳定,基于以下几个转变:

一是社会环境转变。戴强出所后在其姐姐家租住,让他脱离了原来的环境。

二是生活重心转变。由于有了一份工作,戴强开始了有规律的生活。

三是心理依赖转变。由于规律的生活作息以及远离毒友,戴强逐步摆脱了对毒品的心理依赖。

四是毒品认知改变。戒毒人员戴强在以往复吸生活中,毒品他一直认为是能消除烦恼、使人尽情享受的"神仙药"。在教育矫治过程中民警向他介绍了一些有关禁毒、戒毒和毒品危害的书刊,让他了解各种各样的毒品对人体的伤害情况,使其从心理上对毒品产生恐惧和厌恶,而且通过加强法律、法规的学习教育,他了解到吸毒和贩毒、种毒、运毒一样,都是违反国家法律、法规的行为,对社会会产生严重的负面影响,加上亲人的原谅和支持,使他明白毒品对人百害无一利,树立起彻底告别毒品的决心。

五是负性情绪改变。经过矫治,戴强对自己过去消沉的人生态度和消极的应对情绪都有了认识。长期的身心训练使其能够正确认识到自己的消极情绪产生的根源在于信念和认知,并且会通过找朋友倾诉等办法来摆脱自己的不良情绪。

六、教育矫治体会

（一）把握时机、明确目的

就是全天候观察了解重点强制隔离戒毒人员,发现问题,使对其的个别教育有的放矢。

（二）承包到人、强化责任

实行民警承包转化责任制,消除重点强制隔离戒毒人员的抵抗情绪,缓解其心理压力。

（三）定期研究、个案分析

责任民警要在队情动态分析会上定期汇报对重点强制隔离戒毒人员的教育转化情况,由全队民警进行会诊和分析,集思广益解决疑难问题。

（四）互相促进,相得益彰

对重点强制隔离戒毒人员的教育转化要与队情动态分析、教育矫治质量评价、心桥周记工作结合起来。

（五）关注随访,做好后续接管

要将戒毒工作向所外延伸,获取家庭、社会更多资源支持。

【案例评析】

家庭环境在青少年的成长过程中起着重要的作用。据某市对 100 名 25 岁以下的城市吸毒者的调查,几乎所有的吸毒青少年存在着缺乏家庭教育和社会教育的问题。结合这个个案,家庭教育方式偏差(父亲暴力型,母亲溺爱型),是吸毒的重要原因。在后续矫治当中,针对家庭结构的治疗应当成为一个重点内容。同时,我们还需要思索的另一个问题是进一步加强对毒品问题的社会综合治理。毒品的易获得,是一个严重的社会问题,也是吸毒人员难以摆脱毒瘾的客观原因之一。因此,为避免更多的青少年被毒品"侵害",社会应当承担起禁毒教育的责任,做好超前预防工作。

与个案的当事人一样,大多数青年成瘾患者在使用毒品的过程中没有固定职业,生活以毒品为中心,虽然戒毒学员在戒毒后想恢复正常生活,但由于文化程度普遍偏低,缺乏工作经验和谋生技能,所以当他们成功脱离毒品走向社会之后,很难找到一份谋生的工作,又面临许多毒品引诱的高危情境,很容易重蹈覆辙。因此强制隔离戒毒矫治工作需要在戒毒人员解(教)除强制隔离戒毒前,就戒毒人员开展可能影响到后续康复(包括社区康复)的因素做好评估,并将评估结果告知户籍所在地街道或社区康复管理机构,便于这些组织或机构提前掌握情况,做好应对准备,实现有效管控。或者帮助落实就业渠道,使其能有一份固定职业,帮助其营造一个较好的戒毒氛围。当然,这个个案的矫正效果目前还不能完全显现,我们将作为一个典型个案持续关注其后续的发展趋向。

由于每个个体吸毒原因复杂多样,所处情境也存在极大差异,因此,针对吸毒成瘾群体应当推行个案化矫治①。但要完全实现对每一个成瘾者的有针对性的个案矫治,在实践层面不仅需要场所内各项教育矫治工作的有效开展,还需要有政府、社区以及社会多个部门、群体的支持。个案中的戴强的成功矫治也是综合矫正的结果。案例里坚持了思想教育、习艺劳动矫治、个别谈话教育、亲情教育,还特别注重心理治疗方法,采用拒毒能力训练、心理康复训练、体能康复训练、就业技能训练、社会适应训练等心理行为训练方法,尤其是注重后续照管环节,方取得了最后的成功。这给我们一个启示,针对绝大多数吸毒成瘾者,良好的矫治效果的取得,必须遵循个案化教育矫正思路。戒毒场所集群式管理与戒毒工作的专业化、个性化是矛盾的,戒毒工作规律难以在场所有效体现和执行,这需要决策部门科学谋划,进一步理顺戒毒场所的工作体制和机制,走"小班化"的戒毒模式,深入开展个别戒毒矫正工作。这需要矫正机构技术配置、矫正机构人员配置以及完善的制度运行机制,方能真正实现个性化矫正。

　　附矫正方案框架范例:

某某学员矫正方案

一、戒毒学员基本信息(后第1～7条概括提炼)
二、主要问题及原因
1.生理问题(后第8条)
2.心理问题(后第8条、第9条)
3.社会环境因素(家庭、学校、工作环境、居住社区、交友环境)

---

　　①　个案化矫治是指依据戒毒学员个体差异和个性需要设计矫治方案、制定矫治措施,以实现戒毒学员生理脱瘾、心理功能恢复和行为积极变化。

三、矫正目标

（一）常规目标

1. 生理方面（依据《脱毒治疗评估标准》）

2. 心理方面（依据《心理状况评定标准》）

3. 行为方面（依据《行为矫治考核办法》）

4. 认知方面（依据学习、劳动、日常行为表现和个体毒品认知反馈材料等）

（二）具体目标（结合吸毒史分析）

1. 生理方面（基础指标、生理指标、体能指标）

2. 心理方面（人格改善状况、应对渴求技能、毒品拒绝能力等）

3. 行为方面（略）

4. 认知方面（略）

四、矫正计划

1. 生理脱毒期

2. 心理康复期

3. 戒毒巩固期

五、矫正措施

1. 心理干预

2. 精神病学护理与干预

3. 行为干预

4. 教育学习

5. 管理考核

6. 习艺劳动

六、总结与修正

戒毒学员基本信息要点：

（一）人口学资料

1. 个人情况

姓名、性别、民族、出生年月、籍贯、出生地、现主要居住地、婚姻状况、职业、受教育情况

2. 家庭情况

父母情况、父母婚姻情况、兄弟姐妹情况、有无违法处分情况子女情况、有无违法处分情况

（二）抚养与教育情况

抚养人、抚养人经济状况、家庭教育方式

小学、中学、大学学业成绩、教师评价、有无不良行为表现（退缩、回避、攻击行为）、性萌动体验及处理方式

（三）就业及交友情况

工作状况、主要休闲方式、交友情况、朋友情况

（四）生理评估

既往病史、身体状况（有无器质性病变、有无躯体症状）、是否有稽延性戒断症状

（五）心理评估、精神状态评估

1.精神病学评估：有无精神疾病、精神状态情况（不良精神状态及持续时间）、精神障碍类型

2.心理评估：社区戒毒机构心理评估结果；监狱、劳教等机构评估结果

3.社会功能评估

（六）吸毒史及认知

1.第一次吸毒

吸毒时间（年龄）、毒品来源、毒品种类、吸毒方式、吸毒场所、吸毒原因（好奇、追求刺激、治病、受诱骗、放不下面子等）

2.复吸

复吸与第一次吸毒间隔时间（年龄）、毒品来源、毒品种类、吸毒方式、吸毒场所、复吸原因（主观原因：自我宣泄、寻找刺激、身体控制不住等；客观原因：毒友引诱、生活不顺利、受事件刺激）

3.对毒品认知

正性评价/负性评价

4.自我、他人和社会评价

自我修养或文化评价、他人对自己的理解、对社会态度

（七）戒毒情况

1.戒毒认识

（1）戒毒认知（是否有信心）

（2）戒毒原因、动机强弱

戒毒原因（自己想戒、不想受歧视、家人支持或强压、其他因素）

戒毒动机（强、一般、无所谓、弱、抗拒）

2.戒毒史

（1）第一次戒毒情况（戒毒时间、戒毒方式、戒毒效果）

（戒毒方式包括：自行戒毒、社区戒毒、卫生医疗机构戒毒、劳教戒毒、公安强制戒毒、其他自愿戒毒机构戒毒）

（2）第二次戒毒情况（戒毒时间、戒毒方式、戒毒效果）

（3）第三次戒毒情况（戒毒时间、戒毒方式、戒毒效果）下同

（八）入所基本情况

1.入所体检情况（身体）

2.入所心理测验结果（SCL-90、EPQ 和 16PF）（有无场所应激性心理障碍）

3.入所其他情况（对待此次戒毒态度、家人态度、有无对抗行为）

（九）心理及行为问题表现及原因

1.心理问题（正常心理与异常心理）

2.精神问题（界定毒品成瘾导致精神障碍或毒品成瘾共病精神障碍）

3.与强制隔离戒毒相关的心理问题（适应性障碍等）

4.犯罪心理（有犯罪史的个体犯罪心理）

编者思考　戒毒，要致力于探究多学科综合的整体治疗方法

吸毒者吸毒、复吸原因存在多样化状况，形成毒品依赖背后的各种因素纷繁多变。有的是和常年不良行为甚至违法犯罪行为有关，有的可能是交友不慎生活失败引起。但是一旦吸食毒品，摆脱心瘾往往存在相当多的阻力。戒毒治疗经验强调：差异化、针对性的治疗干预，才能最好地应对病人的需求。强制隔离戒毒所收治吸毒成瘾人员，绝大部分伴有身体疾病和心理问题，还有一部分伴有精神障碍。由于毒品依赖本质的多因素性，所以没有任何单一的治疗方法对所有戒毒学员都有效。我们对比以下两个案例。

【个案一】

强制隔离戒毒人员邹浩宇（化名），1982 年出生，汉族，文盲。家住浙江省绍兴市某开发区，未婚，无业。

父亲为一名批发商人，母亲退休在家，家中兄妹三人。妹妹 23 岁，在邮政局上班，结婚时未满 19 岁。弟弟 22 岁，在另一省电力厂工作，2009 年结婚。邹浩宇父亲性格暴躁，在他上小学之前，因为父母都上班，把他放在外祖母家寄养。外祖母对其很溺爱，养成他唯我独尊、任性蛮横的性格。回到家中，经常受到父亲的责罚和打骂。从小在外经常跟人发生打架事件。

1999 年，邹浩宇伙同社会朋友滋事，结果把他人打倒砍伤，在逃跑途中被公安机关抓获，以故意伤害罪被判处有期徒刑 2 年，关押在某市某监狱，服刑 1 年后双脚膝关节因伤病发生强直畸形，经治疗不见好转保外就医。

2001 年，邹浩宇伙同朋友在某市打群架，结果致他人重伤，后来以故意伤害罪被判处有期徒刑 3 年，关押在某监狱。

2005 年，邹浩宇在邻省伙同朋友以做媒人的形式骗取财礼，骗了 16 家共计 120 万余元，又被判处有期徒刑 3 年。

2008 年，邹浩宇被朋友（表弟）骗到河南搞传销（当时家里不知情）。几个月后，共花掉家里 20～30 万元，本人已陷入其中不能脱身，后被家人发觉，强行带回家中。回家后，因为被骗而赌气，于是结交了一些社会不良朋友，开始吸食毒品折磨自己，家里面也不知情。直到 2009 年 9 月 25 日，邹浩宇在省会城市某广场一招待所吸毒，被派出所民警抓获并被强制隔离戒毒 2 年。家人得知情况非常气愤，好久没有与其会见。

综合邹某的各种信息整体分析判断可以认为，邹某多年的犯罪要因与其交友观念和认识水平有密切相关。而此次吸毒行为则与生活负性情境直接有关、与家庭支持系统不完善相关、与其性格因素也密切相关。因此对邹某的毒品成瘾情况进行生理、心理评估之外，还

应当全面鉴定人格因素,并施行以纠正犯罪人格[①]、防止复吸为主题的矫正。

【个案二】

一、基本情况

陈昊(化名),男,37岁,浙江某市人,小学未毕业,已婚,没有正当职业,有盗窃犯罪经历。因吸毒被某市公安局决定强制隔离戒毒2年,2009年4月送省属强制隔离戒毒所,后分入某大队,曾因盗窃被判刑一次,吸毒被强制戒毒一次,因寻衅滋事被判刑一次,

二、成长经历及家庭情况

十几岁就在社会上混,没有正当职业,家里人管不了他也不管他。20岁开始以偷盗为生。因长期不回家,身边总跟着小蜜,其第一任妻子在结婚半年后与他离婚。育有一女,由其母帮他抚养。

三、社会交友情况

22岁开始就因盗窃被判刑2年。出狱后开始以水产生意为幌子,纠集一批人组成扒窃团伙,其本人负责组织指挥与收入分配,每天吃、住、玩在宾馆、OK厅,身边跟着小蜜,团伙人数最多时达到50余人,在当地十分有名。外来的扒手,要想在当地扒窃,必须经他同意。在团伙中,百分百的人吃、喝、嫖、赌、偷五毒俱全。

四、吸毒史和戒毒经历

24岁时开始吸毒,与所有吸毒者一样,一开始抱着玩玩的心理,觉得吸一次没关系,自己能控制好自己。后来每次吸的时候,心里都想着就吸这一次,下次一定不再吸。等到上了瘾,就由不得自己,生理上和心理上的那个念头,让每个成瘾者失去自己的人格和尊严。只要能弄到钱,能吸上毒,其他的一切都置之度外。毒品从K粉、冰毒、麻古,最终发展到海洛因,先吸,后注射,用量越来越大。陈前期扒窃积聚起来的几十万钱财,很快就被吸光。扒窃团伙由于吸毒的人太多,体质普遍下降,收入逐渐减少,渐至于入不敷出。27岁时因吸毒,送到某市强制戒毒所,用美沙酮、曲马多等替代戒毒三个月,出所当天就被手下接到宾馆去重新吸毒。到29岁那年,团伙终于不能维持散伙,陈昊由此也步入了最艰难的一段时光。在外面只要别人给钱,就什么都做,看场子、打架等都是家常便饭,30岁那年因寻衅滋事被判刑2年。出狱后因朋友圈有人吸毒,又勾起吸毒回忆,于是深陷毒瘾之中。

五、性格特征与入所情况

恶习较深,不愿真心悔改,缺乏认错服法的悔改意识;性格霸道嚣张,喜欢支配别人,和其他学员关系紧张。

自入所以来,一直消极对待戒毒,无视所规队纪,身份意识极差,曾在2009年11月因不

---

① 李玫瑾教授从犯罪心理学角度把犯罪人心理特征分成危险人格、反社会人格、犯罪人格和缺陷人格。李玫瑾《犯罪心理研究——在犯罪防控中的作用》,中国人民公安大学出版社2010年版。

服从管理被罚分处理并调集训封闭管理中队集训。2010 年 1 月解除集训封闭回原中队后，并没有吸取教训改正恶习。1 月底陈昊老乡与他人发生争执，事后该陈追他人至别的小组，不分青红皂白抓起与他老乡发生争执的学员，问"你是某某？以后小心点，再老就揍死你"等话，行为十分嚣张，再次被调集训封闭管理中队，之后中队民警找其谈话时，陈昊很不在乎的承认了他打人威胁别人的事实，流露出"不在乎、无所谓"的态度。队长教育归教育他仍我行我素。显示出该员不服从管教、无视纪律等恶习。

　　分析个案二，复吸原因可能有：一是由于其从小缺少正规的有效的教育，没有树立正确的人生观、世界观、价值观，崇尚吃喝玩乐、游戏人生的消极人生哲学；二是自我控制力差，随波逐流，有吸毒环境引诱就轻易复吸；三是与其所处生活情境有关；四是对抗矫正心理的背后伴有缺陷人格。矫正应当要围绕四个方面进行：与身体状况以及可能伴随的精神障碍的治疗和护理；脱瘾有关的心理行为干预；与盗窃心理相关的心理矫正，包括好逸恶劳的观念的转变等；一般性的人格矫正，包括冲动性人格矫治等。

【后续思考】

　　前述两个案例描述的是多进宫人员，但不同的是吸毒的历史不一样，相同的是伴有其他恶习。违法犯罪的缘由既与常年的好逸恶劳的习性有关，也与吸毒群体存在极大的心理趋同性和依赖性有关。生活境遇的不佳又反过来强化了不良需求与不良兴趣，造成复吸行为，形成恶性循环。但案例一和案例二当中，吸毒动机完全不同，毒瘾程度也不同，这决定我们要制定不同的心理治疗计划，采取不同侧重点的戒治手段。

　　国际戒毒治疗实践表明：政府开办的强制戒毒机构，能充分保证戒毒的人、财、物力的投入，保证戒毒训练能规范地、制度化地进行，有利于戒毒者在较长时间里排除毒友对戒毒的干扰，戒毒机构的认知自省制度和对行为严格的纪律要求，对戒毒者起到了积极的作用。但同样也存在一些限制条件。如强制隔离戒毒所常年重视思想道德的修正，形成了固定的教育转化模式（如 5 天学习、1 天习艺劳动、1 天休息），固定化的行为训练、思想教育学习对戒毒学员的思想、道德层面的矫治效果是非常明显的，但一旦脱离了封闭式管理的环境，后续戒毒治疗效果难以预料。从这个意义上说，心瘾的祛除是个包括生理脱毒、身心康复和后续接管的综合问题。

　　如前述个案而言，如果仅仅以在所内戒断毒品为标准，那么仅凭严格的管理手段即可实现。但如果以心瘾祛除乃至正常心理功能恢复为目标[①]来看的话，目前我们的矫正工作尤其是心理矫治工作还有许多空间可以尝试。如在强化戒毒动机、建立戒毒意识方面，在强戒场所开展这一治疗，可以循序渐进地引导参与戒毒的人员从心理上开始接受治疗。至于具体的方法可以采取以情感、认知为主要媒介的 BCT（行为配对治疗）、团体治疗、积极想象、认知治疗等方法。帮助戒毒者以情感和正确的认知唤起戒毒动机，并增加对治疗的信心。又如在治疗心理疾病、消除或减轻各种消极心理特征方面，可运用各种方法针对不同类型的

---

　　①　笔者赞同将戒治目标界定在：(1)戒断或减少使用毒品。(2)减少复发的频度及严重性。(3)促进戒毒者的心理和社会功能。(4)减少吸毒所带来的危害。参见杨玲，李明军等著《毒品吸戒问题研究——来自心理学的探索》，科学出版社，2010 年版，第 250 页。

药物成瘾者①的各类心理疾病进行治疗、咨询。具体方法包括利用生物反馈技术、厌恶疗法、线索暴露疗法结合进行的心瘾的条件反射切断法；利用沙盘治疗、放松技术等进行的心理宣泄和心理能量的恢复等。再如在进行心理能力训练、重建心理功能方面，运用预防复吸的各种方法和技术，帮助戒毒人员认识到导致他们吸毒的高危环境，并培养他们有效地应付这种情境的技能，训练他们识别危险环境和危机应对的能力，提高其对毒品的抗拒能力。

最后，针对不同情况的教育矫治对象，我们应当探索在科学的生理心理以及社会支持系统等综合评估的基础上建立等级化的分类，然后在每期戒毒阶段运用科学评价工具对戒毒结果展开评定。对于前述两个伴有犯罪史这样的案例，必须要建立更为复杂和系统的治疗计划。

当然，完全寄希望于所内的教育矫治解决毒品复吸问题是不现实的。良好的矫治效果的取得，一方面要基于场所内脱毒治疗、身体心理康复和回归社会三个环节工作的密切联系；另一方面，需要考虑加强社区戒毒、强制隔离戒毒和社区康复等工作的衔接。治疗药物依赖行为实际上是一种前后连续的系统工程。需要社会卫生部门、民政部门、司法行政部分、公安、社区等机构的通力合作。但是目前由于多种原因，社区戒毒工作还存在部门职责交错、执行机制不完善、专职队伍人员缺乏等问题，导致戒毒人员管控难、社区戒毒工作流于形式等结果。自愿戒毒工作也存在管控难的现实问题。因此，强制隔离戒毒教育矫治工作的良好矫治效果的取得，一方面要源于所内戒治工作的科学化推进，另一方面也必须依赖于与其他管理部门之间的通力合作。

如果仅仅以司法行政强制隔离戒毒教育矫治工作而言，目前亟待推进的一个是确定工作目标（不应仅仅局限于复吸行为这一个指标②），另一个是确定评价工作效果的标准（应当建立更合理、可操作化的指标③）。

综上所述，在目前各种教育矫治手段中，以个案的特点为出发点，遵循毒瘾形成机制规律，采用多学科融合的戒治手段，应当是毒品戒治的一个发展趋势。而在诸多手段中，心理矫治手段是关键，心理矫治的重点在于以戒毒信念培育为核心，注重戒毒积极情感的养成、戒毒意志品质的磨炼和戒毒动机的激发。只有围绕这个中心在"三期四段五步"模式上继续探索创新各项工作，才能使教育矫治真正发挥作用。也能够保证场所教育矫治工作在社会违法犯罪预防以及毒品成瘾个体戒治方面发挥真正有效的作用。

---

① 不同类型的药物成瘾者会出现不同的心理疾病：阿片类药物成瘾（包括海洛因）组中，反社会人格的比例较高，而在大麻和镇静类药物成瘾组中，情感障碍的比例更高，同时，他们的焦虑、抑郁等表现程度也高于常人。吸毒群体的心理疾病主要包括一般性抑郁症、躁狂症、单向及循环性精神病、恐旷症、社交恐惧、一般性焦虑、恐慌症、分离焦虑以及过度焦虑等症状。这些心理疾病实际上也是导致复吸的一个重要因素。作为一个完整的心理治疗训练计划，不能不把心理疾病的治疗放在重要的位置。

② 浙江省劳动教养管理（戒毒）局有关制度规定，力争本省籍强制隔离戒毒人员出所三年后的毒瘾戒除率不低于18%。

③ 参照针对自愿戒毒机构戒毒工作的CEA评价方法等，制定符合强制隔离戒毒工作特点的评价方法。

附录一　戒毒所学员感言

心　声

每一个人都拥有生命,但并不是每一个人都懂得生命,珍爱生命。生命是有限而万分珍贵的,一个不懂得珍惜生命,善待生命的人也必将受到生命的惩罚。

我今年35岁,很愧疚地讲,我有十年的吸毒史。时至今日,我早已尝够了毒品带给自己的切肤之痛,甚至于都不愿再去回想那段堕落的人生轨迹,不愿再去触摸那刻骨的伤痛。可以肯定地说,那时被毒瘾附体的自己不仅仅是一个可悲的人,更是一个可恨的人。

毒品曾经让我面如柴黄,瘦骨嶙峋;让我人格扭曲,面目狰狞;让我丧失了责任心和事业心;让我的家庭支离破碎;让我的亲人为我哭干了眼泪。十年的时光就这样眼睁睁看着灰飞烟灭,更加可恨的是自己被贪婪蒙蔽了眼睛和心灵,让自己一次又一次心甘情愿去成为毒品的奴隶,丧失做人的良知,社会的责任,生命的尊严被毒品磨灭,仅剩下一具没有灵魂的躯壳,终日被黑暗包围,不见阳光,浑身冰凉。

就在前不久,我的父母在给我的一封信中有这样一段让我深受震撼的话:"儿啊! 都说男人三十而立,而你自己却已经是过了而立之年了,可是你想想如今的你都立了什么? 又做了什么? 醒醒吧! 孩子,青春的时光是一去不复返啊! 爹娘生养了你,不图你回报什么,只盼你能健健康康,做一个有用的人。"是的,想想自己的父母亲人,自己深深感到愧疚和悔恨,想想自己虚度的年华和浑身的伤痛,自己更是自责和惋惜,其实走过了这么长的一段弯路,品尝了这么多自己酿的苦酒,应该早已看清了外表娇艳美丽的罂粟花背后所隐藏的那份血腥与罪恶,早已看清了当前新型毒潮身披的那层疑惑伪善的外衣,自己深深知道要战胜毒品肯定就得战胜自己,根除心魔。

今天的戒毒时光自己应该好好珍惜,在这里有警官耐心的教导和亲人的嘱托和关心,我不再感到孤单和迷茫。在这里我用自己的心血和汗水历练自己,我学会了做人,学会了做事,我不再感到懦弱与自卑。在这里,我将重拾生活的信心,用自己的信念和行动与毒品决裂。我相信,明天的自己终将通过不懈的努力彻底战胜毒品,做一个真正的珍惜生命、永拒毒品、勇担责任的人。

有志者,事竟成,我相信:戒毒我能行!

(省某强制隔离戒毒所　宋某)

告别昨天　明天依旧灿烂

——一位音乐人的独白

我从小生活在内蒙古一个美丽的小城,在父母的培养和熏陶下,对音乐产生了特别的好感。我从懂事起对音乐就特别敏感,并幻想有那么一天制作出属于自己的音乐。因此从小学到中学,我一直是音乐老师眼里的宠儿,后来在父母的支持下,考入当时很多人羡慕的内蒙古音乐学院。在学院读书时,我徜徉在音乐的海洋里,尽情地汲取着有关音乐的一切信息,开始系统地接受音乐的熏陶,最终以良好的成绩毕业。那时,父母以我为傲,亲朋好友也都以我为荣。

但是在选择就业的问题上我和父母的意见产生了分歧。当时内蒙古的几家乐团以及另外几家音乐制作公司相继向我发出加盟邀请,父母希望我从中挑选一家有发展前途的公司,但那时我已下定决心,想通过自己的努力完成儿时最初的梦想。父母虽不愿意,但是也没有再坚持。此后我毅然辞别双亲,踏上南下的列车,孤身来到了杭州——只因为这里是我理想中的美丽城市。初来杭州一切都是那么的陌生,没有亲人,没有朋友。那时我凭着年轻人的一腔热情,凭着对音乐的执着,出来闯天下。却未想到会是四处碰壁,那种心情没有经历过的人是无法想象的。万般无奈之下,为了生活我到酒吧做了驻唱歌手,同时利用白天的时间做音乐私教。就在那段艰难的日子里我认识了现在的女朋友,随后又结识了杭州许多音乐圈子的人,最终通过自己的不懈努力,在朋友的指点下,应聘于某电视台,成为一档热门综艺节目中的一名乐队吉他手。渐渐地在杭州音乐圈里也开始闯出了自己的一点小名气。之后为了应酬各方面的朋友,再加上工作上的超负荷运转,体力明显下降,身体逐渐感到力不从心。也就在这个时候,曾经认识的一位圈外朋友带我第一次尝试了人生中的"禁果",第一次看到了毒品,并第一次吸食后,我整整两天没有睡觉,人一直处于极度兴奋之中,效果实在生猛。之后凡是有应酬或工作忙完后,就会情不自禁地打电话给那位朋友,渐渐地陷入其中,难以自拔。

第一次尿检呈阳性,是在我驾车违章后,那次我被处拘留。然而,就在那次被拘留后不到一个月,我就被决定强制隔离戒毒了。当时我去宁波看望一位朋友,晚上在宾馆碰上警察例行检查,尿检结果又是阳性。就这样我被告知将要接受强制隔离戒毒,期限是2年。当我看到强制隔离戒毒决定书,并被要求签字的时候,我僵住了,我不知道我后来是怎样上的警车,又是怎样进入安康戒毒所的。在安康的那段日子,心潮思绪似五味杂陈,一起涌上心头,却品不出任何的"味道"。

我对于毒品危害的了解一直很有限,直到入所后,通过系统的理论学习,才开始有了一个直观全面的认识。此外中队领导还多次找我谈心,让我放下包袱,调整心态,发挥好我的特长,给了我参加所部音乐队的机会,对此我衷心感谢领导对我的关心,并以此作为矫治的力量,端正思想,早日告别昨天的自己,相信我的明天依旧灿烂。

（省某强制隔离戒毒所戒毒人员　徐某）

黑板报

　　中队大厅墙面的正中是两块黑板,这两块黑板看似平凡,却记载了矫治生活的点点滴滴,成了戒毒人员的知心朋友。

　　如果你秉公直言招来麻烦,不要紧,你可以在《敢于批评却受伤害,我该怎么办?》为主题的墙报上,一吐胸中块垒,或坦言真诚、或委婉劝戒、或表明心迹、或阐述观点,将心中所想用笔"说"出来,互相沟通,互相理解。

　　如果你学习勤勤恳恳,成绩却不理想,那就仔细观摩《掌握学习方法,提升戒治质量》,借鉴各种行之有效的学习方法,相互学习,相互提高。

　　这片园地,不仅时时触动你的心灵,还常常用新知识充实你的心田。在这片园地中,你可以看到充满诗性的守望,听到振聋发聩的呐喊,倾吐郁积已久的思念。在这里,你可以随作者一起思考,一起反省,一起去接近生命的真善美。

　　中队大厅正中墙面的那两块黑板,成了我戒治生活的精神家园。

（省某强制隔离戒毒所　刘某）

快乐面对现实

　　泰戈尔在《我的祈祷》一诗中写道:"让我不要祈祷在险恶中得到庇护,但祈祷能无畏地面对它们;让我不乞求我的痛苦会静止,但求我的心能够征服它。"用自己的力量去征服痛苦,渡过难关,就是一种快乐。

　　当你感到痛苦、失望和灰心时,请你相信,这个世界的各个地方,还有比你更失望、更痛苦的人;当你以为你已经失去了生活的勇气时,想想世界上那些由艰苦奋斗出来的人们,他们并不比我们多一些什么天赋,所多的也只是一点坚强不屈的精神而已。在这个世界上锦上添花的人总比雪中送炭的人多,如果你表现得很坚强,别人都来鼓励你;如果你软弱,就很少有人会来扶助你了。所以说,不管我们有多么的有多苦、多艰难,都要以开心、快乐来对待,不能仰仗别人,只能依赖自己。

　　我们必须清楚我们的人生就犹如一连串的战斗,困难不断,痛苦不断,但只有用积极乐观的心态去面对,我们才会进步,才会发展。让我们拥有快乐生活的秘诀:"生活,抛弃烦恼。"

（省某强制隔离戒毒所学员　陈某）

附录二　戒毒所学员与民警互动材料

《心桥》周记是加强民警与矫治对象心灵沟通、化解矫治对象心法、稳定矫治对象情绪、切实做到一人一策，对症施教，增强个别教育系统性、针对性的有效载体。以下是我们从众多的《心桥》周记中进行梳理、并分类整理出的民警与戒毒学员互动的材料，用来反映民警教育矫治工作的点点滴滴。

一、入所适应问题的引导

戒毒学员：王警官你好，我是一名新戒毒人员，初到戒毒所有许多不懂或者是做得不对的地方，希望你及时给予严厉的批评、教导。说实话，刚到第一天脑子一片空白，对生活万念俱灰，对戒毒所也充满恐惧，经过这四天的深入了解、体会，发现并不是自己想象的那样，自己也适当的调整好了心态，决心好好悔过自新，安心改造重拾自信，争取早日出所，有时候换个角度去看世界才发现其实也很美，这里的管理制度、生活制度都很规范，感觉进了一所全封闭学校，比较安心，情绪也稳定下来了，相信自己很快能融入这个集体中。

民警：既来之，则安之，不要有太多的想法，来到这里就必须积极地去面对一切，很欣慰你能这么快接受这里，2 年的戒治生活对你来说是有益的，让你远离毒品，真正找回自我，融入戒治生活中。管好自己，多做少说，踏踏实实过好每一天，积极表现，用乐观的心态去对待每一天。

学员：心情很郁闷，眼看一起来的学员都能背小册子，可我还是读不进心里，记住后面的忘了前面，这万恶的毒品真可恨，把一个人的大脑摧残得记忆力低下。

民警：作为一名新入所学员，面临的困难有许多，但只要你有计划地去安排，还是可以适应这一切的。对于场所内的一切，还是要以所规队纪为准则，去要求自身。

春节临近，希望你可以放下包袱，投入到我们这个临时家庭中来，对于日常生活中的困难，可以及时向值班民警及组长反映，大家一定会尽力帮助你，另外，也希望你可以积极参加到所内的各项文体活动中。

二、思乡思家情绪的疏导

学员：越临近过年，思乡的情绪越强烈，我真的真的很想家。

民警：今年要在这里与学员一起过一个与众不同的新年，有喜悦也有无奈，但请记住：在接受现实中创造自己的价值。

要在逆境中看到生活的美，在希望中牢记不断奋斗，别因为自己的一次失误就否定自己，否定以前的努力，相信自己还是很棒的。我要看到你越挫越勇的生活态度，这才是成功的开始。

学员：时间过得真快，转眼中秋节快到了，在这里的这段时间，我得到的收获很多，很高兴我学会了踩缝纫机,虽然现在还有点慢,但我会向其他戒毒学员们多学习,我想只要自己多努力,我相信别人可以的我一定也可以。

民警:踩缝纫机还有点慢,可以通过平时多做,熟能生巧,当然,也是得多向其他戒毒学员们学习,尤其是生产高手们,听听他们的经验之谈。转眼就要中秋了,今年中秋你得在这里过了,如果想念家人,就写封信或通过亲情电话给家人送去祝福,要在这里好好戒治,早日新生。

三、任务出错后的引导

学员:还有几天就过年了,在这里过了两个年了,还有一个多月,我就报材料了,真希望时间过快一点。最近我老是犯错,我也知道自己有一定的原因,前段时间因受凉,就把东西发错了,因为发了没有记上,就被别人抓到了把柄,别人老是找我麻烦,我一直想找警官,但又说不出来,想说的话也忘了,我很烦。

民警:工作中出差错要勇于承担责任,工作中要仔细再仔细,千万马虎不得。这也是锻炼你的能力,你会慢慢适应现在的岗位。不要带着情绪工作,这样会更容易影响工作质量。

时间就在那里,无论你的心情好坏,它还是在不紧不慢地流失掉,希望时间能快一点还不如让自己剩余的时间过得更充实。

最近这段时间越来越浮躁了,不管是什么原因,要找一种正确的途径或方法调整好状态。有事找警官,这是我的职责,没有什么不好意思的。

只有收获,才能检验耕耘的意义;只有贡献,方可衡量人生的价值,年轻的时候就应努力拼搏,找到属于自己的天空。提前祝你新年快乐,生日快乐!

四、亲人联系后的教育引导

学员:投教到现在是我第一次收到家里来信,真的很开心,因为我一直写信回去都没有回应,我以为家里人知道我吸毒不会原谅我了,今天在信里看到姐姐说了那么多关心我的话,我真的忍不住流泪了,没想到的是姐姐连一句骂我的意思都没有,越是这样我越是觉得心里特别难过,想想自己犯下的错是多么可耻,我真的都不知道如何去面对所有关心过我的人,我最对不起的人就是我妈妈,还在自由身的时候,每天都泡在毒品里,从来没想过打个电话或者是回家去看看妈妈过得好不好,如今失去了自由,妈妈知道了此事之后病倒了,现在的我什么忙都帮不上不说,还要让家里的人来操心我,因为毒品让我走到今天的地步,我一定要证明给所有关心我的人看,我失去2年的自由是值得的。

民警:知错能改,善莫大焉。家人对你只会是痛惜,不会弃你于不顾,但你自己要拿出实际行动来,向家人证明你的悔过之心,同时也要更加努力。为自己,也为家人,用自己的坚定信心来战胜毒品对你的诱惑。

五、对新制度实施不理解时的引导

学员:警官,这个月的三联包分数没有了,那可真是冤枉了,三联包的人要三个坐得很近才叫三联包,我们这三联包位置都调换了好几次了,这怎么能算三联包呢,现在奖分这么紧张难拿,真的很烦。警官,谢谢你,我后来听你说不用扣分,我的心里也就踏实了,本来周记我已经写好了,后来听你这一说,我又写了几句。

民警:你还是那样的直爽与可爱,希望你能够一直将你的这份憨直延续下去,相信你会生活得更加快乐简单。

三联包,意味着责任、义务、关爱、照顾,这是给大家机会去试着相互体谅,相互关心,相互促进,相互勉励,相互前进,奖分是给大家的激励,但是,三联包中能够学到的东西又不是奖分所能比拟的。

六、面对人际关系时的引导

学员:尊敬的张警官,我觉得人都是自私的,人多嘴杂矛盾多。

民警:人多嘴杂,不要做事端的当事人,包括事端制造者、事件传播者、事件承受受激者。"勿以善小而不为,勿以恶小而为之",有其存在的道理的。人与人之间相处,当有矛盾的时候多些沟通,你会发现或许仅仅只是个误会。

能对他人的集体观念进行点评,相信你对此是有明确意识的,用它去作用于你的行动,体现在生活中,成为集体的贡献者。

七、学员取得进步时的鼓励

学员:感觉这星期过得很快,因为我给自己定了目标,每天出工,我规定了上午出工做多少,下午做多少,这样一来产量有了很大的进步,而且时间也过得很快。我会继续把好的方面延续下去,把不好的方面改掉,也会在今后的日子里做好自己的本分,争取能够早日回归社会。

民警:警官看到了你的进步,所以今天要表扬你,在生产上,你的这种自我激励方式,正是警官所提倡的。加油啊!

在生产上的这种激励方式,也可以运用到生活中来,希望你不论现在还是未来,都给自己定一个目标去奋斗,你只要持之以恒,必会获得成功。

每天让自己看些书,让自己从书中学会道理,每天将这些体会记录下来,映入心中,让自己充实起来,因为只有你自己充实了、提高了,才能更好地去重新生活。

现在就开始为自己找一个希望,现在就督促自己养成一个好习惯,为你的孩子努力,坚持不懈,持之以恒,真正地以最新的面貌去面对你可爱的女儿。

八、感叹人生时的引导

学员:不知道为什么,每次收工回来,走进晒衣间往外看,看到的都是与我无关的城市,多么繁华的别墅,轿车,风景。会使我联想到自己的过去,可是想到吸毒的痛苦,我又感慨自己现在拥有的,是多么的艰辛、平淡,但是我心里同时也认为在戒治的这段日子会是我这辈子最大的财富,因为经过这些磨炼后,我才能真正地做一个正常人。

我相信外面世界虽然很吸引我,但是它只是属于我追求的一小部分,我真正渴望得到的是自由、家庭、爱。那样我才会感觉到幸福,现在无论再苦再累我都会坚持,因为我心中有我的家人,朋友,更为了自己能重获新生,所以一切都是我出去的动力。我会加油的,张警官。

其实我并不知道周记可不可以这样写,但是它确实是我心里话。

民警:真实的描述心中所想,"心桥"正是倾诉的地方,通过沟通了解,警官可以更加清晰地了解你的现状,根据你的描述给予相应的回复,让你的疑虑及时得以消除。

外面的世界很精彩,那是你曾经拥有和不久的将来会拥有的地方。现在的状况,想清楚是为何让你与它有这层隔阂,又是为何让你拥有了现在平静的心灵和充实忙碌的正常生活。经历是一种财富,要总结过去,要计划未来,更要把握现在。

家人与朋友可以说在外默默地支持鼓励你,不要让他们失望,加油吧。最近生产上进步很大,相信你可以做得更好,冲刺吧,去争取做生产能手,警官说你能行!

九、特定情境下情绪疏导

学员:这段时间为什么总下雨呢? 如果现在是在自己家里的话肯定还在我的床上躺着呢,呵呵,好怀念我的床哦。

民警:既然想念,那就努力去争取奖分,你家那张小床也很想念你的哦,要加油哦。

"好雨知时节,当春乃发生"这场细雨,滋润了很多土地,这些土地可以孕育粮食,所以你说这场雨来的好还是不好? 记住了,看问题要一分为二,从不同角度去分析会有更加丰富精彩的答案,以后做人做事也要这样哦。

心情决定动力,保持平静的心情,每天去发现生活中的快乐,去鼓励自己,去夸奖自己,相信你会更棒!

学员:陈警官,这是我入所以来第 26 周的周记了,当自己翻开这本周记到至今,扪心自问"我赚了"。因为我赚到了一个健康的自己,至少走过这段人生挫折,我承认已经失去的人生方向已经恢复了正常。虽然我在这里失去了人身自由,但也是从这里让自己漫漫脱离自己本身存在的虚荣本质,也真正有机会让自己脱离曾经生活中的虚无,现在我已经认识到人不能改变现实,但我可以改变自己的态度,面对自己的现实。陈警官,我会努力的,我会加油的!

民警:你有文化,更有思想。有多少人翻开心桥的时候会看看前面写的内容,回顾自己经历的、改变的点滴,又有多少人在回顾中领悟到自己的成长。你做到并体会到了"心桥"周记的真正用意,也正体现出你的成长。悟,不用很多,一点就好。它会像平静水面上小石子击起的圆圈圈,越来越大,直到化进水面,重新回归平静,融进心中。人的感悟也是一样,从不平静的感知自己的改变,到平静地接受并成为自我的修养。我知道,你可以做到的。

学员:警官您好! 产量上不是不想争取,自从被调上来之后,完不成产量就是一件很痛苦的事,谁都想舒舒服服的把剩下的戒治生活过完。

民警:人生不能总是抱怨,偶有的可以理解,常有的就是态度问题了。如果说警官的关注与提醒能激励你去进步,那么警官会认为这个付出是非常值得的。生活中,不要时常想着"如果怎样,就会怎样",而是要多想想"现在怎样,以后会怎样"。把握现在,在可以完成的基础上去努力超产。如果你全身心投入并思索如何改进的话,你可以完成任务。当然,这个如果是可以在现实的基础上实现的。加油!

十、出所前互动

学员:明天就要结束我的戒治生涯了,很开心,其实回想这一年多的时间也是一个磨炼我意志力,让我成长的过程,让我变得有韧性,也借这个机会感谢所有警官。

民警:1.作为一名老学员能学有所成,学有所得是件好事,临近回归了,是否做好充分准备很关键。2.戒治之路很长远,是个锻炼人的过程。有没有顽强的意志力,也很关键。3.回归社会了,要合理安排个人生活。争取把场所内学的技能好好发挥,另外也要在生活中不断进取,学习新知识。

学员:可能是临近解除了吧,我感觉自己的情绪很压抑烦躁,有时候感到要努力努力才能调节好。总是受外界一点小事的干扰,人变得很敏感,钻进一个不好的情绪里,我自己有时也不明白,只是为什么总也做不好呢?

民警:看到你把这些写出来,我觉得特别高兴,首先你愿意把你这些情绪的变化与我分享,就是对我的信任;其次你对你在情绪发生变化时对自己做了调整,这也说明你有自我调节,对此做了努力。就以上两点来看,你完全有这个能力把这件事做得很好,所以要对你自己有信心。敏感的人心是很细,同时说明你是个内心温柔的人,就像陶喆的歌唱的一样,多给自己一些力量,找到那个自信的自己。加油,我相信你一定可以的。

学员:这个星期又过去了,时间过得真快,还有2个多月我就满2年了,现在我晚上睡觉前都会经常想,在这2年了都做了点什么,但总体感觉收获还是很多的,首先毒戒掉了,也学会了踩机器,还学了很多做人的道理,也比以前成熟多了,懂得怎样去关心别人,反正有很多我在外面学不到的东西。××警官,如果等我出去后,还能不能和您与××队长联系,因为我真的还很需要您的鼓励。

民警:他人的鼓励固然有用,但最重要的还是自己对自己的鼓励与自信,只有你自己是时刻与自己在一起的不能放松对自己的要求,其实你是能做好的,为何不为自己的将来多负点责呢?加油!

十一、出所后反馈

学员:尊敬的警官,您好!出所已经大半年了,我记着你们跟我说过的话,没有接触那个让我步入深渊的"白粉"。以前一直以为进入强制隔离戒毒所意味着我这辈子没希望了,但是现在回想起你和其他中队民警对我的教育与帮助,想起你们对我的包容和理解,我知道,你们都是为了我好。

记得你跟我多次交谈过,让我放弃那些固执的想法。现在,我终于明白了,我无法让环境适应我,而是应该让我自己去适应环境。假如我报着仇恨、多疑的心态,不管到哪里,我想我都不会快乐的,也不能走好人生之路的。××警官,谢谢您,真的!是您让我明白了要珍惜眼前的东西,要学会换位思考问题。千言万语的感激,此刻只能化为两个字:"谢谢!"

民警: 谢谢你的来信。

有这样一个故事:三个工人在砌一堵墙。有人过来问他们:"你们在干什么?"第一个没好气地说:"没看见吗?砌墙。"第二个抬头笑了笑:"我们在盖一栋高楼。"第三个人边干活边哼着小曲,他满面笑容开心地说:"我们正在建设一座新城市。"有位哲人说得好,"既然现实无法改变,那么只有改变自己。"改变自己就要调整好自己的心态。

很高兴,你能保持一个好的心态,能从他人角度进行换位思考。但希望你要记住自己做人的底线和原则,在交友方面要做到"恶人相远离,善者近相知"。

希望你继续保持好的心态,生活中多些宽容和豁达,"遇事不钻牛角尖,人也舒坦,心也舒坦"。

附录三　戒毒所民警（心理咨询师）的心里话

在戒毒场所从事心理矫治工作已有十年了。十年来，深深感到自己在工作的同时在业务上也得到了成长。在面对吸毒成瘾者时，虽然有时候有极强的工作挫败感，有心有余而力不足的强烈感觉，但我仍钟情于用我那不出众的心理学技能，矫治那些被毒瘾折磨得失去人生航向的失败者。他们是脑病患者，同时又是心理"疾病"患者，矫治不是一朝一夕的事情，很多时候我不得不面对首选精神药物治疗的境况，因为我们认为只有那样才能真正帮助那些人。但是心瘾的祛除，绝不是一个简单的生理问题，它需要我们做更多的工作。

第一，强戒人员思想的转变、恶劣行为的改变、心理障碍的消除，是个系统的矫治工程。我们通常可能致力于某一个管理、教育或心理治疗环节，却经常遗忘他们是一个"整体的人"，一个需要综合运用多种教育矫治手段去对待的人。

第二，公认的戒毒治疗方案是从毒瘾形成的机制出发，采取"生物—心理—社会"的综合模式进行戒毒治疗，这种综合模式包括了脱毒、康复、后续照管三个阶段。这代表了我们场所内的戒治手段是否应更加关注后续照管？

第三，强戒人员面临的是心瘾的祛除问题。而心理层面最核心的问题在于成瘾者几乎全面丧失正常的心理功能。他们往往在认知、思维方式（成瘾思维）、自尊、自我价值感、自我效能感及心理健康状况、应付方式、防御方式乃至社会支持方面均不同程度呈现问题。这就像一个身体素质本来就很差的人很难抵御各种病毒细菌冲击一样。因此，矫治重心工作是围绕这些进行，重点手段应当是从心理矫治为中心，以预防复吸技术和培育完善的心理功能为主。但不能把所有的问题都寄希望于心理矫治来解决，教育和管理的作用有时候也会起到细水长流的作用。

第四，面对强制隔离戒毒人员，我经常会运用各种心理技术，比如情感、认知为主要媒介的 BCT（行为配对治疗）、团体治疗、积极想象、认知治疗，甚至尝试催眠疗法、叙事疗法、音乐疗法，但无论用哪一种方法，真诚、尊重、信任和理解都是最重要的。

在教育矫治这些吸毒成瘾者的经历中，我们尽管会面临复吸高发的尴尬局面，尽管会受制于体制的束缚，但我们仍然要说，我们能做的，就是在配合戒毒所的工作前提下，在推进吸毒成瘾者的心理矫治工作上，致力于我们的科学戒治、综合矫治的理念，发扬尊重和关爱的工作风格，发挥我们微小的作用，即使它如春风吹过湖面，只泛起一丝涟漪。但我们仍相信，它有可能会引发一次"蝴蝶效应"，带来戒毒学员的全新变化，成为一个美好的"开端"。

我相信，只要是遵循科学戒治的规律，探索一定是有意义的。

后　记

　　国内外戒毒实践证明：无论是强制戒毒、社区戒毒还是自愿戒毒，戒毒治疗的整个流程应当包括生理脱瘾、心理康复、防止复吸和帮助成瘾者正常回归社会，还要借助于整个社会的吸毒预防和宣传工作。作为强制隔离戒毒工作者，如何在强制隔离戒毒所内提高教育矫治手段的有效性、提升戒毒人员的强制隔离戒毒效果是当前摆在我们面前亟待解读的重要课题。我们在呈现教育矫治个案的同时，一定不能抛开依法管理、科学戒毒、综合矫治、关怀救助的原则，既要和管理方式密切结合观察所内开展的各类戒毒人员教育矫治，又要积极探索能否突破现有管理体制，尝试真正的个案化教育矫治模式，围绕个体戒毒真正所需，建立起集医学、心理学、教育学和社会学等学科为一体的综合戒治模式。

　　从现实来看，我省司法强制隔离戒毒所虽然建立了以生理、心理和社会功能评估为主的戒毒矫治流程，但是戒毒模式亟待创新，致力于身心脱瘾目标的各种心理矫治手段的运用还处于探索起步状态，适应戒毒人员个案特点的教育矫治工作体系尚待完善。这种体系应该是医学治疗体系、教育矫治体系、日常管理体系和心理矫治体系的有机融合。也可能基于这样的思路，我们才能使个案更具说服力、震慑力。

　　鉴于目前矫治实践处于探索阶段，浙江省警官职业技术学院教师联合浙江省十里坪强制隔离戒毒所民警围绕当前教育戒治主要工作模式共同设计了案例体例，并在浙江省劳教（戒毒）局各级领导的指导下，在省内各戒毒所的大力支持下，完成了此书编写。希望能够为一线管理民警的管教工作做一梳理和总结，并借助案例评析促使我们反思现有的强制隔离戒毒人员教育矫治工作模式，并促进戒毒教育矫治理论的发展。

　　该书由李蓓春（浙江警官职业学院刑事司法系骨干教师）担任主编，曹生兵（浙江省劳教戒毒管理局教育处处长）、李永飞（浙江省十里坪戒毒康复中心主任、三级心理咨询师）担任副主编。具体编写章节为李蓓春（第一到九章案例整理及评析）、曹生兵（第一到八章部分案例搜集及全书内容审阅）、李永飞（第一到八章部分案例搜集及内容审阅）。特别感谢浙江省莫干山强制隔离戒毒所一大队大队长陈志英、民警刘乐、唐波娜，浙江省良渚强制隔离戒毒所教研中心主任张增富、民警王成芳，浙江省强制隔离戒毒所教育科科长叶振涛、医疗康复中心副主任余志军，浙江省十里坪强制隔离戒毒所李志军，浙江警官职业学院邵晓顺教授等，为本书提供了个案支持。

　　全书框架主要由李蓓春设计、制定目录，并负责组织审阅与统稿，浙江警官职业学院周雨臣、王新兰老师对书稿也进行了审阅并提出了很好的修改意见。作者在编写过程中，参考了一些国内外有关书籍、论文和网络资料，特在此向这些作者表示诚挚的感谢。

　　该书在写作前，编著团队成员经过了大量调查研究，并先后召开了多次由省戒毒管理局、相关戒毒所领导和民警参加的座谈会和论证会，确定了编写大纲和编写内容，初稿完成后又经过反复修改和审定，增加了一些民警与戒毒学员的矫治互动材料、心灵感悟材料加以

充实,最终才定稿。

　　本书的编写素材来源于戒毒矫治一线工作民警的教育(戒毒)矫治实践,本书的写作得到了浙江省戒毒管理局多个职能部门尤其是教育处的悉心指导,还得到了浙江警官职业学院各位领导的大力支持,在此不一一列举姓名,一并表示衷心的感谢!

编　者

2013 年 1 月

图书在版编目(CIP)数据

强制隔离戒毒人员教育矫治案例精选及评析 / 李蓓
春主编. — 杭州:浙江大学出版社,2013.4(2022.1重印)
(强制隔离戒毒工作系列丛书)
ISBN 978-7-308-11325-0

Ⅰ.①强… Ⅱ.①李… Ⅲ.①戒毒—工作—案例—中
国 Ⅳ.①D669.8

中国版本图书馆 CIP 数据核字(2013)第 067540 号

强制隔离戒毒人员教育矫治案例精选及评析
李蓓春　主编

责任编辑	石国华	
文字编辑	张丽君	
封面设计	刘依群	
出版发行	浙江大学出版社	
	（杭州天目山路 148 号　邮政编码 310007）	
	（网址：http://www.zjupress.com）	
排　　版	杭州星云光电图文制作工作室	
印　　刷	杭州杭新印务有限公司	
开　　本	787mm×1092mm　1/16	
印　　张	11.25	
字　　数	280 千	
版 印 次	2013 年 4 月第 1 版　2022 年 1 月第 6 次印刷	
书　　号	ISBN 978-7-308-11325-0	
定　　价	35.00 元	